HISTOIRE

DE LA CHARITÉ

PAR

LÉON LALLEMAND

CORRESPONDANT DE L'INSTITUT DE FRANCE

TOME PREMIER

L'ANTIQUITÉ

(LES CIVILISATIONS DISPARUES)

PARIS

ALPHONSE PICARD ET FILS, ÉDITEURS

82, RUE BONAPARTE, 82

1902

HISTOIRE

DE LA CHARITÉ

MACON, PROTAT FRÈRES, IMPRIMEURS.

HISTOIRE

DE LA CHARITÉ

PAR

LÉON LALLEMAND

CORRESPONDANT DE L'INSTITUT DE FRANCE

TOME PREMIER

L'ANTIQUITÉ

(LES CIVILISATIONS DISPARUES)

PARIS

ALPHONSE PICARD ET FILS, ÉDITEURS

82, RUE BONAPARTE, 82

1902

A LA MÉMOIRE

DE MON REGRETTÉ AMI

LÉON GAUTIER

Membre de l'Institut,
Professeur à l'École nationale des Chartes.

AVANT-PROPOS

§ Ier. — *Les origines d'un livre.*

En 1871, au lendemain des désastres de la guerre et de la Commune, je venais de reprendre la place que j'occupais depuis sept années déjà à l'Administration générale de l'Assistance publique à Paris. J'avais alors le désir d'étudier méthodiquement les graves problèmes sociaux avec lesquels mes fonctions administratives me mettaient aux prises, afin de pouvoir défendre un jour par la plume la cause sacrée des pauvres.

Mes projets ne revêtant encore aucune forme déterminée, un guide m'était nécessaire ; je consultai mon ami Léon Gautier, le savant professeur de l'École des Chartes. « Il nous manque, me dit-il, une *Histoire de la Charité*, vous êtes jeune, que cette œuvre devienne le but de vos travaux ».

Je suivis aussitôt le conseil du Maître, et, dès cette lointaine époque, je m'appliquai à réunir les matériaux épars de l'édifice que je me proposais de construire. Il me suffira d'ajouter que ma bibliothèque est devenue considérable et qu'elle renferme une collection, peut-être unique, de livres français et étrangers, relatifs aux questions d'assistance. Des voyages m'ont en outre permis d'étudier, sur place, nombre d'institutions hospitalières et charitables, appartenant à la plupart des nations européennes.

Les mémoires académiques, les ouvrages publiés jusqu'ici par moi, ne forment du reste que des chapitres développés du *livre*, objet de mes constantes préoccupations.

J'offre l'expression de ma vive gratitude aux Membres de Compagnies telles que : l'Institut de France ; les Académies Royales de Belgique, d'Espagne, de Portugal ; l'Institut Grand-Ducal de Luxembourg ; grâce aux titres qu'ils ont eu la bienveillance de me conférer, j'ai trouvé auprès des Gouvernements et des particuliers un accueil sans lequel mes efforts seraient restés impuissants.

Je remercie d'une manière spéciale les Ecclésiastiques, les Administrateurs, les Jurisconsultes de tant de pays qui n'ont jamais cessé de me transmettre les documents manuscrits ou imprimés les plus précieux.

§ II. — *Le plan de l'ouvrage.*

Cinq périodes me paraissent résumer l'histoire de la bienfaisance et elles revêtent des caractères nettement distinctifs qui ne permettent pas de les confondre.

Nous rencontrons d'abord l'Antiquité avant Constantin : Hébreux, Égyptiens, peuples de l'Orient, Grecs, Romains, Gaulois et Germains offrent le tableau de leurs civilisations disparues.

Viennent ensuite les neuf premiers siècles de l'Ère chrétienne. L'Église grandit au milieu des persécutions. Les évêques, une fois libres, couvrent le monde de leurs fondations ; secondés par les empereurs, ils suscitent des lois favorables aux humbles et aux pauvres.

A la dissolution de l'empire de Charlemagne, l'unité apparaît dans la diversité ; les ordres religieux apportent leur concours si actif; sous le rapport charitable, le XIIIe siècle brille d'un éclat incomparable.

A dater de la réforme, la centralisation devient prépondérante: le rôle des rois grandit, des idées nouvelles en matière d'assistance se font jour de toute part.

De 1800 à 1900 des nations puissantes surgissent en Amérique; le développement de l'industrie crée des besoins autrefois inconnus: les peuples rivalisent d'ardeur pour soulager la misère; l'esprit religieux, la mutualité enfantent mille œuvres fécondes, honneur du siècle qui vient de finir et auquel le cinquième volume sera consacré. C'est là que trouveront place les chapitres concernant les antiques civilisations encore vivantes dans certaines contrées de l'Asie.

Les conclusions générales, les enseignements pratiques à tirer de l'ensemble du travail formeront enfin un appendice séparé.

Mon intention est de résumer d'une manière aussi claire que possible ce qui a été accompli en faveur des petits et des déshérités à chacune des cinq grandes périodes que je viens d'énumérer. Il me faudra être bref sous peine de me perdre dans les innombrables détails du sujet. D'un autre côté ne rien omettre d'important, ne commettre aucune erreur grave, tel est mon espoir.

Je devrai, pour me faire bien comprendre, analyser la constitution, l'état politique et économique des nations si diverses dont j'aurai à m'occuper. Cet état intime d'un peuple se lie à ses institutions de bienfaisance qui ne sauraient être distraites, par un procédé artificiel, du milieu dans lequel elles fonctionnent. De là quelques digressions indispensables sur la famille, le culte, la législation générale. Ces digressions ne peuvent être considérées comme des hors-d'œuvre, sans elles bien des coutumes resteraient incompréhensibles.

De plus, il ne suffit pas de dresser une sèche nomenclature des œuvres d'assistance avec leur mode de fonctionnement. Il faut toujours rechercher les causes qui augmentent ou diminuent la misère publique et examiner si les remèdes employés présentent l'efficacité nécessaire.

Ce cadre, j'espère, avec l'aide de Dieu, être à même de le remplir en un petit nombre d'années, chaque partie de l'ouvrage formant un tout complet.

Heureux si ce labeur persévérant de toute ma vie peut contribuer à mieux faire connaître et apprécier l'immensité des dévouements et des sacrifices prodigués depuis vingt siècles par l'homme pour venir en aide à son semblable, conformément à la prescription divine : « Tu aimeras ton prochain comme toi-même ».

Paris, 6 mars 1902.

HISTOIRE

DE LA CHARITÉ

HISTOIRE DE LA CHARITÉ

CHAPITRE PREMIER

DE L'EXERCICE DE LA BIENFAISANCE

CHEZ LE PEUPLE HÉBREU

Dieu, créateur des hommes, leur prescrit, dès l'origine du monde, de se considérer comme frères; ils ne doivent pas opprimer leur prochain, le tromper, le haïr, mais bien voir en lui un ami et lui porter une affection égale à celle qu'ils se portent à eux-mêmes : « Diliges amicum tuum sicut teipsum » (*Levit.*, XIX, 18).

Cet esprit de justice et de charité peut être obscurci souvent par les passions, il n'en reste pas moins la règle universelle, le précepte formel auquel nul ne saurait échapper. Le peuple choisi pour conserver le culte monothéiste, jusqu'à la prédication de l'Évangile, nous offre des lois empreintes de ces principes fondamentaux du droit naturel, protectrices des faibles et des petits, n'oubliant pas le pauvre, lui offrant des secours et les moyens de se relever de sa triste condition.

L'étude de la législation Mosaïque ne saurait être séparée de celle du Code Rabbinique qui, suivant la remarque de M. Dareste, « est à cette loi ce que les écrits de Gaïus et d'Ulpien sont à la loi des douze tables [1] ».

A un autre point de vue, le Talmud ne constitue pas seule-

1. *Journal des Savants*, 1884, fasc. de juin, p. 303.

ment un recueil de décisions, d'allégories, de récits légendaires, il renferme des observations pouvant fournir un contingent précieux à l'histoire [2]. Nous commencerons donc par exposer l'ensemble des préceptes relatifs à l'idée de bienfaisance contenus dans le *Pentateuque*, nous réservant d'examiner l'application de ces commandements à la suite de la prise de possession de la terre promise par le peuple hébreu, et, plus tard, après le retour partiel des tribus emmenées captives à Ninive et à Babylone.

2. Franck, *Traité des Berakhoth*, *Journal des Savants*, 1872, fasc. de septembre, pp. 550 à 565.

PREMIÈRE PARTIE

EXPOSÉ DE LÉGISLATION MOSAÏQUE

§ 1er. — *Des mesures destinées à entraver le développement de la misère.*

I

LES DIMES

Les membres de la tribu de Lévi, consacrés à l'exercice du sacerdoce [3], n'étant pas admis au partage des terres reçoivent en échange, outre les prémices et les restes des oblations, la dixième partie des produits de la culture [4].

Les Israélites doivent de plus manger en la présence du Seigneur, dans le lieu où son nom est invoqué (c'est-à-dire Jérusalem à partir de la construction du Temple), une nouvelle dîme prélevée sur le froment, le vin, l'huile, les premiers nés des troupeaux; « primogenita de armentis et ovibus. » (*Deut.*, XIV, 22, 23.)

Si la ville où repose l'Arche se trouve trop éloignée pour permettre le transport de ces divers objets, ils sont vendus et l'argent utilisé de la manière prescrite (*Deut.*, XII, 5, 6, 17, 18; XIV, 22, 29; F. Josèphe, *Ant. Judaiq.*, liv. IV, ch. VIII). Les pauvres ne se trouvent pas oubliés, car le produit du second dixième étant employé uniquement en repas, il est facile à chacun d'en distribuer, petit à petit, une forte part aux malheureux [5].

3. « Quamobrem non habuit Levi partem, neque possessionem cum fratribus suis : quia ipse Dominus possessio ejus est » (*Deut.*, X, 9).

4. *Lévit.*, XXVII, 30, 32 : « Decimam partem separabis de cunctis fructibus tuis qui nascuntur in terrâ per annos singulos... » (*Deut.*, XIV, 22.)

5. Munk, trad. du *Guide des égarés de Moïse*, dit *Maïmonide*, 3 vol. in-8, 1856-1866 ; t. III, p. 298.

La veuve, l'orphelin, doivent d'ailleurs être conviés aux festins de réjouissance des grandes fêtes (*Deut.*, XVI).

Enfin une autre dîme est due tous les trois ans (la troisième et la sixième année, la septième ayant une destination particulière) [6], et au lieu de la porter à Jérusalem on la met en réserve dans les maisons, et alors le lévite, l'étranger, l'orphelin, la veuve, appartenant à la Cité « qui intra portas tuas sunt », peuvent user selon leurs besoins de ces provisions amassées par les possesseurs du sol, dont le labeur est béni grâce à cet acte de générosité (*Deut.*, XIV, 28, 29 [7]).

II

L'ABANDON DE CERTAINS FRUITS DE LA TERRE

Ces dîmes ne sont pas jugées suffisantes ; en vertu des lois mosaïques, l'indigent, souffrant de la faim, a le droit d'entrer dans le champ de son prochain (in segetem amici sui) et d'y cueillir des épis avec la main sans employer la faucille (falce autem non metes) ; il peut pénétrer également dans une vigne et manger des raisins sans rien emporter : « foras autem ne efferas tecum » (*Deut.*, XXIII, 24, 25).

Chaque année celui qui possède doit songer aux déshérités et est astreint à des prescriptions éditées en leur faveur. Il lui est commandé de ne pas enlever toute sa récolte, mais de laisser sur pied, à l'extrémité de ses champs (in angulo, in fine agri), une

6. Pastoret, *Histoire de la législation*. t. IV, p. 89.

7. « Ita ut in tertio anno proselytis, et advenis ministraret omnem decimationem (*Lib. Tobiæ*, I, 7). » L'opinion a varié au sujet de cette dixme, les uns ont pensé que chaque troisième année la destination ordinaire de la seconde dixme était suspendue, et qu'elle recevait cette application... D'autres ont soutenu que la dixme des pauvres formait une troisième dixme distincte des deux autres... On ne peut se dissimuler que le texte sacré paraît favorable à cette dernière opinion » (*Deut.*, XIV, 28, 29 ; XXVI, 12). (L. Reynier, *De l'Écon. publ. et rurale des Arabes et des Juifs*, in-8, 1820, 2e partie, ch. II, p. 223). Le *Dict. de la Bible*, publié en ce moment, sous la direction si autorisée de M. l'abbé Vigouroux, considère la première opinion comme de beaucoup la plus probable. (Fasc. V, p. 1893, et XVI, p. 1435.)

certaine quantité des productions de la terre [8]. Il lui est interdit de ramasser les épis, les grains tombés ; de retourner chercher la gerbe oubliée, les grappes échappées à la vigilance des vendangeurs ; les fruits de l'olivier pendant encore aux arbres déjà secoués. Ces menus profits appartiennent à l'étranger, à l'orphelin, à la veuve. Le riche n'est-il pas tenu de se souvenir que ses ancêtres ont été esclaves en Égypte et qu'en faisant le bien il témoigne sa reconnaissance au Seigneur qui l'a délivré de l'oppression (*Levit.*, XIX, 9, 10 ; *Deut.*, XXIV, 19, 22).

De plus, au cours de la septième année, dite sabbatique, et de la cinquantième, où l'on célèbre le Jubilé, la terre n'est pas cultivée, on ne taille ni la vigne ni l'olivier ; les produits spontanés servent à nourrir le maître, l'esclave, la servante, le mercenaire, le voyageur, les animaux domestiques et les troupeaux ; tout est livré à la fois aux propriétaires et aux nécessiteux. La sixième année doit, *si le peuple reste fidèle à la loi divine*, produire l'équivalent de trois récoltes ordinaires afin de faciliter cette interruption des travaux agricoles (*Exod.*, XXIII, 11 ; *Levit.*, XXV, 6, 11, 21-22).

III

LE DROIT POUR L'HÉBREU PAUVRE D'ALIÉNER SA LIBERTÉ ET DE VENDRE SA FILLE

La loi tend à prévenir le paupérisme, mais elle ne saurait empêcher le libre exercice des facultés individuelles, et même étant donné, à l'origine, le partage égal des terres, les uns prospèrent, tandis que les autres végètent, se ruinent, et sont bientôt forcés de vendre leur patrimoine. L'activité, le travail, la bonne conduite, le goût de l'épargne, ne tardent pas en effet à produire des résultats différents de ceux dus à la négligence, à la paresse, au désordre, à la dissipation : « Egestatem operata est

8. Menochii, Comm : in *Lévit.*, XIX, 9 : « Non tondebis. *Hébr.* : non consummabis metere angulum, vel extremitatem agri tui. » Dans le même sens, Pastoret, *Histoire de la législation*, t. IV, p. 482.

manus remissa ; manus autem fortium divitias parat » (*Lib.*, *Prov.*, X, 4).

Un Hébreu réduit à la plus extrême misère peut engager sa liberté en vue de s'assurer au moins le logement, la nourriture, le vêtement, et de toucher d'avance le prix de plusieurs années de service, ce qui lui permet de payer ses dettes ou de venir, s'il y a lieu, au secours de sa famille.

« Si la pauvreté, dit le Seigneur, force ton frère à se vendre à toi, tu ne l'oppprimeras point en le traitant comme les esclaves ; ce sera un mercenaire travaillant chez toi, jusqu'à l'entrée du jubilé de la septième année (*Exod.*, XXI, 2; *Levit.*, XXV, 39-43). Dans le cas où ce malheureux s'est vendu à un étranger domicilié en Judée, il peut toujours être racheté par un de ses parents ; on suppute alors, pour fixer la somme à restituer sur le prix d'achat, le temps qu'il a servi en comptant ses journées comme celles d'un mercenaire (*Levit.*, XXV, 39-55).

Ainsi que l'observe M. Zadoc-Kahn [9], cette aliénation de la liberté du pauvre n'est justifiée que par le dénuement le plus complet ; il doit au préalable avoir vendu son mobilier, ses champs, sa maison : « La loi de Moïse, ajoute cet auteur, permet en définitive à l'Hébreu de se placer à titre de domestique chez un plus riche que lui ; il ne faut pas se laisser induire en erreur par les mots *vendre* et *acheter* qui n'ont pas évidemment, dans la Bible, le sens rigoureux que nous y attachons aujourd'hui. »

Nous devons aussi nous abstraire des conceptions actuelles de notre esprit, nous reporter vers les coutumes anciennes où le mari achète en quelque sorte sa femme, pour comprendre le sens exact de la faculté laissée à l'indigent de vendre, à l'un de ses frères en Israël, sa propre fille de douze ans, dont il ne peut plus assurer l'existence faute de ressources. Il ne s'agit point d'une vente réelle, c'est une espèce d'adoption (*Exod.*, XXI, 7 à 11) : « Le père ne vend jamais sa fille, écrit M. Zadoc-Kahn (*op. cit.*, p. 40), pour la livrer à l'esclavage, mais plutôt pour la marier. » Si le maître refuse de prendre pour femme celle qu'il a achetée comme servante, ou de la marier avec son

9. *L'esclavage selon la Bible et le Talmud*, in-8, 143 p. Paris, 1867, pp. 9 à 11.

fils, il est considéré comme infidèle à sa parole et dès lors perd tout droit sur sa personne. Il ne peut ni la revendre, ni la faire passer par toute autre transaction dans une maison différente [10].

IV

LE PARTAGE DES TERRES ET LE JUBILÉ DE LA CINQUANTIÈME ANNÉE

Le législateur, toujours désireux d'enrayer le développement de la richesse chez les uns et de la misère chez les autres, voulant de plus empêcher la fusion des tribus, prescrit une dernière mesure, d'une extrême gravité.

Les Israélites doivent considérer que la terre qui leur est donnée appartient au Seigneur et qu'ils sont des étrangers auxquels il la loue. « Vos advenæ et coloni mei estis. *Lévit.*, XXV, 23. » Ils ne peuvent la vendre d'une manière définitive « terra quoque non vendetur in perpetuum ». Un habitant devenu pauvre aliène-t-il le petit héritage rural qu'il possède, son plus proche parent a le pouvoir de le racheter [11]. Le vendeur lui-même ayant réuni quelques ressources a la faculté de rentrer dans son bien en désintéressant l'acheteur [12].

A la cinquantième année, tout bien vendu retourne, sans indemnité à payer, au propriétaire qui s'est vu obligé de s'en défaire : « Revertetur homo ad possessionem suam. » Les terres,

10. Le mariage, selon les talmudistes, ne doit avoir lieu que du consentement de l'enfant. (*Lég. civ. du Thalmud*, trad. Rabbinowicz, traité Kéthouboth, in-8, 1873, note de la page 124). Voir, sur le même sujet : Pastoret, *op. cit.*, t. III, p. 488. Le rabbin E. Weill, *La femme juive*, in-8, 1874, pp. 11 et 12. En ce qui concerne l'achat de la femme, les parents recevaient à l'origine un certain prix, « Môhar », du mari à qui ils donnaient leur fille (*Manuel biblique*, par l'abbé Vigouroux, 1897, t. Ier, p. 784).

11. Cette disposition ne s'applique qu'aux biens ruraux ; dans l'enceinte d'une ville, le délai pour racheter la maison est d'une année et l'immeuble ainsi aliéné ne subit pas la loi du Jubilé (*Lévit.*, XXV, 29, 30). Exception est faite pour les maisons des Lévites. (*Lévit.*, XXV, 32, 33). Le prix des terres doit varier selon que l'on est plus ou moins éloigné du prochain Jubilé (*Lévit.*, XXV, 14, 16). Voir aussi *Ruth*, IV, 3 à 9.

12. Pour calculer le prix du rachat, on évalue le temps écoulé et les fruits perçus depuis la vente.

selon le texte du *Pentateuque*, doivent se trouver ainsi, chaque demi-siècle, réparties de nouveau entre les tribus et les familles, conformément à la division établie par Josué (*Lévit.*, XXV, 10 ; *Jos.*, XIII).

§ 2. — *Les dispositions protectrices des faibles.*

Il ne suffit pas d'envisager les prescriptions destinées à écarter, ou au moins à atténuer, le fléau du paupérisme, il faut examiner les règles établies en faveur des faibles : la veuve et l'orphelin, l'esclave, l'étranger.

I

LA VEUVE ET L'ORPHELIN

En Israël, « la femme, dit M. Franck [13], n'est point cette esclave avilie, cette âme dégradée qu'on se figure à l'ombre des gynécées et des harems. Elle joue un rôle très actif dans l'histoire de son peuple ». La *Genèse* (I, 27) nous montre l'homme et la femme également créés à l'image de Dieu. Aussi le Seigneur veut-il que la femme, au point de vue de la dignité personnelle, ne soit jamais l'inférieure de l'homme et, comme le principe du respect trouve avant tout sa sanction au sein de la famille, il ordonne aux enfants de vénérer au même titre leur père et leur mère : « Honora patrem tuum et matrem tuam » (*Exod.*, XX, 12). « Unus quisque patrem suum et matrem suam timeat. » (*Lévit.*, XIX, 3).

La pudeur, l'honneur de la femme sont protégées (*Deut.*, XXII) ; l'homme coupable de violences est frappé de châtiments pouvant, selon les cas, aller jusqu'à la peine de mort.

La polygamie, le divorce, sans être absolument prohibés, sont vus avec défaveur [14]. La femme juive ne possède pas, il est cer-

13. *Études orientales*, p. 134. Le rabbin Weill, *op. cit.*, pp. 121, 122.
14. Le *Lévit.* (XXI, 7, 14) défend aux prêtres d'épouser une femme répudiée à cause de la sainteté de leur état. (Voir Drach : *Du divorce dans la synagogue*,

tain, des droits civils égaux à ceux de l'homme [15], sa place est au foyer domestique dont elle est la gardienne et l'ornement ; elle s'y livre au travail, alors même qu'elle possède de nombreux serviteurs, car l'oisiveté constitue un danger permanent : « Manum suam misit ad fortia et digiti ejus apprehenderunt fusum » (*Lib. Prov.*, XXXI, 10-19) [16].

Le douaire de la veuve ne tarde pas à s'épuiser [17], privée de son appui naturel elle a besoin d'une protection particulière, la loi la recommande donc à la bienveillance, à la sollicitude de tous. Les quatre derniers livres du *Pentateuque* abondent en textes précis, défendant d'opprimer la veuve, de lui faire aucun tort, ordonnant de lui rendre pleine et entière justice, sans cela, dit le Seigneur, ma fureur s'allumera contre vous, je vous ferai périr et par une juste punition vos femmes deviendront veuves à leur tour (*Exod.*, XXII, 24).

L'enfant, l'orphelin sont également entourés [18] d'une protection particulière, l'avortement, l'infanticide se trouvent par voie

in-8, Rome, 1840, pp. 11 à 29) ; Fleury, *Les mœurs des Israélites*, n° XIV; le rabbin E. Weill, *op. cit.*, pp. 70 à 81.

15. Les filles n'héritaient qu'à défaut de fils, et alors elles étaient tenues de n'épouser qu'un Israélite de leur tribu (*Nomb.*, XXXVI.)

16. Pour la construction du tabernacle, les femmes les plus habiles donnèrent ce qu'elles avaient filé d'hyacinthe, de pourpre, d'écarlate, de fil de lin, de poil de chèvres (*Exod.*, XXXV, 25). « Voici, d'après la *Mischnah*, fol. 59, les travaux que la femme doit faire pour le mari : Elle doit moudre, cuire le pain, blanchir le linge, faire la cuisine, donner le sein à son enfant, faire le lit du mari et travailler à la laine. Si elle a une servante, elle n'est plus obligée de moudre, ni de cuire le pain, ni de blanchir le linge. Si elle a deux servantes, elle n'est même pas obligée de faire la cuisine, ni de donner le sein à son enfant. Si elle en a trois, elle n'a plus besoin de faire le lit ni de travailler à la laine. Si elle en a quatre, elle n'a plus besoin de rien faire. » Rabbi Eliezer dit : « Quand même elle aurait cent servantes, le mari peut exiger qu'elle travaille à la laine, car l'oisiveté amène de mauvaises pensées... » (*Légis. civ. du Talmud*, traduite par Rabbinowicz, *Traité Kethouboth*, pp. 39-40.)

17. Le minimum de la dot qu'un père devait à sa fille, ou qu'à défaut du père la charité publique lui accordait, était de 50 zouzes (45 fr. environ) (Weill, *op. cit.*, p. 37). En se mariant vierge, la coutume lui assurait, en cas de mort de son mari ou de répudiation, un douaire (kethoubah) d'au moins 200 zouzes (180 fr. de notre monnaie, Dict. de la Bible, *op. cit.*, fasc. XII, p. 1498), somme jugée suffisante par les Rabbins pour ne pas avoir droit à la charité publique. Une femme mariée en secondes noces ne recevait que 100 zouzes, car elle avait déjà la kethoubah de son premier mari (Rabbinowicz, *Traité Kethouboth*, p. 1 et suivantes.) — Franck, *Acad. des sciences morales et polit.*, nouvelle série, t. I, 1874, p. 763).

18. Voir notre *Histoire des Enfants abandonnés et délaissés*, in-8, 1885, ch. II, p. 20 à 30.

de conséquence assimilés au meurtre [19]. Dans les textes sacrés, l'orphelin est placé sur le même rang que la veuve et confié à la protection de tous : « Vous ne ferez aucun tort à la veuve et à l'orphelin. Si vous les offensez en quelque chose, ils crieront vers moi, le Seigneur, et j'écouterai leurs cris ». « Vociferabuntur ad me, et Ego audiam clamorem eorum » (*Exod.*, XXII, 22-23).

II

L'ESCLAVE

Nous venons de voir que l'Hébreu ayant aliéné volontairement sa liberté ne s'est soumis en réalité qu'à un contrat de travail, à la fin duquel il est renvoyé libre avec un petit viatique pour la route [20]. Mais il peut devenir esclave à la suite d'une condamnation judiciaire ; en cas de vol, les magistrats ont le droit de vendre le coupable (à un Israélite seulement) [21] et d'indemniser avec l'argent ainsi perçu la personne lésée (*Exod.*, XXII, 3).

Le maximum de la durée de cet esclavage est fixé à six années, à dater de la vente, car l'année sabbatique n'exerce pas ici son action émancipatrice [22].

Il peut arriver cependant qu'un Hébreu devenu esclave, contraint d'épouser une femme étrangère qui reste en servitude ainsi que les enfants issus de leur union, dise au moment de reconquérir sa liberté : « J'aime mes enfants, je ne veux pas sortir pour être libre [23]. » Dans ce cas, le maître le fait comparaître

19. Voir, à ce sujet, dans E. Havet, *Le Christianisme et ses origines*, t. III ; *Le Judaïsme*, in-8, 1888, ch. X, p. 437 et suivantes, une longue déclamation de Philon d'Alexandrie contre le meurtre et l'exposition des enfants.

20. Et tu ne laisseras pas aller les mains vides celui à qui tu donneras la liberté. Il recevra de toi pour subsister dans le chemin quelque chose de tes troupeaux, de ta grange et de ton pressoir, comme étant tiré du bien que tu as reçu par la bénédiction du Seigneur, ton Dieu (*Deut.*, XV, 13, 14).

21. Pastoret, *op. cit.*, t. III, p. 492.

22. Zadoc-Kahn, *op. cit.*, pp. 26, 27.

23. *Le Deutéronome*, XV, 16, traduit ainsi les sentiments de l'esclave : « Sin autem dixerit : nolo egredi, eo quod diligat te, et domum tuam et bene sibi apud te esse sentiat. »

devant les magistrats qui recueillent sa déclaration, puis il le conduit près des poteaux soutenant la porte de la maison [24], et là il lui perce le lobe de l'oreille avec une alène. Cet homme devient ensuite esclave pour toujours [25] « et erit ei servus in sæculum » (*Exod.*, XXI, 5, 6; *Deut.*, XV, 17).

Les prisonniers de guerre peuvent eux aussi être réduits en servitude; les Israélites achètent également des esclaves [26]. La condition de ces étrangers est inférieure à celle des Hébreux, ils deviennent la véritable propriété du maître, eux et leurs descendants (*Lévit.*, XXV, 44, 46). Toutefois la loi interdit de les traiter durement [27]. Tout acte de cruauté de la part du possesseur entraîne de droit l'émancipation (*Exod.*, XXI, 26, 27). « Cette mesure n'est pas seulement une réparation pour l'esclave blessé, c'est une garantie pour tous; elle fait de l'intérêt du maître comme un frein à ses emportements et contient l'abus du pouvoir par l'amour de la propriété [28]. »

Le meurtre intentionnel de l'esclave est puni de mort (*Exod.*, XXI, 20), car l'esclave, même étranger, ne perd point sa qualité d'homme, et il est écrit : « Non occides »; tu ne tueras pas.

De plus, la terre de Judée constitue un lieu d'asile : l'esclave païen fuyant les sévices, qui vient à s'y réfugier, est déclaré libre; on ne peut l'opprimer, le rendre à son maître, il doit trouver le repos, la sûreté dans la ville de son choix : « Et in unâ urbium tuarum requiescet, ne contristes eum » (*Deut.*, XXIII, 15-16).

24. Certains commentateurs prétendent qu'il faut lire : la *porte de la ville*. Voir Tony André, *L'esclavage chez les anciens Hébreux*, in-8, 1892, p. 83.

25. De nombreux auteurs croient que cette expression veut dire jusqu'au jubilé de la 50e année (Zadoc-Kahn, *op. cit.*, p. 30. — Tony André, *op. cit.*, pp. 56 à 72. — *Dict. de la Bible*, fasc. XIV, pp. 1922, 1923.)

26. *Lévit.*, XXV, 44 à 46. Le rapt d'un Hébreu pour le réduire en esclavage est puni de mort (*Exod.*, XXI, 16).

27. Pour tous les détails concernant la situation relativement douce des esclaves, surtout avant la captivité de Ninive et de Babylone, consulter Zadoc-Kahn, *op. cit.*

28. Wallon, *Histoire de l'esclavage*, 2e édit., t. I, p. 11.

III

L'ÉTRANGER

Le peuple de Dieu étant placé au milieu des nations livrées aux plus épouvantables corruptions, la loi fait tous ses efforts pour le préserver d'un contact aussi dangereux. Le mariage avec les Chananéennes est interdit (*Exod.*, XXXIV, 15-16; *Deut.*, VII, 3-4), de peur que les Israélites séduits n'offrent aux fausses divinités un encens criminel; ne se livrent aux infâmes profanations dont les hauts lieux et les bois consacrés sont le théâtre habituel. La femme devient-elle juive, la prohibition tombe (*Pastoret, op. cit.*, t. III, pp. 392-397).

Mais lorsque cette question si grave de l'entraînement à l'idolâtrie n'est plus en jeu, le principe de la fraternité humaine reprend son empire, la loi se montre bienveillante envers l'étranger résidant sur la terre d'Israël, ou de passage à travers la contrée. Il faut l'aimer comme un concitoyen : « Et diligetis eum quasi vos met ipsos. » (*Lévit.*, XIX, 32, 34.)

Vous n'attristerez pas l'étranger, dit le Seigneur, parce que vous avez été étrangers vous-mêmes en Égypte (*Exod.*, XXII, 21; XXIII, 9); aussi dès qu'il s'agit de dispositions favorables aux pauvres, les textes du *Pentateuque* placent cet étranger à côté de la veuve et de l'orphelin; loin de sa patrie il se trouve souvent, en effet, sans appui et sans secours, et il convient d'être miséricordieux pour lui.

§ 3. — *Les prescriptions charitables.*

Toutes ces prescriptions ne suffisent pas encore. Dieu veut faire pénétrer l'amour du prochain dans le cœur de son peuple. En premier lieu la justice doit être égale pour tous, sans acception de la richesse, de la puissance ou de la pauvreté (*Exod.*, XXIII, 6; *Lévit.*, XIX, 15).

Le salaire du travailleur est sacré; loin de le retenir, il faut le lui verser le jour même, avant le coucher du soleil, parce qu'il l'attend pour se procurer le nécessaire (*Deut.*, XXIV, 14-15). Le prêt à intérêt est interdit entre israélites; qu'il s'agisse d'argent, de grains ou de quelque autre chose que ce soit (*Deut.*, XXIII, 19).

La loi ordonne d'ouvrir la main au frère qui, habitant l'enceinte de la ville, tombe dans le malheur. Il faut lui prêter gratuitement ce dont il a besoin. Ce prêt doit être fait simplement, sans arrière-pensée, et surtout que le prêteur ne se laisse pas arrêter par cette considération impie que l'approche de la septième année permettra de reculer le remboursement, car l'année sabbatique marque aussi l'ajournement des dettes [29] (*Deut.*, XV, 9-10).

Défense de conserver en gage les objets indispensables à l'emprunteur : l'habit qui le couvre, la meule qui broie le grain dont il se nourrit (*Exod.*, XXII, 26-27; *Deut.*, XXIV, 6-7).

La bienveillance dans les relations de la vie, les services réciproques, sont également prescrits. Malheur à celui qui parle mal du sourd, tend des pièges à l'aveugle, le fait égarer de son chemin (*Lévit.*, XIX, 14; *Deut.*, XXVII, 18).

Lorsque, ordonne le Seigneur, tu verras le bœuf, l'âne ou la brebis de ton frère échappés à leur conducteur, tu ne passeras pas outre, tu auras soin de les lui ramener ou de les conserver jusqu'à ce qu'il vienne les réclamer. Tu agiras ainsi, alors même que le propriétaire te serait inconnu, bien mieux alors même qu'il serait ton ennemi. Si tu vois la bête de somme de celui qui te hait succomber sous sa charge, tu t'arrêteras afin de l'aider à la relever (*Exod.*, XXIII, 4-5; *Deut.*, XXII, 1-4).

Il convient de faire plus encore : ceux qui possèdent sont chargés de venir au secours des pauvres, d'une manière si efficace qu'on ne rencontre pas en Israël de mendiants, de malheureux réduits à la dernière extrémité : « Et omnino indigens et mendicus non erit inter vos » (*Deut.*, XV, 4-11).

Que l'Hébreu qui ne peut plus travailler ait un asile chez ses compatriotes au même titre que l'étranger et le voyageur. Tous ces actes de bienfaisance sont bénis de Dieu.

29. Voir, pour la théorie de *l'ajournement* et non de *l'extinction* des dettes à la septième année, Pastoret, *op. cit.*, t. III, pp. 452-454.

Voici en résumé les préceptes de la loi mosaïque relatifs à l'idée de fraternité et de charité. Comment ces prescriptions ont-elles été suivies dans la pratique ? C'est ce que nous allons examiner à la lumière de l'histoire et des traditions talmudiques.

Un fait important domine toute la question : cette loi n'est pas donnée à un peuple établi régulièrement dans une contrée ; ayant déjà une législation, des coutumes anciennes que le législateur se propose de coordonner et d'améliorer. Lors de la rédaction du *Pentateuque*, les Israélites errent depuis quarante ans à travers le désert ; ils ne font que toucher au seuil de la terre promise : « Quando ingressi fueritis terram quam ego dabo vobis » (*Lévit.*, XXV).

Il s'agit d'un Code renfermant des dispositions subordonnées à l'obéissance de la nation juive aux commandements divins. Dieu déclare qu'il livre aux Israélites en héritage un pays plein de fontaines d'eau pure, où coulent des ruisseaux d'huile, de lait et de miel (*Exod.*, XXXIII, 3; *Lévit.*, XX, 24) ; abondant en fruits délicieux : « In quâ ficus et malogranata, et oliveta nascuntur » (*Num.*, XIII, 24-28; *Deut.*, VIII, 8).

Il leur accorde cette contrée selon la promesse faite par lui en les tirant de la servitude d'Égypte (*Deut.*, VII, 8).

Si vous marchez selon mes préceptes, ajoute le Seigneur, le sol produira des grains en abondance; vous y habiterez sans crainte, vous reposant à l'ombre de votre figuier et de votre vigne (*Lévit.*, XXVI, 1-12; *Lib.*, III *Reg.*, IV, 25).

Si au contraire vous n'écoutez pas mes commandements, j'arrêterai sur vous l'œil de ma colère; vous serez assujettis à ceux qui vous haïssent. Si après cela vous n'obéissez point encore je vous châtierai sept fois davantage. Tous vos travaux seront inutiles; j'enverrai la peste au milieu de vous, vous serez livrés entre les mains des ennemis; l'indigence et la famine vous accableront : « Mittet Dominus super te famem et esuriem » à un tel degré « que dix femmes cuiront du pain pour leurs familles dans un seul four, qu'elles le distribueront au poids et en si petite quantité que vous en mangerez sans être rassasiés » (*Lévit.*, XXVI, 13-38; *Deut.*, IV, 25-27; VIII, 19; XXVIII, 15 à 68; XXXII, 21 à 26).

Or le peuple hébreu est un peuple à la tête dure : « populus enim durae cervicis » (*Exod.*, XXXII, 9; XXXIII, 3), très dure même : « ego enim scio cervicem tuam durissimam » (*Deut.*, XXXI, 27). Son penchant naturel à l'adoration des objets sensibles, l'entraîne constamment vers l'idolâtrie. Le châtiment ne se fait pas attendre, et cet état de tranquillité qui doit permettre l'application entière de la loi n'est jamais de longue durée. Faut-il énumérer, dès le temps des Juges, les conquêtes temporaires des Moabites, des Chananéens, des Ammonites, des Philistins; ensuite le schisme sous Roboam [30]; les invasions successives des Rois d'Égypte et d'Assyrie; les guerres entre les royaumes d'Israël et de Juda; la destruction de Samarie et l'envoi en exil des dix tribus sous les règnes de Theglathphalasar II et de Sargon; — la ruine de Jérusalem par Nabuchodonosor II, après dix-huit mois de siège; Sédécias emmené captif à Babylone avec la majeure partie de ses sujets.

Tous ces événements sont connus; ils expliquent les différences que l'on constate entre le texte des lois mosaïques et leur application depuis l'entrée des Hébreux dans la terre promise jusqu'à l'anéantissement de la Ville Sainte sous les coups des vétérans de Vespasien et de Titus.

30. La race de David ne garde plus que deux tribus : Benjamin et Juda (*Lib.*, III *Reg.*, XII, 19, 24).

DEUXIÈME PARTIE

DE L'APPLICATION DES LOIS MOSAÏQUES[31]

§ 1er. — *De l'abandon des fruits de la terre.*

I

L'ANGLE DU CHAMP

Les cultivateurs sont donc tenus d'affecter une petite partie de leur récolte au profit des nécessiteux. Il s'agit des céréales et autres productions du sol, du moment où elles peuvent être recueillies en une seule fois. Ainsi se trouvent exceptés les figues et fruits de ce genre qui mûrissent peu à peu; mais les cornouilles, caroubes, noix, amandes, grenades, olives, dattes, raisins y sont compris[32].

La part des malheureux (La Péa) doit autant que possible être réservée à l'une des extrémités des cultures, afin d'en faciliter l'accès. Il n'existe pas de règle absolue, en ce qui concerne l'étendue de cette portion; elle dépend de l'importance des terres, du nombre des arbres et des sentiments de compassion dont le possesseur est animé. Certains Rabbins vont jusqu'à prétendre

31. Les détails contenus dans cette seconde partie sont empruntés aux deux *Talmuds*; ces traditions, écrites, il est vrai, deux ou trois cents ans après l'ère chrétienne, ont pris naissance au moins deux siècles avant le christianisme. Il est impossible, toutefois, d'assigner aucune date précise à chaque usage; sur la plupart des points on constate: *the incurable uncertainty* dont parle le Dictionnaire de Smith au sujet du Jubilé. (Voir Franck, *Journal des Savants*, septembre 1872, p. 550.) La mischnâ (ou mischnah) est le texte des discussions talmudiques conservé à l'état de tradition orale par les plus anciens docteurs.

32. « Crocus et rubia et his similia libera sunt, quia non sunt cibus; et sic etiam fungi et boleti liberi sunt, quia eorum nutritio non est e terrâ, sicut cæterorum fructuum terræ. » (Moses Maimonides-dejure pauperis et peregrini apud Judæos, latine vertit et notis illustravit. Prideaux, in-4, Oxonii, 1679, ch. II, p. 13 et seqq.); *Talmud de Jérusalem*, traduit par Schwab, 11 vol. in-8, 1871-1889, t. II, p. 24, *Traité Péa*, ch. I, § 4.

qu'on pourrait, à la rigueur, observer la loi en ne laissant qu'un seul épi debout à l'angle du champ. Selon la majorité des Docteurs, il ne faut point que la Péa soit inférieure à la soixantième partie de la récolte [33]. Il est recommandé de laisser davantage dans les régions où le nombre des pauvres est considérable.

Toute obligation cesse en cas de perte de plus de la moitié des récoltes par vols, incursions de l'ennemi, intempéries des saisons (Reynier, *op. cit.*, p. 278).

Pour faire régner l'ordre dans la prise de possession par les nécessiteux des biens de la terre ainsi abandonnés à leur profit, il est prescrit de ne les admettre à exercer ce droit que trois fois par jour : le matin, à midi et à l'heure du sacrifice du soir, c'est-à-dire vers trois heures et demie [34]. Ils ne doivent pas d'ailleurs se servir de faucilles, ou autres instruments tranchants, afin d'éviter qu'ils ne se blessent entre eux.

Lorsqu'il s'agit des produits de l'olivier, du palmier ou de fruits analogues que l'on ne peut atteindre à la main sans grimper aux arbres, le propriétaire est tenu, à la demande d'un seul des pauvres présents [35], de faire faire la récolte et de la leur partager de crainte que ces indigents ne viennent à tomber s'ils procédaient eux-mêmes à la cueillette [36].

Sont seuls admis à la Péa et au glanage les habitants ne possédant pas plus de 200 zouzes (somme jugée suffisante pour la subsistance d'une année) [37]; celui même qui n'a que 50 zouzes

33. Schwab., t. II, p. 23; *Traité Péa*, I, § 2 (Mischnâ). — Maimonides, cap. I, § XV, p. 7.

34. Maimonides, cap. II, § XVII, p. 19 et not. p. 22.

35. Maimonides, cap. II, § XVI, p. 19 : « Licet nonaginta novem dicant, ad raptionem, et unus tantum dicat, ad partitionem, isti uni auscultabunt, quia dicit quod est secundum constitutionem... »

36. Si un pauvre monte sur un olivier pour faire tomber quelques olives, ceux qui se trouvent en bas ne peuvent les ramasser. Rabbi Jossé dit que cela serait un véritable brigandage (Rabbinowicz, *Légis. civ. du Thalmud*, 5 vol. in-8, t. Ier, p. 391 ; *Traité Ghitin*). « Pour la même raison de bonne entente, on n'empêchera pas les pauvres païens de prendre part au glanage, ou de ramasser les épis oubliés ou de cueillir ceux de l'angle du champ » (Schwab, t. IX, p. 31 ; *Traité Guitin*, V, § 7).

37. « Cependant si ces 200 zouzes (ou denars) sont hypothéqués à un créancier ou à la khethoubath de sa femme, le pauvre peut prendre sa part » (Rabbinowicz, t. I, p. 13; *Traité Peah*; *Perek*, VIII; Schwab, t. II, p. 114; *Traité Péa*, ch. VIII, § 8).

est exclu s'il a engagé son petit avoir dans des opérations commerciales susceptibles habituellement de donner un fort intérêt [38].

II

L'ANNÉE SABBATIQUE

La septième année, les terres n'étant pas cultivées, ce qu'elles produisent spontanément appartient à tous, il n'y a plus lieu à prélever les dîmes, car ce qui est mis en commun revient aux pauvres aussi bien qu'aux autres citoyens [39].

Si l'on a des fruits de cette année, dit la Mischnâ (*Traité Schebiith*, ch. IX, § 8 [40], et qu'arrive le moment de l'enlèvement, on partage entre tous ceux qui sont présents, de quoi faire trois repas, puis on abandonne le reste.

A l'origine cette loi est appliquée si rigoureusement que ses transgresseurs, ceux qui séduits par l'appât du gain vendent ces récoltes naturelles de leurs champs, ne peuvent être admis en justice à titre de témoins; on les juge capables de prêter un faux serment [41].

Plus tard ce précepte devient fort onéreux lorsque les Israélites, tributaires de divers Rois, sont tenus de nourrir des armées étrangères, aussi le Code Rabbinique permet-il de semer autant de grains qu'il en faut pour pourvoir à ces charges nouvelles. C'est dans l'espoir d'accomplir en paix les prescriptions mosaïques que le grand Prêtre, si l'on en croit le récit de Josèphe, demande à Alexandre, vainqueur de Darius, et entrant en conquérant pacifique à Jérusalem, d'exempter la nation de tout tribut durant cette septième année [42].

38. Rabbinowicz, t. I, p. 14.
39. Maimonides, cap. VI, § v, p. 61.
40. Schwab, t. II, p. 420.
41. Pastoret, *op. cit.*, t. IV, pp. 107-108.
42. Joseph., *Ant. jud.*, liv. XI, ch. VIII. Des auteurs critiquent vivement cette loi de l'année sabbatique (Régnier, *op. cit.*, 2e partie, ch. II, p. 262). — Pastoret y voit, au contraire, une source de bienfaits pour les pauvres et de sollicitude à l'égard des esclaves, et en général de tous ceux astreints aux durs labeurs de la

Il est certain aussi que les Juifs souffrent parfois d'un pareil abandon de la culture au milieu des guerres qu'ils soutiennent si souvent contre les puissances voisines; ces guerres ne peuvent-elles point être considérées comme des châtiments dus aux infidélités du peuple toujours prêt à revenir à l'idolâtrie et trouvant une aggravation à ses peines dans les mesures prévues pour son soulagement en cas d'obéissance à la loi divine (Pastoret, *op. cit.*, t. III, p. 451).

III

L'ANNÉE JUBILAIRE

S'il est possible d'admettre l'exécution plus ou moins complète de la loi relative à l'année sabbatique jusqu'au temps des Machabées [43], on est absolument réduit aux hypothèses en ce qui concerne le retour périodique des terres à leurs anciens possesseurs.

Ici aucun fil conducteur. Il semble néanmoins difficile de faire concorder ce précepte avec le pouvoir arbitraire des Rois, sachant, comme Jezabel, livrer à la mort un innocent pour s'emparer de son bien [44]. Ne lisons-nous pas aussi les invectives des prophètes contre ces riches qui cherchent à étendre sans cesse leurs propriétés [45], situation peu conciliable avec les prescriptions de l'année jubilaire.

terre; au bout de six années de travail, un repos leur est assuré (t. IV, p. 89) M. Clermont-Ganneau croit avoir retrouvé sur les rochers du Sinaï des inscriptions nabathéennes se rapportant à un usage analogue; il les traduit ainsi : « Année dans laquelle les pauvres du pays ont eu le droit de faire la cueillette des dattes. » (Ac. des Inscriptions, séance du 3 avril 1901.)

43. « Et rex (Antiochus-Eupator) fecit pacem cum his, qui erant in Bethsura : et exierunt de civitate, quia non erant eis alimenta conclusis, quia *sabbata* erant terræ. Et comprehendit rex Bethsuram... » (*Lib.*, I; *Maccab.*, VI, 49-50.) Revenu à Jérusalem le peuple promet en effet d'exécuter cette loi (Esdras, *lib.*, II, X, 31), dont la violation partielle est indiquée dans le *Lévitique* comme une des causes de la captivité future (*Lévit.*, XXVI, 33-35).

44. « Factum est autem, cum audisset Jezabel lapidatum Naboth et mortuum, locuta est ad Achab : surge, et posside vineam Naboth Jezrahelitæ, qui noluit tibi acquiescere et dare eam acceptâ pecuniâ » (*Lib.*, III; *Reg.*, XXI, 15).

45. « Væ qui conjungitis domum ad domum, et agrum agro copulatis usque ad terminum loci : numquid habitabitis vos soli in medio terræ ? » (*Isaiæ*, V, 8 : *Habacuc*, II, 9-11.)

M. Franck [46], et il n'est pas le seul, pense que cette loi, bien que figurant au Pentateuque, reste lettre morte. M. Zadoc-Kahn et autres commentateurs soutiennent une thèse contraire, tout en considérant que l'application du partage ne dépasse pas l'époque du schisme des dix tribus, ou au plus la date de la captivité de Babylone [47].

Nous sommes donc autorisés à regarder cette loi destinée à entraver la misère en s'opposant à l'accumulation exagérée de la richesse entre quelques mains, comme une disposition favorable aux malheureux, rendue bientôt vaine et impuissante par le mauvais vouloir des hommes.

§ 2. — *L'aumône et les préceptes talmudiques.*

Les rédacteurs et les commentateurs de la Michnâ s'efforcent de développer, en les précisant, les textes de la loi mosaïque relatifs à la charité [48]. Voici quelques sentences qui résument leurs pensées à cet égard [49] :

« Exercer l'hospitalité c'est la meilleure manière d'honorer Dieu (n° 379). Celui qui refuse de secourir les pauvres commet un péché aussi grave que l'idolâtrie (n° 767). Le miséricordieux envers son prochain trouvera miséricorde devant Dieu ; pour celui qui est sans pitié, Dieu sera impitoyable (n° 777) [50].

46. *Études orientales*, ch. V ; *Le droit chez les Juifs*, p. 129.

47. Les auteurs du *Talmud* considèrent, en outre, que l'abrogation forcée de ce commandement a amené par voie de conséquence la cessation de l'esclavage des Israélites. « ... La destruction du royaume de Juda, en 588, a définitivement abrogé les lois du Jubilé... On peut affirmer que s'il y eût encore des esclaves hébreux postérieurement à l'exil, ce ne pouvait être qu'en violation expresse de la loi, au moins au point de vue talmudique » (Zadoc-Kahn, *op. cit.*, pp. 46-47).

48. « Il est remarquable, dit le Dr Rabbinowicz, que les premiers commandements que le *Thalmud* voulait qu'on enseignât aux prosélytes étaient ceux de la charité » (*Lég. civ. du Thalmud*, t. V, note de la p. 217).

49. *Sentences et proverbes du Talmud et de la Misdrach*, par Moïse Schul, in-8. Imp. nat., 1878. Dans cet ouvrage, les sentences sont numérotées et suivies des références aux sources. Nous ne donnons ici que les numéros.

50. Rabbi Assé dit : « La charité vaut tous les commandements. » Rabbi Éléazar dit : « Celui qui engage les autres à donner l'aumône est plus grand encore que celui qui donne lui-même, car le premier produit un résultat plus grand pour les pauvres et montre plus de dévouement que l'autre, car il est plus commode de donner que d'aller engager les autres à le faire » (Rabbinowicz, t. IV, p. 32 ; *Traité Baba-Bathra. Perek*, I).

L'aumône doit être faite avec bienveillance et discrétion de peur d'humilier l'indigent ; la charité n'est récompensée que selon le degré de bonté qu'elle contient (n° 152) [51]. »

Rabbi Jannée voyant quelqu'un accorder l'aumône publiquement à un pauvre lui dit : « Il aurait mieux valu ne rien lui donner que de le faire rougir devant tout le monde (n° 1041) [52].

Par contre, le Talmud condamne, en général, celui qui, valide, recourt à l'assistance : « Si l'homme veut manger, il faut qu'il travaille » (n° 58). « Celui qui accepte l'aumône sans être dans le besoin sera un jour réduit à mendier, tandis que celui qui s'efforce par tous les moyens de se suffire par son labeur sera bientôt en état de secourir les autres » (n° 832).

Il faut plutôt faire un travail vil et dégoûtant que de tendre la main (n° 832) [53]. Mais l'excès opposé est blâmé : « Celui qui, dans l'extrême besoin, ne veut pas avoir recours à la charité, commet un suicide et ne mérite pas que l'on s'apitoie sur son sort » (n° 835).

Il est recommandé d'assister en premier lieu les pauvres de sa famille ; les indigents d'une ville doivent profiter des largesses de leurs concitoyens avant ceux appartenant à une autre cité (n° 1172) [54].

Quelles sont les limites de la bienfaisance individuelle ? Des Rabbins prétendent que l'on est tenu de distribuer un cinquième, ou au moins un dixième de son revenu en bonnes œuvres.

51. Rabbi Isaac dit : « Celui qui donne une *peroutah* à un pauvre recevra six bénédictions ; mais celui qui apaise son chagrin et le console aura onze bénédictions (Rabbinowicz, t. IV, p. 32).

52. Mar Oukba jetait tous les jours quatre zouzes derrière la porte de son voisin qui était pauvre. Un jour ce pauvre se dit : « Je veux voir quel est cet homme généreux qui me fait tant de bien. Ayant donc remarqué quelque mouvement à la porte, il sortit de la maison, mais Mar Oukba s'est sauvé et il est tombé sur le feu qui lui a brûlé les jambes. Il a fait tout cela parce que, comme cela a été dit, il vaut mieux se laisser brûler par le feu que d'humilier son prochain » (Rabbinowicz, *Lég. civ. du Talmud*, 1re partie ; *Traité Kethouboth*, in-8, 1873, p. 47).

53. On rencontre pourtant quelquefois des commentateurs qui déclarent que l'on est tenu de donner même aux faux pauvres. R. Abahou avait dit, au nom de R. Eliezer : « Nous devons faire du bien même à ceux des pauvres qui nous trompent : sans quoi nous n'aurions pas de mérite à l'accorder, et s'il arrivait un jour de ne pas donner de suite au pauvre qui mendie, on serait punissable... » Schwab, t. II, p. 117 (*Traité Péa*, ch. VIII, n° 9) (Ghemara).

54. Maimonides, cap. VII, § XIII, p. 74.

D'autres commentateurs fixent le minimum à trois pour cent. Mais tout le monde reste obligé de donner selon ses facultés. Le pauvre nourri de la charité publique doit prélever une part sur ce qu'il reçoit et en faire profiter un indigent plus malheureux que lui [55].

Ces préceptes sont-ils suivis? On voit, il est vrai, des hommes pieux accomplir largement ces devoirs, même en exil, comme Tobie; tous les jours cet israélite distribue à ceux de ses frères captifs d'abondantes aumônes; nourrissant ceux qui ont faim; ensevelissant les morts malgré la défense du roi Sennacherib [56]. Plus tard les Esséniens se montrent pleins de compassion pour ceux qui souffrent de la misère et de l'abandon [57].

Toutefois, à côté de ces âmes généreuses, observatrices de la loi, il existe aussi en Judée des avares, des êtres égoïstes ne pensant qu'à amasser des richesses. Malheur à vous, s'écrie Amos, qui réduisez en poudre le pauvre et faites périr l'indigent; vous qui vendez fort cher et à fausse mesure le blé et même les criblures de vos greniers : « Qui conteritis pauperem et deficere facitis egenos terræ. »

Au retour de la captivité, Nehémias accueille les plaintes du peuple réduit à la plus extrême misère par les exactions des puissants, forcé pour ainsi dire de vendre ses enfants, d'abandonner ses vignes et ses terres. Il obtient, il est vrai, avec des promesses pour l'avenir, la remise des propriétés extorquées aux faibles et aux petits [58]; néanmoins le mal persiste d'autant plus que le joug des souverains étrangers, les guerres, les impôts, diminuent pour les nécessiteux les moyens de se suffire par le travail. Des règles nouvelles sont jugées nécessaires; une taxe des pauvres est établie et, sous menace d'être battu de verges [59], chacun se voit forcé de venir en aide aux infortunés habitant la

55. Maimonides, VII, § V, p. 71; Schwab., t. II, p. 5; *Traité Péa*, ch. I, § I.
56. *Lib. Tobiæ*, I, 15-23.
57. F. Josèphe, *Guerre des Juifs*, liv. II, ch. XII.
58. *Lib.*, II; *Esdræ*, c. V.
59. « Si quis sit qui non vult dare eleemosynas, vel minus dat, quam eum decet, Synedrium coget eum, cædet que verberibus rebellionis donec det, quantum ab eo dandum judicant » (Maimonides, cap. VII, § X, p. 73).

cité. Il est impossible de connaître l'époque précise à laquelle ce système commence à fonctionner; on peut toutefois le considérer comme existant en germe durant la captivité puis se développant lors du retour des Juifs à Jérusalem [60].

§ 3. — *Les quêtes obligatoires en faveur des malheureux.*

Il y a deux quêtes distinctes : la première, journalière, dite du *plat* (Thamhouj), a pour but de se procurer des dons en nature; la seconde, dite de la *bourse* (Koupah), se fait chaque semaine, le vendredi; les collecteurs ne reçoivent alors que des pièces de monnaie [61]. Si les provisions alimentaires recueillies dépassent les besoins actuels on les vend et l'argent est mis de côté pour être distribué ultérieurement [62].

Selon ce principe de droit rabbinique que toute question d'intérêt ne peut être jugée que par trois personnes, les receveurs des pauvres doivent atteindre au moins ce nombre pour procéder aux collectes [63].

Ce sont des israélites notables, pieux, citoyens de la ville « Israelitae in unaquaque civitate, quam incolunt, tenentur ex se constituere collectores eleemosynæ, vires notos et fideles » [64]. Ils ne peuvent être frères [65]. — Ces collecteurs doivent se trouver ensemble à la recette, aucun d'eux ne saurait agir isolément [66];

60. Dict. de la Bible, *op. cit.*, fasc. V, p. 1248, au mot aumônes.

61. Rabbinowicz, t. I, p. 13; *Traité Peah*, *Perek*, VIII, Mischnah; t. IV, pp. 28-29; *Traité Baba-Bathra*, *Perek*, I; Schwab, t. II, p. 112; *Traité Péa*, ch. VIII, § 7; Maimonides, cap. IX. — Il y avait aussi au Temple un tronc où l'on déposait les offrandes destinées aux pauvres honteux; Schwab, t. V, p. 310; Mischnâ, *Traité Scheqalim*, VII, I.

62. Rabbinowicz, t. IV, p. 31; *Traité Baba-Bathra*, *Perek*, I.

63. On tolère cependant qu'il n'y ait que deux receveurs pour la quête du plat, mais ils doivent être trois au moment de la distribution (Rabbinowicz, t. IV, p. 28; *Traité Baba-Bathra*; Maimonides, cap. IX, § V, p. 90).

64. Maimonides, cap. IX, § 1-2, p. 89.

65. Schwab, t. II, p. 112; *Traité Péa*, ch. VIII, § 7 : « R. Yossé, après avoir nommé à ces fonctions l'un de deux frères, dut destituer l'autre et dit en public : il n'y a rien à reprocher à cet homme, et il faut, pour son honneur, lui rappeler la règle selon laquelle deux frères ne peuvent pas siéger ensemble comme administrateurs. »

66. Rabbinowicz, t. IV, p. 30; *Traité Baba-Bathra*, *Perek*, I.

on permet toutefois que l'un se présente dans la boutique, tandis que l'autre entre dans la maison.

Ils ont un pouvoir coercitif en ce qui concerne la quête de la bourse; pour les aliments, on s'en remet à la générosité de chacun [67]. Ces fonctions sont pénibles, délicates, on les accepte par dévouement et il faut les exercer en conscience [68]. Aussi voyons-nous le Rabbin Hagaï, chaque fois qu'il institue des administrateurs, leur mettre le rouleau de la loi entre les mains pour indiquer que toute domination a pour base et point de départ la loi divine [69]. Belle pensée, applicable à tous les temps et que l'on pourrait quelquefois inviter les administrateurs modernes à méditer.

Maintenant quelles sont les personnes tenues à donner aux quêtes ?

En principe, d'après la Mischnâ, un séjour d'une année dans une ville confère seul le titre de citoyen; mais ici, celui qui y réside depuis trente jours seulement doit fournir sa part des aliments destinés aux pauvres : trois mois sont nécessaires s'il s'agit des contributions forcées à la Caisse communale de bienfaisance, et c'est au bout de six mois et de neuf mois que l'on prend sa part des frais relatifs aux distributions de vêtements et à l'instruction des indigents [70]. Les orphelins sont soumis, en règle générale, aux dépenses d'intérêt commun; on les exonère cependant des quêtes, alors même qu'il s'agirait de racheter les prisonniers [71].

Le Conseil des anciens taxe d'office quiconque a le temps de séjour requis pour verser à la collecte de la bourse. Dans une

67. Rabbinowicz, *Traité Baba-Bathra, Perek*, I: Maimonides, cap. IX, § 1-2.

68. La tâche n'était pas facile, à en juger par les paroles que l'on prête à l'un d'entre eux, au célèbre Akiba. Comme il voulut, avant d'entrer en charge, avoir l'avis de sa femme, celle-ci lui fit remarquer qu'il serait en butte aux outrages et aux malédictions des pauvres s'il ne réussissait pas à les contenter tous : « C'est précisément pour cela, répondit Akiba, que je désire être leur administrateur, car sans cela où serait le mérite d'occuper cette fonction » (Franck, *Journ. des Savants*, décembre 1878, p. 719).

69. Schwab, t. II, p. 112; *Traité Péa*, ch. VIII, § 7.

70. Rabbinowicz, t. IV, p. 27; *Traité Baba-Bathra, Perek*, I.

71. Rabbinowicz, t. IV, p. 28; *Traité Baba-Bathra, Perek*, I.

ville habitée par des israélites et des païens, les percepteurs de cet impôt s'adressent également aux uns et aux autres [72].

Au point de vue de la distribution il importe de distinguer ; la collecte du plat est répartie chaque soir entre les malheureux qui se présentent, de quelque partie du monde qu'ils viennent : « Eleemosyna Catini est pro pauperibus quibuscunque totius mundi [73]. » Ces allocations comprennent seulement la nourriture nécessaire à la journée du lendemain. Le voyageur passant la nuit est de plus assuré du gîte ; on lui donne un lit et un oreiller [74]. Le jour du sabbat il reçoit en outre de quoi faire les trois repas d'usage.

Tout nécessiteux ayant de quoi manger deux fois ne saurait prendre part à cette distribution journalière ; le possesseur de provisions alimentaires suffisant à quatorze repas est également exclu des secours en argent [75] ; il en est de même, à plus forte raison, de celui qui est nanti des 200 zouzes dont il a été déjà parlé.

La quête de la *bourse* se trouve au contraire affectée aux pauvres de la cité ; la répartition a lieu chaque vendredi et assure la subsistance pendant la semaine suivante. Ceux dont les besoins sont constatés y prennent part, israélites ou païens [76].

Il est inutile de suivre les Rabbins dans leurs longues digressions sur l'ordre à établir, lorsque l'argent manque, entre les divers modes de charité : rachat des captifs, nourriture, vête-

72. Rabbinowicz, t. I, p. 392 ; *Traité Ghitin* (Ghemara) ; Schwab, t. II, p. 173 ; *Traité Demai*, ch. IV, § 4 (Ghemara).

73. Maimonides, cap. IX, § VI.

74. Rabbinowicz, *op. cit.*, t. IV, p. 31 ; *Traité Baba-Bathra*, *Perek*, I. Schwab, t. II, p. 111 ; *Traité Péa*, ch. VIII, § 7 : « Au pauvre qui voyage d'un endroit à un autre, on ne donne pas moins de pain que ce que l'on peut avoir pour un *pondion*, lorsque les quatre *saa* valent un *sicle*. »

75. Rabbinowicz, t. I, p. 13 ; *Traité Péah, Perek*, VIII.

76. La Mischnâ dit : « Il faut donner la nourriture et l'entretien aux pauvres païens avec les pauvres juifs. » Le texte dit : « *Mepharnessim*, mot qui implique nourriture, habillement, la dot des pauvres filles qui doivent se marier et tous les besoins de la vie. Il faut donner tout cela aux païens » (Rabbinowicz, t. I, p. 392, en note, *Traité Ghitin*, Ghemara). Schwab, t. II, p. 173 ; *Traité Demai*, ch. IV, § 4 (Ghemana). Les Rabbins de Césarée disent, au nom de R. Aha : « Les israélites sont tenus de nourrir les estropiés, même esclaves, parce qu'ils ne peuvent pas se suffire ; non, lorsqu'ils ne sont pas défectueux » (Schwab, t. VIII, p. 74 ; *Traité Kethouboth*, ch. V, § 4).

ments, assistance de l'homme ou de la femme [77]. Qu'il suffise de dire que des enquêtes précèdent, autant que possible, les allocations, surtout celles ayant un caractère périodique, car il s'agit alors de proportionner les subsides aux besoins, en tenant même compte du rang que le pauvre a pu occuper dans la société [78].

Les mendiants sont écartés ou reçoivent fort peu de chose [79].

Le reliquat des aumônes demeure acquis habituellement à la caisse de bienfaisance, à moins qu'il ne s'agisse d'une collecte faite dans un but déterminé; ainsi ce qui reste d'une somme recueillie pour enterrer un indigent est remis à ses héritiers [80]. Toutefois, en cas de besoins imprévus, la communauté a le droit, à titre exceptionnel, de puiser dans les deux caisses [81].

« Il est fait, dit une baraïtha, des visites aux malades païens comme aux malades juifs, on enterre les morts païens comme les morts juifs, *car le bien public l'exige* [82]. » Selon une sentence talmudique, « celui qui refuse d'assister un malade est considéré comme un meurtrier » [83].

77. Maimonides, cap. VIII, § 10 à 17, Rab Houna dit : « Si un pauvre vient demander à manger, il faut s'informer s'il est réellement pauvre; mais s'il demande un vêtement, il faut le lui donner sans enquête, car il est honteux de rester sans vêtements. » Rab Joudah est d'un avis contraire, etc... (Rabbinowicz, t. IV, p. 31 ; *Traité Baba-Bathra*, *Perek*, I).

78. On donne au pauvre le strict nécessaire lorsqu'il n'est pas connu ; mais dès qu'il l'est, on le pourvoit mieux et ce, d'après son rang (Schwab, t. II, p. 113; *Traité Péa*, ch. VIII, § 7). « Une société de bienfaisance ou la ville qui marie une orpheline lui donnera une dot d'au moins 50 zouzes ; s'il y a dans la caisse assez d'argent, on lui donne une dot selon sa position ou sa dignité » (Mischnah); Rabbinowicz, *Traité Kethouboth*, p. 45.

79. Une beraïtha dit : « S'il est habitué à mendier, on n'est pas obligé de lui donner de l'argent de la caisse de bienfaisance, car il trouvera suffisamment dans les maisons » (Rabbinowicz, t. IV, p. 31 ; *Traité Baba-Bathra*, *Perek*, I). « Cependant, ajoute R. Yona, il ne faut pas lui donner moins de la valeur d'une petite pièce de monnaie » (Schwab, t. II, p. 111 ; *Traité Péa*, ch. VIII, § 7 (Ghemara).

80. Schwab, t. V, p. 275 ; *Traité Scheqalim*, ch. II, § 5 (Mischnâ).

81. « La communauté peut prendre de la caisse pour la distribution des aliments, on peut prendre des aliments (en les vendant) pour les besoins de la caisse, ou employer l'un ou l'autre pour tous les besoins de la commune » (Rabbinowicz, t. IV, p. 29 ; *Traité Baba-Bathra*, *Perek*, I).

82. Rabbinowicz, t. I, p. 392 ; *Traité Ghitin* (Ghemara) : « ...on console les affligés chez les païens comme chez les israélites, on transporte pour les uns aussi bien que pour les autres les vases égarés en route, *dans l'intérêt de l'ordre public* » Schwab, t. II, p. 173 ; *Traité Demai*, ch. IV, § 4 (Ghemara).

83. Moïse Schuhl, *op. cit.*, n° 930. Certains docteurs, esclaves de la lettre de loi,

Ces textes nous paraissent s'appliquer aux aumônes, aux consolations morales données aux personnes atteintes par la maladie et non à une assistance médicale proprement dite. En effet, nous ne voyons aucun passage de la Bible et des Talmuds mentionner l'institution de médecins publics chargés de soigner les pauvres. Il y a seulement un médecin attaché au Temple, payé sur les fonds du Trésor, donnant ses soins aux prêtres qui desservent cet édifice sacré et sont exposés par leur genre de vie à divers accidents [84].

Les lépreux eux-mêmes séparés du reste du peuple, à titre de mesure d'hygiène, ne semble point soumis à un traitement particulier; ce sont les prêtres qui doivent juger des atteintes de cette cruelle maladie et constater les guérisons. Les médecins n'interviennent pas [85].

En résumé :

La loi mosaïque, destinée à un peuple voué à l'agriculture, édicte des mesures propres à entraver le paupérisme et, pour mieux le combattre, fait appel aux sentiments élevés du cœur humain. Ces dispositions, nous venons de le voir, restent en partie inutiles par suite des guerres, des invasions qu'amènent les infidélités répétées du peuple hébreu. Lors de l'envoi des deux dernières tribus sur les rives de l'Euphrate, le vainqueur ne laisse en Judée que les plus pauvres des habitants : « Nihil que relictum est exceptis pauperibus populi terrae » (IV. *Reg.*, XXIV, 14).

Après la captivité, de nouvelles mesures sont prises, par suite de la diminution des aumônes spontanées la bienfaisance légale est créée. Les juifs, dispersés déjà chez toutes les nations et s'y

prétendaient que l'on ne devait pas soigner un malade le jour du Sabbat; cependant la Mischnâ (*Traité Schabbath*, ch. XVIII, § 3) déclare « qu'on peut faire accoucher une femme le samedi, lui appeler une sage-femme de n'importe quelle place ; même profaner pour elle au besoin la solennité de ce jour par tous travaux » (Schwab, t. IV, p. 175).

84. *Traité Schkalim*, *Perek*, V (Mischnah) : « Le traité Thaanith cite un ventouseur qui avait un endroit caché où ses clients mettaient les honoraires, de sorte que si un client n'avait pas le sou, il pouvait sans honte partir sans payer » (Rabbinowicz, *La médecine de Talmud*, in-8, 1880, pp. 137-142). La Mischnah recommande aux israélites de ne pas se faire soigner par des médecins païens qui pourraient les empoisonner (Rabbinowicz, t. V, p. 116 ; *Traité Abodah-Zarah.*)

85. *Lévit.*, XIII et XIV ; *Num.*, V, 2 ; *Évang. secund. Lucam*, XVII, 14.

adonnant au commerce, envoient de nombreux subsides à leurs frères. C'est cet or dont parle Cicéron [86].

Malgré tout cela la misère croît au milieu des luttes, des discordes intestines amenant les interventions étrangères. De cruelles famines désolent le pays ; un moment Hérode lui-même devint populaire en raison des soins qu'il prend pour faire arriver les blés d'Egypte (*Josèphe*, liv. XI, ch. XII). La morale publique fléchit, les divorces se multiplient; sous l'influence du droit romain, la situation de l'esclave s'aggrave.

Cependant, en laissant de côté des théories aussi bizarres que puériles, sur lesquelles il est inutile d'insister — sans approuver cette conception de l'assistance forcée et obligatoire — nous nous plaisons à constater que la plupart des Rabbins, dont les décisions forment les Talmuds, se montrent profondément soucieux de soulager les pauvres et d'écarter ces mendiants, ces paresseux toujours disposés à exploiter la bourse de leurs concitoyens pour vivre dans l'oisiveté.

86. « Quum aurum, Judæorum nomine, quotannis ex Italia et ex omnibus provinciis Hierosolyma exportari soleret, Flaccus sanxit edicto ne ex Asia exportari liceret... » (*Oratio pro Flacco*, XXVIII).

CHAPITRE II

LE SENTIMENT CHARITABLE CHEZ LES PEUPLES DE L'ANTIQUE ORIENT

ÉGYPTE, ASSYRIE, BABYLONIE

PREMIÈRE PARTIE

L'ÉGYPTE AVANT LES LAGIDES

I

LA MORALE

Aussi loin que nous pouvons remonter dans l'histoire, les fils de Mesraim, ce descendant de Cham (*Gen.*, X, 6), nous apparaissent comme formant sur les bords du Nil, un peuple doux, bienveillant, charitable. Les inscriptions hiéroglyphiques appellent cette première période « le temps des *Hor-Schesou*, c'est-à-dire des serviteurs d'Horus [1] ».

Ces qualités subsistent à travers les âges ; les Égyptiens gardent, avec la croyance à une vie future, un fonds précieux des révélations primitives faites par Dieu à l'humanité, leur morale est pure, empreinte d'idées généreuses, et sur ce point ils dépassent sans conteste les nations qui les environnent.

Des traités parvenus jusqu'à nous permettent de se rendre compte de cette vérité. Le plus ancien de ces traités (connu sous le nom de *Papyrus Prisse*) renferme, à côté de préceptes de

1. F. Lenormant, *Les premières civilisations*, in-8, 1874, t. Ier, p. 179.

civilité pratique composés peut-être sous le règne de Snefou (IIIe Dynastie) par Kaqimna, les leçons célèbres de Ptah-Hotep, que l'on est fondé à rattacher aux temps de la Ve dynastie. Voici quelques extraits de ces leçons [2].

« VI. Ne mets pas la crainte chez les hommes (pour les rançonner) (ou) Dieu te combattra de même. Si quelqu'un prétend vivre par là, Dieu lui ôtera le pain de la bouche. » « XXX. Si tu es grand après avoir été petit, [si] tu es riche après avoir été gêné ; [lorsque tu es] à la tête de la ville, sache ne pas te faire avantage [de ce que] tu es parvenu au premier rang, n'endurcis pas ton cœur à cause de ton élévation, tu n'es devenu que l'intendant des biens de Dieu. Ne mets pas après toi le prochain, qui est ton semblable ; sois pour lui comme un compagnon. »

Les pensées morales s'élèvent avec le développement de la civilisation égyptienne ; quinze siècles environ avant notre ère [3], le scribe Ani adresse à son fils, Khonsou-Hôtep, une série de préceptes empreints de sagesse et de sentiments d'humanité : « On ne recueille pas le bien en disant du mal. » « Place devant toi comme but à atteindre une vieillesse dont on puisse rendre témoignage... Que ton œil soit ouvert de peur que tu ne deviennes mendiant... Ne remplis pas ton cœur des biens d'autrui. Ne mange pas ton pain pendant qu'un autre est debout sans que tu étendes ta main pour lui vers le pain. On sait qu'éternellement l'homme peut devenir demain ce qu'il n'est pas aujourd'hui ; l'un est riche, l'autre mendiant, et les pains sont stables pour qui agit fraternellement. »

Ainsi que l'observe Chabas [4], « le précepte donner du Pain est très fréquemment rappelé par les hiéroglyphes, mais cette maxime a aussi en vue les devoirs de l'hospitalité qui sont d'au-

2. Ph. Virey, *Papyrus Prisse*, *Bibliothèque de l'école des Hautes Études*, fasc. 70, in-8, 1887, pp. 40-50 et 82.

3. Amelineau. *Essai sur l'évolution hist. et phil. des idées morales dans l'Égypte ancienne*, in-8, 1895, ch. XI, pp. 339-358. L'analyse des préceptes du Scribe est empruntée à cet ouvrage. M. Amelineau, contrairement à l'opinion généralement admise avant lui, croit que c'est le fils qui doit porter le nom d'*Ani* et non le père (*La Morale égyptienne quinze siècles avant notre ère, Étude sur le papyrus de Boulaq*, n° 4, in-8, 1892 ; Introduction, p. XII).

4. *L'Égyptologie*, 1re série, in-4, t. II, fasc. juillet-août 1876, p. 57.

tant plus impérieux que l'étranger est plus dénué de ressources ».

Le vieux scribe ne manque pas enfin d'indiquer qu'en s'adressant à la divinité les paroles ne suffisent pas, « l'encens des œuvres » constituant le plus bel acte d'adoration [5].

Les papyrus ou fragments de papyrus échappés à la destruction ne sont pas les seuls documents qui permettent de connaître ce que les Égyptiens considèrent comme d'impérieux devoirs envers le prochain. Les grands seigneurs, les fonctionnaires, ayant obtenu du Pharaon la faveur de s'élever un tombeau, aiment à énumérer dans des stèles fastueuses les actes de leur vie. Nous nous contenterons de citer quelques-uns de ces textes sans demeurer garants de leur absolue véracité. Il suffit de voir que certaines actions sont réputées meilleures que d'autres et qu'on est fier soit de les avoir réellement faites, soit de se les attribuer.

Dans un tombeau remontant à la VIe dynastie, on lit ces paroles : « J'ai élevé à mon père une demeure (magnifique) ; j'ai honoré ma mère ; j'ai été plein d'amour pour tous mes frères ; j'ai donné des pains à celui qui avait faim, des vêtements à celui qui était nu, à boire à celui qui avait soif ; aucune chose peccamineuse n'est en moi [6]. »

Ameni, le prince du *nome* de *Meh* (XIIe dynastie), énumère ses campagnes, ses victoires, et ajoute : « Je n'ai pas affligé le fils du petit ; je n'ai pas maltraité la veuve ; je n'ai pas fait tort aux hommes des champs... Il n'y a pas eu de chef de cinq hommes, dont j'enlevai les hommes de leurs travaux. Il n'y eut pas de malheureux dans mes jours. Il n'y eut pas d'affamé dans mon temps, même quand il y avait des années de famine. Il n'exista pas de pauvres dans mon nome. Je donnai à la veuve comme à celle qui avait un mari. Je ne distinguai pas le grand du petit dans tout ce que je distribuai [7]. »

5. Amelineau, *op. cit.*, ch. VI, p. 221 : « La charité et la bienfaisance, écrit Chabas (*L'Egyptologie, op. cit.*, t. Ier, fasc. juin 1875, p. 143), étaient les vertus les plus méritoires devant le tribunal d'Osiris, mais la générosité et la libéralité que les hiéroglyphes désignent par le nom significatif de : ampleur de main, étaient un mérite dont les Égyptiens aimaient à se faire gloire... »

6. Amelineau, *op. cit.*, ch. II, p. 84.

7. E. Revillout, *Rev. Égypt.*, 7e année, 1892-1896, fasc. II, p. 47 ; F. Lenormand,

La stèle d'Entef (même dynastie) ne s'exprime pas autrement au sujet du lieutenant du nome d'Abydos. «... Il rendait justice aux plaintes du pauvre; c'était le père du faible, le soutien de celui qui n'avait plus de mère; le mari de la veuve; l'asile de l'orphelin [8]. »

En dehors de ces monuments funéraires, des milliers de témoins se dressent devant nous, attestant l'universalité et la perpétuité de ces nobles sentiments sur la vieille terre pharaonique : « Les idées et les croyances morales de l'Égypte, écrit Ch. Waddington, sont pour l'essentiel dans le livre des morts et la confession négative en est l'expression la plus haute [9]. » Ce livre sacré, qui accompagne chaque momie, renferme les principaux incidents du voyage de l'âme du défunt. Cette âme, à la suite de pérégrinations nombreuses, est amenée devant l'Osiris céleste et les quarante-deux juges. Une scène émouvante se trouve alors décrite dans des termes qui, modifiés légèrement au cours des siècles, restent immuables en ce qui concerne leurs principes essentiels [10]. Le défunt s'exprime de la manière suivante [11] :

« Hommages à vous, maîtres de la vérité; hommages à toi, Dieu grand, maître de la vérité. Je suis venu vers toi, Mon Seigneur... Je n'ai fait perfidement de mal à aucun homme. Je n'ai pas rendu malheureux mes compagnons... Je n'ai pas fait, comme chef d'hommes, jamais travailler au delà de la tâche... Il n'y a eu, par mon fait, ni craintif, ni pauvre, ni souffrant, ni malheureux... Je n'ai point fait maltraiter l'esclave par son

Histoire ancienne de l'Orient, 9ᵉ édit., 1882, t. II, ch. III, § 3, p. 121 ; Amelineau, *op. cit.*, ch. IV, pp. 140, 141.

8. Amelineau, *op. cit.*, ch. IV, pp. 142-148.

9. Rapport sur le prix du budget : *Des Idées morales dans l'antique Égypte*; *Séances et travaux de l'Académie des sciences morales et politiques*, 53ᵉ année, (novembre 1893), p. 580.

10. E. Revillout, *Rev. Égypt.*, t. VIII, 1898, n° 11, p. 70 : « Le rituel de Pamonth écrit sous le règne de Néron, serait-il un reflet des principes de charité hautement proclamés par les chrétiens ? Eh bien ! non..... cette morale si pure, cette charité d'une délicatesse infinie, cette notion du devoir portée à un degré si étonnant, c'est ce que professent les Égyptiens de tous les temps depuis les plus anciennes dynasties. » Dans le même sens : G. Maspero, *Histoire ancienne des peuples de l'Orient : Egypte et Chaldée*, 1895, p. 191.

11. *Le Livre des morts des anciens Égyptiens*, par Paul Pierret, in-18, 1882, ch. CXXV, pp. 369 et suiv.

maître... Je n'ai point fait avoir faim, je n'ai point fait pleurer... Je n'ai pas éloigné le lait de la bouche du nourrisson... Je n'ai point repoussé l'eau à l'époque de sa crue... Je n'ai pas détourné le cours d'un canal. »

Le défunt s'adresse ensuite en particulier à chacun des quarante-deux juges assesseurs et se défend d'avoir commis l'acte, le crime, à la répression duquel il est préposé. Le cœur est pesé dans la balance, il fait équilibre à la plume d'autruche, symbole de la justice. Le défunt devient alors semblable à Osiris et sa résurrection est annoncée en ces termes : « L'Osiris (N), vient à vous, il n'y a ni mal, ni péché, ni souillures, ni impureté en lui; il n'y a ni accusation, ni opposition contre lui. Il vit de la vérité, se nourrit de la vérité. Le cœur est charmé de ce qu'il a fait; ce qu'il a fait, les hommes le proclament, les Dieux s'en réjouissent. Il s'est concilié Dieu par son amour. Il a donné du pain à celui qui avait faim, de l'eau à celui qui avait soif, des vêtements à celui qui était nu; il a donné une barque à celui qui en manquait [12]. »

Cette profession de foi résume donc les devoirs assignés, dans la vallée du Nil, à l'homme vis-à-vis de ses semblables; s'ensuit-il que ces devoirs sont toujours mis en pratique? Évidemment, non. L'Égyptien croit en Dieu, en la persistance de l'âme, en des châtiments futurs; le but auquel il doit tendre, est d'imiter « l'Osiris du Ciel », « l'Être bon », de devenir lui-même un Osiris. Ces idées si élevées ne se renferment point dans le domaine exclusif de la théorie, elles communiquent à l'ensemble de la nation un caractère de justice, de douceur et d'urbanité. Néanmoins, tous les citoyens ne restent pas fidèles à ces doctrines tutélaires; il y a des maîtres durs, impitoyables, des conquérants barbares, des scribes concussionnaires. Aussi, pour juger de la condition des faibles et des petits, serait-il imprudent de s'en rapporter exclusivement aux certificats gravés sur les stèles et aux déclarations d'innocence consignées chapitre CXXV du livre des morts.

12. Ces barques, données dans un pays où elles sont si nécessaires aux pauvres pour les aider à gagner leur vie, fournissent un exemple de l'assistance consistant en allocations d'instruments de travail.

§ 2. — *De la situation des faibles et des travailleurs dans l'antique Égypte.*

I

LA FEMME ET L'ENFANT

La famille égyptienne est constituée sur les bases les plus généreuses; la femme, loin d'être une esclave, est la compagne de l'homme; juridiquement son égale, possédant les mêmes droits, traitée de la même manière; elle joue le rôle de véritable maîtresse de maison; c'est la « neb-t-pa », selon l'expression des textes [13].

Cette situation, qui remonte aux plus anciennes dynasties, excite l'étonnement des étrangers [14] et se trouve confirmée par les scènes de la vie journalière peintes sur les parois des tombeaux.

Les inscriptions se font aussi l'écho de l'affection habituelle des époux l'un pour l'autre. D'une façon générale, la femme est l'objet constant d'égards; elle jouit de certains privilèges; ainsi, en cas de crime, c'est seulement à partir du règne de Ramsès IX qu'on l'applique à la torture préalable [15]. L'adultère reste puni de mort, du moins en principe [16].

Le mari et la femme rivalisent d'affection envers leurs des-

13. Pour les détails, voir : Paturet, *La condition jur. de la femme dans l'anc. Égypte*, in-8, 1886; A. Franck, *Études orient.*, in-8, 1861, p. 79; Legrand, *La Terre des Pharaons*, in-8, 1888, ch. IV.

14. *Hérodote II*, XXXV; *Sophocle* (*Œdipe à Colonne*); *Diodore de Sicile*. Il existe souvent, il est vrai, à côté de la maîtresse de maison, des femmes de second rang, des concubines esclaves, mais c'est un usage commun à toute l'antiquité. Paturet, *op. cit.*, p. VIII, lettre de M. E. Revillout; Amelineau, *op. cit.*, ch. Ier, p. 77.

15. E. Revillout, *Les actions publ. et priv. en droit égypt.*, *Cours* de 1896-1897, in-4, 1897, 5e leçon, p. 73.

16. Amelineau, *op. cit.*, ch. II, p. 68 : « Les devoirs conjugaux n'étaient pas moins fixés, tout au moins par la tradition dès l'ancien empire. Le mari avait droit de compter sur la fidélité de sa femme, sur son travail, sur les soins qu'elle donnait à la maison et à ses enfants. » Sur le même sujet, voir aussi Amelineau, *op. cit.*, ch. IX, pp. 314 à 317.

cendants ; mais « un sentiment particulier de gratitude et d'amour rattache les enfants à leur mère... ; aucune nation de l'antiquité ne l'emporte sous ce rapport sur les anciens Égyptiens ».

Le scribe Ani, après avoir rappelé à son fils les peines que nécessite l'éducation du petit être venu au monde, ajoute : « Ne perds jamais de vue l'enfantement douloureux que tu as coûté à ta mère, ni les soins salutaires qu'elle a pris de toi ; ne fais pas qu'elle ait à se plaindre de toi, de crainte qu'elle n'élève les mains vers Dieu et qu'il n'écoute sa plainte[17]. »

Dans l'esprit des Égyptiens, la prospérité de l'État est en proportion de l'accroissement de la population. La privation de postérité est considérée comme une suprême infortune[18].

Habituellement, l'enfant est allaité trois ans, les frais de nourriture et d'entretien sont peu élevés ensuite ; l'infanticide et l'abandon se présentent à titre de faits exceptionnels[19].

II

L'ESCLAVE

Dès les temps les plus reculés, l'esclavage existe en Égypte ; des esclaves font partie des présents offerts par le Pharaon à Abraham (*Gen.*, XII, 16). Plus tard, Joseph est vendu par des Ismaélites à un dignitaire de la cour (*Gen.*, XXXIX). Les peintures nous montrent d'ailleurs des hommes de races différentes remplissant les fonctions serviles auprès de leurs maîtres[20].

Les Égyptiens peuvent-ils être esclaves de leurs concitoyens ? En général, non. Toutefois, la loi attribuée par les uns à Bocchoris, par d'autres à Darius, qui décide que les biens, et non la personne du débiteur, répondront de sa dette, suppose un état antérieur où ce débiteur, livré à son créancier, est réduit en esclavage faute de paiement[21].

17. Chabas, *L'Égyptologie*, t. II, fasc. juillet-août, 1876, p. 52.
18. Paul Pierret, *Dict. d'Archéol égypt.*, au mot *enfants*, pp. 206-207.
19. Voir notre *Hist. des Enf. aband.*, in-8, 1885, pp. 3 à 11.
20. Amelineau, *op. cit.*, ch. II, p. 78.
21. *Diod. de Sicile*, I, LXXIX ; E. Revillout, *Rituel de Pamonth*, note de la page 8.

En dehors de cette circonstance, le trafic et la guerre fournissent les esclaves. Sur la terre d'Égypte, celui qui a perdu sa liberté ne devient pas une *chose*, il reste un *homme*. Sa servitude, quelle qu'en soit l'origine, laisse subsister les liens conjugaux et paternels. Est-il victime d'un meurtre, le coupable est passible de la peine capitale comme s'il s'agissait d'un citoyen libre [22]. Toutefois, au point de vue du traitement, il importe de distinguer entre les individus appartenant à des particuliers et les captifs employés par le gouvernement aux grands travaux publics.

Pour les premiers, l'esclavage est doux et ressemble beaucoup au servage [23]. Les possesseurs d'esclaves sont obligés de les faire enregistrer sur un rôle tenu par l'autorité administrative ; les litiges relatifs à cette sorte de propriété sont portés devant les juges. « En cas de fuite, ce n'est pas en vertu des ordres du propriétaire que la recherche est faite, mais par ceux d'un haut fonctionnaire, à qui il est directement rendu compte des résultats de l'affaire et demandé des ordres pour la procédure à suivre [24]. »

La traite, nous venons de le dire, ne fournit pas seule les esclaves ; à la suite des conquêtes en Asie et des razzias effectuées si souvent chez les infortunées populations de l'Afrique, les vainqueurs comparaissent devant le Pharaon ; ils ont coupé sur les cadavres des ennemis la main (ou une autre partie du corps) ; ils conduisent des troupeaux de prisonniers, « les mains liées derrière le dos, au-dessus de la tête ou en avant du corps, ou bien encore engagées dans une cangue de bois. On voit aussi, sur les peintures murales, ces prisonniers enchaînés à la file à une corde faisant un nœud à chaque captif [25] ».

22. *Diod. de Sicile*, I, LXXVII, Legrand ; *La terre des Pharaons*, *op. cit.*, ch. IV p. 119.

23. E. Revillout, *Cours de droit égypt.*., 1er vol., fasc. I, Paris, 1884, p. 90.

24. *Règne de Ramsès*. Rapp. adressé par un fonctionnaire nommé Afner au prince Sha-em-tam sur la recherche et la captivité de six esclaves fugitifs (Chabas, *Mélang. égyp.*, in-8, 1862, p. 12). En tout temps la loi concède à l'esclave le droit de se réfugier dans un temple afin d'échapper au maître qui abuse de son autorité (*Hérod.*, II, CXIII ; Paturet, *op. cit.*, p. XII de l'Introduction).

25. P. Pierret, *Dict. d'Arch. égyp.*, *op. cit.*, p. 453, au mot *prisonniers*.

Le nombre de ces malheureux est parfois considérable. Une inscription remontant à la troisième dynastie relate les exploits d'un général : « Cette armée alla en paix (*c'est-à-dire de succès en succès*) ; elle écrasa le pays des Hérouschaïtou ; cette armée alla en paix : elle emporta leurs enceintes fortifiées ; cette armée alla en paix : elle coupa leurs figuiers et leurs vignes ; cette armée alla en paix : elle incendia leurs blés ; cette armée alla en paix : elle massacra leurs soldats par myriades ; cette armée alla en paix : elle emmena leurs hommes, leurs femmes et leurs enfants en grand nombre. Ce dont Sa Majesté se réjouit plus que de toute autre chose. » (Amelineau, *op. cit.*, ch. II, p. 80).

Après ces expéditions, le Pharaon distribue une partie des captifs aux personnes qu'il veut récompenser et enrichir ; il en consacre au service des temples et affecte le reste à la construction de ces immenses édifices qui couvrent le sol, qu'il s'agisse des pyramides, des bâtiments fastueux, ou des digues, des chaussées, des terrassements nécessaires à contenir et diriger le fleuve qui vivifie la terre d'Égypte. Le sort de ces esclaves est digne de pitié : « Ce n'est, dit F. Lenormant, qu'avec un sentiment d'horreur que l'on peut songer aux milliers de captifs qui doivent mourir sous le bâton des gardes-chiourmes, ou bien victimes des fatigues excessives et des privations de toute nature en élevant, en qualité de forçats, les gigantesques constructions auxquelles se plaît l'orgueil insatiable d'un Ramsès II. Dans les monuments de son règne, il n'y a pas une pierre, pour ainsi dire, qui ne coûte une vie humaine [26]. »

Les esclaves royaux sont employés aux durs labeurs des mines, notamment à celles du Sinaï [27] ; on leur adjoint ensuite des condamnés lorsque la peine de mort est remplacée par celle des travaux forcés [28].

26. *Les prem. civil.*, *op. cit.*, t. I, pp. 217-218.
27. Chabas, *Études sur l'antiquité hist. d'après les sources égypt.*, 2e édit. in-8, 1873, ch. V, pp. 372-373.
28. *Diod. de Sicile* (I, LXV) attribue cette mesure à Sabacon (Shabakom appartient à la XXVe dynastie).

III

LES PROLÉTAIRES

La terre égyptienne appartient au Pharaon [29], ce fils du Ciel dont on ne saurait prononcer le nom sans l'accompagner de la triple invocation : « vie-santé-force »; il reçoit en nature les impôts de ses sujets ; ainsi que les tributs levés sur les villes soumises à son autorité [30].

Un cadastre soigneusement établi et tenu au courant des mutations comprend, pour chaque district, le relevé de toutes les espèces de terre et le nom de ceux qui les détiennent [31].

Une telle organisation suppose une multitude de fonctionnaires hiérarchisés, de scribes, suivant les armées, parcourant chaque *Nome*, rendant compte de leur gestion aux *teneurs de livres en chef* [32], et ceux-ci aux lieutenants du Prince [33].

Ces scribes sont chargés en même temps de surveiller les magasins d'approvisionnements, de payer en nature les ouvriers royaux, les employés et les personnes travaillant pour le compte de l'État ou des Temples [34].

La paperasserie administrative [35] dépasse toute limite ; le

29. Amelineau, *op. cit.*, ch. II, p. 55 ; Chabas, *Rech. pour servir à l'hist. de la XIXe dynastie*, in-4, 1873, p. 75.

30. G. Maspero, *Étud. égyptiennes*, 1888, t. II, p. 39.

31. F. Lenormant, *Hist. des peuples de l'Orient, continuée par Babelon*, 1883, t. III, ch. Ier, § 4, p. 38.

32. Chabas, *Mélang. égypt.*, 3e série, 1870-1873, t. I, p. 237 : « Les scènes peintes sur divers tombeaux nous initient au mécanisme de la comptabilité agricole : on y voit à l'œuvre les mesureurs, les compteurs, les pointeurs, les scribes notant les quantités reconnues..... »

33. Sous le règne de Thotmès III, Rekhmara, monarque de Thèbes, examine tous les comptes ; les scribes comparaissent un à un devant lui et aucun ne doit entendre ce que l'on a dit à son prédécesseur (Th. Virey, *Mémoires de la mission du Caire*, t. V, 1889).

34. G. Maspero, *Étud. égyptiennes*, *op. cit.*, t. II, p. 45 ; E. Revillout, *La Propriété, ses démembrements en droit égypt.*, 1897, 1re part., 2e leçon, p. 50.

35. « La monarchie se transformait peu à peu en un état essentiellement bureaucratique. » Legrand, *La Terre des Pharaons*, *op. cit.*, ch. Ier, pp. 34-35.

meilleur moyen de parvenir est la fonction de scribe : « le scribe prime tout », disent les papyrus.

Un des fonctionnaires, vivant sous la XIIe dynastie, écrit une violente satire, dans laquelle il passe en revue les inconvénients, les misères, des métiers ou professions manuelles ; il en parle avec un réel dédain, engageant son fils à choisir la carrière paternelle [36].

Ce scribe va évidemment un peu loin dans sa critique, elle présente néanmoins quelques réflexions justes. D'une manière générale, la condition des prolétaires est précaire et dépend trop de l'arbitraire du pouvoir ; il en est de même pour le petit cultivateur : « Rien n'empêche le mauvais prince, l'officier prévaricateur, de ruiner et de maltraiter à sa guise le peuple auquel il commande. Un ordre de lui et les corvées s'abattent sur les propriétaires d'un bourg leur enlevant leurs esclaves, les obligeant à laisser leur fonds inculte. Dès qu'ils se déclarent impuissants à s'acquitter de leurs contributions, la prison s'ouvre pour eux et les leurs [37]. »

Le laboureur supporte son mal en patience ; les ouvriers réunis dans de vastes chantiers et recevant chaque mois, ou chaque quinzaine, la ration de viandes, légumes, fruits, gâteaux, nécessaire à leur subsistance et à celle de leur famille, se mutinent lorsque la provision est épuisée, peut-être en raison de leur imprévoyance, avant le temps fixé [38].

Un surveillant de la nécropole de Thèbes consigne sur son carnet les phases diverses d'une de ces émeutes : « Le scribe de la comptabilité et les pères divins (les prêtres) de cette demeure ont écouté ce qui se dit chez les manouvriers. On leur a dit : Oh ! l'on nous fait arriver en face de la faim, en face de la soif, nous sommes sans vêtements, nous sommes sans breuvage. Ayant envoyé vers le Pharaon, Notre-Seigneur pour tout cela,

36. Amelineau, *op. cit.*, ch. IV, p. 151.
37. G. Maspero, *Hist. anc. des peup. de l'Orient*, t. I, ch. IV, p. 338 ; Amelineau, *op. cit.*, ch. II, p. 61.
38. G. Maspero, *Étud. égyptiennes*, t. II, p. 132 ; G. Lumbroso, *Rech. sur l'Écon. pol. de l'Égypte sous les Lagides*, in-8, 1870, ch. Ier, § VI, p. 19 ; G. Maspero, *Hist. anc. des peuples de l'Orient, les premières mêlées des peuples*, in-4, 1897, ch. V, p. 539.

nous enverrons vers le gouverneur, notre supérieur, qu'il nous soit donné les moyens de vivre. » On leur accorde alors des aliments pour un jour; ils se révoltent de nouveau, menacent de se mettre en grève; on est forcé de leur répartir les provisions amassées dans les magasins [39].

La situation des classes pauvres s'aggrave lorsque le pays est épuisé par de longues guerres, des expéditions lointaines. Trop souvent, si le nombre des captifs n'est pas jugé suffisant, en raison de l'immensité des travaux entrepris, l'oppression devient intolérable; des corvées odieuses écrasent une partie notable de la population. C'est ce qui a lieu lors de la construction des grandes pyramides [40]; le même phénomène se reproduit sous Ramsès II (Sésostris) quand il opprime le peuple hébreu et prépare ainsi son exode [41].

A toutes les époques, de hauts fonctionnaires, nous l'avons vu déjà, s'efforcent de remédier aux souffrances des classes populaires; de ne point « *leur montrer un visage de crocodile* » et d'administrer sagement : « Je suis, dit un gouverneur de Thèbes, sous la XIIe dynastie, le chef héréditaire..... Le Conseiller dans le logis royal..... Celui vers lequel les grands viennent en courbant le dos, les chefs en inclinant profondément la tête..... Les gens de la Thébaïde m'aiment... Les nobles chantent mes louanges..... Je suis le bâton d'appui du vieillard, le nourricier de l'enfant, l'interprète du misérable, la salle qui tient au chaud ceux qui sont exposés au froid dans Thèbes, la nourriture des abattus [42]. »

Ramsès III s'étend avec complaisance sur son humanité : « J'ai fait vivre le pays tout entier; misérables, mortels, hommes

39. Chabas, *Mélang. égypt.*, 2e série, t. II, p. 44 et suiv.

40. *Hérodote*, II, CXXIV à CXXV.

41. « Les conséquences auxquelles je suis arrivé, dit Chabas, pour la date des événements de l'exode définitivement fixée à l'époque de Ramsès II et de Meneptat Ier » (Chabas, *Rech. pour servir à l'hist. de la XIXe dynastie*, *op. cit.*, p. 165.) Ph. Virey, *Note sur le Pharaon Ménephtah et les temps de l'exode*, in-8, 9 p., 1900. Diodore de Sicile (I, LVI) prétend que : « Sesoosis n'employa pour ces travaux aucun Égyptien. C'est pourquoi il fit inscrire sur les temples : *Aucun indigène ne s'est fatigué à cela...* »

42. G. Maspero, *Un gouverneur de Thèbes. Cong. intern. des orientalistes*, 1re session, t. II, p. 48 à 61.

et femmes ; j'ai relevé tout homme de son crime et lui ai pardonné ; je l'ai sauvé du puissant qui pesait sur lui. J'ai placé tous les citoyens sur leur voie, dans leurs villes. J'en ai fait vivre d'autres par l'autel de la porte (peut-être peut-on traduire par l'aumône). J'ai pourvu de nouveau le pays qui était dépouillé, le pays est bien rassasié pendant mon règne. J'ai fait le bien pour les Dieux comme pour les hommes [43]. »

Nous trouvons d'ailleurs à la fin de la XVIIIe dynastie un Pharaon philanthrope, Haremhebi ; d'une naissance obscure il serait devenu roi à la suite d'une adoption. Une fois au pouvoir, il veut la prospérité de son peuple ; suivant sa jurisprudence, la barque permettant au misérable de gagner pauvrement sa vie est un bien insaisissable. Quand les collecteurs d'impôt, prescrit-il, iront pour exiger du côté du Nord ou du Midi : leurs contributions à percevoir de la main des pauvres, il y aura à Unt jugement de la demeure des cinquante pour leurs réclamations et leurs prières, au sujet de la manière dont on aura exigé les fourrages. Lorsque s'embarqueront tous ceux qui sont préposés aux magasins des grains de froment sur le fleuve, dans les barques de transport, soit au compte du Roi, soit au compte des Dieux... ils devront être justes dans l'accomplissement de leur mission et ne point dépouiller les nécessiteux.

Haremhebi, scandalisé par les abus de divers genres que ses prédécesseurs ont laissé grandir, entend tout réformer ; il désire protéger le faible contre l'oppression et lui conserver le peu qu'il possède ; son intention est même de lui donner les moyens de vivre s'il ne les a pas : « J'ai fait, dit-il, des règles de protection pour les hommes en ce qui concerne les revenus qui sortent (du trésor royal) en mon nom, pour eux. Chaque quatrième jour du mois devient pour eux une fête. Toute personne en place doit distribuer des bonnes choses en pains, viandes, vêtements, provenant des biens du Roi comme part à chacun d'eux [44]. »

43. Chabas, *Rech. pour servir à l'hist. de la XIXe dynastie*, *op. cit.*, p. 72.
44. « Deux textes, écrit Pierret (*Dict.*, *op. cit.*, au mot *aumône*, p. 77), nous permettent de supposer qu'il y avait, dans le palais du Roi et dans la demeure des riches particuliers, une salle appelée *kha*, dans laquelle on distribuait, d'après des listes dressées d'avance, des aumônes périodiques, quelque chose d'analogue à

« En les voyant *mange son cœur* (c'est-à-dire est affligé) tout grand de cœur, car leur voix s'élève au ciel pour réclamer des biens quelconques. Désormais tout gouverneur, tout chef de soldats, tout administrateur, devra ce jour-là, rester pour eux au balcon (du palais d'administration), en appelant toute personne en son nom, au nom du Roi qui a dit : Ils sortent du pays en notre présence pour réclamer des approvisionnements, tirés des biens du palais royal et cela leur appartient, à quiconque parmi eux, d'exiger toujours des pains des greniers royaux, des blés, des orges, des grains, sans que puisse se trouver personne qui n'en ait pas. »

« La femme d'Haremhebi, fille de son prédécesseur, est parfois associée à ces actes de bonne administration et d'humanité [45]. »

IV

LA MÉDECINE EN ÉGYPTE

Pour terminer ce tableau il convient de dire quelques mots de la médecine. Les Pharaons des premières dynasties s'occupent de l'art de guérir; on leur attribue des traités relatifs à ce sujet. De leur côté, les prêtres professent la médecine et la chirurgie dans des écoles annexées aux temples. Les progrès accomplis sont cependant peu rapides, la religion interdisant de disséquer les cadavres. De plus, le praticien est tenu de suivre servilement les indications de certains livres déclarés sacrés; s'il s'en écarte et que le malade meure, on le poursuit pour homicide par imprudence [46].

la sportule romaine (*Papyrus de Leyde*, I, 344, pl. VI, l. 7 : *Papyrus Harris*, dans Chabas, *Rech. sur la XIXe dynastie*). Sous la XIIe dynastie, un titre me paraît s'appliquer au fonctionnaire chargé de la part du Roi de cette répartition bienfaisante. »

45. *Les réformes et les rêves d'un Roi philanthrope*, par E. Révillout, *Rev. Egyp.*, t. VIII, in-4 1898, p. 106 et suivantes.

46. Diod. de Sicile, I, § LXXXII : Legrand, *La terre des Pharaons*, ch. III ; G. Maspero, *Hist. anc. des peup. de l'Orient*, *op. cit.*, t. I, *Les origines*, ch. III, p. 215.

Les médecins égyptiens jouissent néanmoins d'une grande renommée, à l'étranger. Hérodote (II, LXXXIV) prétend qu'ils ne traitent chacun qu'une sorte de maladie; les textes prouvent l'inexactitude de cette assertion. Les médecins s'occupent de toutes les affections, mais il existe des spécialistes auxquels on s'adresse de préférence, selon la nature du mal. Aux bords du Nil, les maux d'yeux et d'intestins sont habituels et leurs modes de traitement occupent une place importante dans les papyrus, tel que le papyrus Ebers, provenant, selon toute probabilité, de la bibliothèque médicale du temple de Phat [47], on y trouve mentionnées la plupart des misères qui affligent les hommes, y compris la peste, au dire de Chabas [48].

La nomenclature des médicaments préconisés forme un vaste ensemble; les trois règnes y apportent leur contingent : l'huile, le miel, le lait se mélangent avec les substances les plus étranges; le fiel humain, par exemple, forme un collyre recommandé [49]. Renfermés dans de petites boîtes à compartiments, les remèdes sont accompagnés d'inscription indiquant leurs propriétés : *pour arrêter le sang*; *pour ôter la douleur* [50]. Officiellement on distingue *le médecin véritable* du *rebouteur*, attaché au culte de Sokhit qui guérit les fractures, grâce à l'intervention de sa déesse et de l'*exorciste*, dont la mission est de chasser le génie mauvais, tourmentant le malade.

« La première idée d'un Égyptien, écrit Loret, est de s'adresser à un sorcier de profession, s'il ne réussit pas on se décide à recourir au médecin; mais généralement les remèdes et les incantations marchent de front pour plus de chances de guérison. » Aussi les ordonnances ne sont-elles point délivrées sans formules magiques destinées à favoriser l'action des médicaments, si elles sont récitées selon toutes les données liturgiques, en élevant la

47. G. Maspero, *Hist. anc., op. cit.*, t. I, ch. III, p. 215; Loret, *L'Egypte au temps des Pharaons*, in-12, 1889, ch. IV, p. 220. Ce papyrus a été publié en Allemagne par G. Ebers, 1 vol. in-fol., Leipzic, 1875, suivi d'un glossaire rédigé par L. Hern.

48. Chabas, *Mélanges égyptologiques*, in-8, 1862, § III, p. 39.

49. Chabas, *Notice du papyrus médical Ebers. L'Egyptologie*, t. I, fasc. oct.-nov. 1875, p. 183.

50. P. Pierret, *Descrip. sommaire des salles du Musée égypt.*, 1894, p. 85; Amelineau, *op. cit.*, ch. Ier, p. 8 à 10.

la voix sur telle ou telle syllabe, en prononçant fortement telle ou telle imprécation [51].

On a recours également aux amulettes. Une pierre memphite (aner-soptou) appliquée sur la partie du corps malade a, suivant la croyance populaire, le don de la rendre insensible [52].

De plus, comme la plupart des dieux des morts, Miritskro est une divinité généreuse ; on s'adresse à elle dans les cas où la médecine ordinaire est impuissante, et ses clients consacrent par des *ex-voto* le souvenir de la faveur qu'elle leur a accordée [53]. Enfin à Memphis, Imhotep (l'Imouthès des Grecs) est le dieu de la médecine et se voit invoqué en cette qualité [54].

Il convient d'ajouter que jusqu'ici les papyrus et les inscriptions ne fournissent aucune donnée sur les secours que les malades pauvres peuvent, dans l'Égypte ancienne, attendre des personnes vouées à la carrière médicale.

En résumé, la connaissance des devoirs de l'homme envers la divinité et vis-à-vis de son semblable caractérise l'Égypte Pharaonique. Le droit en la vallée du Nil a son fondement dans la morale, « qui ne permet pas d'abuser de la force, de la situation sociale, du pouvoir résultant d'un titre, d'une dignité, d'une magistrature pour faire tort à quelqu'un, pour violenter les faibles, pour s'enrichir à leurs dépens [55] ». A l'exécution de ces règles est attachée la résurrection après la mort : et tout homme, fût-il esclave, pouvant devenir ainsi un Osiris, « cette déification suprême efface, suivant la remarque de E. Revillout, les inégalités de conditions dans la vie terrestre » (*Rituel de Pamonth*, p. 4).

51. Legrand, *op. cit.*, ch. VIII, p. 221, 222 ; Chabas, *Notice du papyrus Ebers*, *op. cit.*, p. 178.

52. Alex. Max de Zogheb, *L'Egypte ancienne*, in-8, 1890, p. 97.

53. « La plupart des stèles consacrées à la déesse Miritskro la représentent sous forme de serpent. Tantôt c'est un serpent à tête humaine, tantôt c'est un serpent ordinaire... L'image du serpent vivant adoré. » (G. Maspero, *Etude de myth. et d'arch. égypt.*, t. II, 1893, p. 402-405.)

54. Loret, *op. cit.*, ch. V, p. 255. On lit dans Diodore de Sicile (I, xxv) : « Selon les Egyptiens, Isis a inventé beaucoup de remèdes utiles à la santé ; elle possède une grande expérience de la science médicale ; devenue immortelle, elle se plaît à guérir les malades ; elle se manifeste à eux sous sa forme naturelle, et apporte en songe des secours à ceux qui l'implorent. »

55. E. Revillout, *La créance et le droit commercial dans l'antiquité*, in-8, 1897, 1re leçon, p. 3.

Il est vrai que la pratique, et il ne saurait en être autrement, ne répond pas toujours à la théorie; des souffrances, plus ou moins grandes, selon les époques, atteignent les classes astreintes aux métiers manuels. A côté de monarques philanthropes comme Haremhebi on trouve des oppresseurs violents; mais cette antique civilisation sait proclamer bien haut et maintenir durant des siècles ces grands principes : l'égalité de la justice — les droits de la femme et de l'enfant — le maintien de la condition d'homme chez l'esclave — les obligations qu'imposent la richesse et le pouvoir — l'assistance due au prochain malheureux.

Ce sont là des titres qui ne peuvent être enlevés à ce Peuple et, dans l'histoire de la charité antique, ils lui assignent une place d'honneur.

DEUXIÈME PARTIE

L'ASSYRIE. — LA BABYLONIE

On connaît les luttes séculaires des populations habitant les contrées situées entre le Tigre, l'Euphrate et la Méditerranée ; — l'accroissement rapide du grand empire assyrien ; — la rivalité de Ninive et de Babylone tour à tour conquises et dévastées ; — la chute de la première de ces villes sous Sin-Shar-Ishkoun et la restauration merveilleuse de la seconde au temps des Rois de la dernière dynastie chaldéenne.

Au point de vue qui nous occupe, étant donnée la rareté des documents spéciaux, il est nécessaire de grouper ces peuples et d'examiner la manière dont ils comprennent leur rôle à l'égard des faibles et des petits. Parmi eux les Assyriens ne vivent que pour la guerre ; lorsque l'épuisement de leur population ne permet plus les succès des champs de bataille ils disparaissent.

Partout la lutte est accompagnée de cruautés inutiles, de massacres, d'exécutions accomplies froidement après la victoire ; à chaque page de larges taches de sang souillent les annales de ces nations.

§ 1er. — *Le mépris de la vie humaine.*

« L'Assyrien ne se pique pas de douceur et ne se sent pas pénétré d'affection pour le prochain ainsi que l'Égyptien prétend l'être ; il se montre obstiné, hautain, impitoyable aux autres et à lui-même [56] ». Toutefois, lorsqu'il s'agit de leurs sujets, les rois montrent des sentiments humains. Assurbanipal invoque « Ningal, la déesse de gloire... la mère de la miséricorde qui parle pitié à Shamash, son premier-né ; celle qui rend agréable la parole de

56. Maspero, *Hist. anc. des peuples de l'Orient* ; *Les premières mêlées des peuples*, ch. VI, p. 620.

supplication »[57]. La déesse Ishtar écoute également la prière des malheureux.

Un courtisan, dans une lettre adressée probablement à Assarhaddon, s'écrie : « Les grands dieux du Ciel et de la terre, au temps du roi, mon maître, les vieillards les prient. Les jeunes gens dansent. Les femmes chantent. Les jeunes filles apprennent avec joie l'œuvre des femmes. Elles enfantent ; elles mettent au monde des garçons et des filles. La génération est prospère. Celui que son péché à la mort a condamné, le roi, mon maître, le fait vivre. Celui que de nombreuses années on a tenu captif, tu le délivres. *Celui qui de longs jours a été malade revient à la vie. Les affamés sont rassasiés*, les affligés sont consolés[58] ».

Ces éloges d'un *solliciteur* peuvent être vrais ; mais lors des guerres destinées à comprimer des révoltes ou à agrandir les royaumes, les souverains semblent s'ingénier à trouver de nouveaux genres de supplices. Les inscriptions, les sculptures retracent des scènes épouvantables dont ces contrées sont le théâtre.

Assur-Nazir-Pal[59], roi d'Assyrie, prend une ville : « J'en tuai, dit-il, un sur deux, et la moitié du reste fut réduite en esclavage... Ahirbal prisonnier assista au pillage de son palais, il vit enchaîner ses fils et ses filles... il vit écorcher vifs tous ses ministres et les principaux chefs de la rébellion ; une pyramide élevée à l'entrée de la ville fut tapissée de leur peau ; quelques-uns furent murés dans la maçonnerie, d'autres mis en croix ou exposés sur des pals le long des côtés de la pyramide. J'en ai fait écorcher un grand nombre en ma présence. J'ai fait couvrir le mur de leurs peaux ; je fis des pyramides de leurs têtes et des trophés de leurs cadavres mutilés...[60] »

Devant une cité qu'assiège Téglath-Phalasar II sont dressés trois pieux, chacun supporte un cadavre ; pour terrifier les défen-

57. François Martin, *Textes religieux assyriens et babyloniens. Transcription traduction et commentaire*, in-8, 1900, p. 3.

58. François Martin. *Lettres assyriennes et babyloniennes* (Ext. de la *Revue de l'Institut cathol. de Paris*), in-8, 1901, p. 12.

59. Nous respectons, dans les fragments cités, l'orthographe adoptée par chaque auteur pour les noms des Rois. On sait que l'accord est encore loin d'exister à ce sujet.

60. *Hist. anc. de l'Orient*, par F. Lenormant, continuée par Babelon, t. IV, ch. V, § 2, p. 169-170.

seurs de la place, le Roi fait empaler, sous leurs yeux, les captifs tombés entre ses mains. Ailleurs, dans des bas-reliefs, les têtes s'entassent aux pieds des scribes qui les comptent afin d'en payer le prix [61].

Des peintures égyptiennes montrent, il est vrai, le Pharaon tenant de la main gauche les chevelures réunies de plusieurs prisonniers de races diverses, tandis que sa main droite brandit une massue ; il s'agit ici d'une allégorie destinée à montrer l'étendue de la puissance du vainqueur ; à Ninive, rien de pareil, les représentations sont la traduction de faits réels ; on voit les captifs attachés aux poteaux et écorchés ; on voit le Roi devant un malheureux enchaîné par les lèvres et lui crevant les yeux avec une flèche ; tels sont les actes dont ces monarques aiment à se glorifier. Un d'entre eux fait graver ce qui suit :

« Mes soldats parvinrent au sommet de Nistoun qui est comparable à un roc tombé du ciel... Je m'emparai de deux cent soixante combattants, je leur coupai la tête ; je les mis sur des pals ; leurs enfants je les écrasai sur les rocs des montagnes, comme des oiseaux qui sont encore au nid... Je m'approchai ensuite de la ville de Sour... je la châtiai... je construisis un mur devant les grandes portes... je fis écorcher les grands et je couvris le mur de leurs peaux, J'en fis murer quelques-uns dans le mur ; j'en fis monter en croix d'autres sur le mur ; j'en fis empaler d'autres le long du mur ; beaucoup d'autres je les fis écorcher devant moi-même... Je m'avançai sur Tiela.., j'emmenai les captifs,.. je coupai aux uns les mains et les pieds, aux autres le nez et les oreilles [62]. »

Les bas-reliefs de Tello (Chaldée) représentent des scènes de carnage ; des champs de bataille où les oiseaux de proie se disputent les membres dispersés des vaincus. La Bible (*Jérém.*, LII) nous montre Nabuchodonosor prenant Jérusalem, après un long siège, faisant périr les fils du Roi Sédécias, en présence de leur père, et ordonnant de mettre à mort les personnages les plus considérables d'entre les Juifs.

61. G. Perrot et Ch. Chipiez, *Hist. de l'art dans l'antiquité*, t. II, ch. Ier, § VII, p. 106-107.
62. Jules Oppert, *Hist. des empires de Chaldée et d'Assyrie*, in-8, 1865, p. 77 à 80.

Les souverains d'Assyrie et de Babylonie se plaisent enfin à employer « le système de transplantations en masse des peuples subjugués ; ils tiennent pour plus assurée la soumission des tribus ainsi dépaysées [63] ».

Quant à la procédure criminelle en Assyrie elle est dure, et les peines ont un caractère atroce ; en dehors de la torture admise pour arracher les aveux des accusés, la peine de mort ne s'applique presque jamais sans des mutilations que l'Égypte ne connaît pas [64].

Néanmoins le culte des dieux à Ninive et à Babylone n'entraîne aucun sacrifice humain. Il n'en est pas de même au sein des peuples établis sur les côtes de Syrie [65]. Là ce genre d'immolation forme le sacrifice par excellence. L'offrande consiste principalement en enfants nouveau-nés ; elle dérive de l'idée « du rachat de la vie du père par le meurtre de son premier-né : le rejeton qui élève la tête sur l'humanité, le rejeton pour sa vie il l'a donné ; la tête du rejeton pour la tête de l'homme il l'a donnée ; le front du rejeton pour le front de l'homme il l'a donné ; la poitrine du rejeton pour la poitrine de l'homme il l'a donnée... [66] ».

C'est également une manière de consacrer à la divinité les prémices de ses richesses. De bonne heure cependant on introduit le principe de la substitution, — le petit être est remplacé par un animal ; « une pierre même destinée à devenir le représentant d'un sacrifice fictif et qu'on érige en l'honneur du Dieu [67] ». De là cette coutume formellement condamnée par les livres saints de consacrer ses enfants à Moloch ou à Astarté en les faisant passer par le feu en guise de lustration [68].

63. F. Lenormant. *Les premières civilisations*, *op. cit.*, t. II, p. 266.

64. F. Lenormant et Babelon, *op. cit.*, t. V, liv. VI, ch. Ier, § v, p. 84.

65. Ces sacrifices d'enfants sont transportés à Carthage, colonie phénicienne, Diod. de Sicile, liv. XX, XIV ; Plutarq., *De la superstition*, § 13 : « Ceux qui n'avaient pas d'enfants (pour les égorger aux pieds des autels) achetaient ceux des pauvres. »

66. F. Lenormand, *Etud. Accad.*, t. II, 1874, p. 297, formule d'exorcisme, n° XXIII.

67. Berger, art. Phénicie, dans l'*Encyclopédie des sciences religieuses*, sous la direction de Lichtenberger, t. X, p. 523-545.

68. Certains Rabbins ont contesté l'existence de ces sacrifices trop nettement indiqués dans la Bible et les auteurs anciens pour être mis en doute. (Voir notre *Histoire des Enf. aband. et délaissés*, ch. Ier, p. 12 à 15.) « Maimonide ne disconvient pas du reste que l'usage de brûler les enfants n'ait existé chez les anciens païens ; mais il distingue de cet usage barbare la cérémonie de la lustration qui

§ 2. — *L'esclave.*

Aussi haut que l'on remonte dans l'étude des documents, l'esclavage apparaît. Dans les vastes plaines où campe Abraham au sortir d'Ur en Chaldée [69], il existe des individus réduits en servitude, on trouve des esclaves achetés et des esclaves nés sous la tente. « Cependant, dit M. Wallon [70], l'esclavage est alors loin d'être aussi rigoureux qu'il est absolu... grâce à la communauté de travaux et de vie, le contraste des conditions s'efface... Point de mépris d'un côté, point de haine ni de vengeance de l'autre ».

Il en est de même, selon toute probabilité, chez les peuplades dont le Patriarche répudie la religion pour embrasser le culte du vrai Dieu. Plus tard, les guerres multiplient les captifs et leur joug devient lourd, sans que les Assyriens et les Babyloniens en arrivent à méconnaître la personnalité humaine dans les familles serviles; on vend le mari avec la femme ; son titre *d'épouse* est formellement reconnue [71]. A Babylone, à Ninive, un esclave peut se racheter au moyen de son pécule; contracter; être témoin ; posséder d'autres esclaves [72].

Il paraît d'ailleurs que les citoyens réduits à une extrême pauvreté ont la faculté d'aliéner leur liberté et celle de leur famille afin de s'assurer au moins la nourriture. Il existe des marchés d'esclaves dans chaque ville ou bourgade importante. L'acheteur peut exercer une action contre le vendeur en quatre circonstances : rébellion de l'esclave, ou fuite compliquée du fait de réintégration au domicile de l'ancien maître; — revendication d'origine libre formulée par la personne objet de la vente; — découverte d'un vice caché ; — enfin *servitude royale*, c'est-à-dire

constituait le culte particulier de Molock » (Munk, *Guide des égarés*, *op. cit.*, t. III, note de la page 288, et p. 469).

69. *Liber Genesis*, cap. XI-XXV.

70. Wallon, *Hist. de l'escl.*, *op. cit.*, t. Ier, p. 5.

71. Paturet, *op. cit.*, Introd., p. XL.

72. Sayce, *Social life among the Assyrians and Babylonians*, in-12, Oxford, 1893, chap. VI, Slavery, p. 75 à 83.

enlèvement de l'esclave par un fonctionnaire en vue de l'employer aux travaux publics [73].

Il est certain que si la condition matérielle de ces malheureux varie avec le caractère du maître, ils ne sont pas abandonnés entièrement à sa discrétion : « L'homme qui frappe son esclave, si celui-ci en meurt, est perdu, estropié, incapable de travail, rendu infirme, se voit condamné à payer par jour une demi-mesure de blé [74]. »

Il y a dans tout cela des atténuations dont il est juste de tenir compte.

§ 3. — *Du soin des malades.*

Existe-t-il dans ces empires quelques mesures d'assistance ? Les documents demeurent encore muets sur ce point. Nous savons seulement que les abandons sont fréquents ; des enfants de courtisanes, de femmes répudiées [75] se trouvent exposés le long des rues, aux carrefours des chemins, même dans des lieux déserts.

Les passants en ont quelquefois pitié, des familles sans postérité recueillent quelques-uns de ces délaissés aux fins d'adoption ultérieure. Des fragments de briques nous livrent les détails d'un fait de ce genre : « Celui qui n'avait ni père, ni mère... c'est à la citerne que se rattache son souvenir ; c'est dans la rue qu'on l'a recueilli. Il l'a pris à la gueule des chiens ; il l'a pris en mains sous le bec des corbeaux. En présence du devin, il a pris son horoscope... et on a imprimé le cachet du devin, sous la plante de ses pieds. Il l'a donné à une nourrice à laquelle il a garanti pour trois ans, les grains, les effets et le vêtement. Alors à et toujours il lui a caché comme il l'avait recueilli. Il lui a donné ainsi l'allaitement humain et il en a fait son enfant.

73. « On a découvert dans les ruines du palais de Sargon, 17 petites olives en briques percées d'un trou sur lesquelles sont inscrits des noms de femmes avec l'indication du trafic dont elles ont été l'objet... Ce sont des Babyloniennes emmenées en Assyrie » (Lenormant et Babelon, *op. cit.*, t. V, liv. VI, ch. Ier, § 6, p. 101 ; Oppert, *La condition des esclaves à Babylone*, *Ac. Inscrip. et Belles-Lettres*, 2 mars-6 avril 1888, p. 3 à 9.)

74. F. Lenormand, *Lettres assyr.*, *Étud. accadiennes*, t. III, p. 24.

75. Dès l'époque la plus reculée on trouve dans ces pays la femme égale en dignité à l'homme soit comme mère, soit comme épouse ; mais la répudiation est permise (Paturet, *op. cit.*, p. XXVIII à XXXII).

Il l'a élevé à la qualité de son enfant. Il l'a inscrit comme son fils. Il lui a fait enseigner la science des lettres [76] ».

Tous ces petits abandonnés ne sont pas adoptés et d'autres fragments nous les font voir : « exposés à être mordus par les serpents du chemin ».

En ce qui concerne le traitement des maladies, Hérodote (I, CXCVII) raconte qu'à Babylone, faute de médecins, on transporte les malades sur la place publique ; les habitants s'en approchent, s'enquièrent de leur mal, et celui qui a ressenti des souffrances analogues ou a vu quelqu'un dans le même état aide le patient de ses conseils.

Ce récit est rejeté par la science moderne ; il y a des médecins à Ninive et à Babylone [77] ; en Assyrie, leur nom est *a-zu* ; leurs fils sont, pense-t-on, élevés dans les temples avec les fils des prêtres et formés par un long apprentissage à la profession de leur père. Peut-être existe-t-il une école de médecine à Nippur, une autre à Borsippa, jointe à la célèbre école d'astrologie.

Ces médecins forment une corporation ; certains d'entre eux paraissent attachés à la personne des rois et habitent le palais [78]. Des textes récemment déchiffrés parlent d'ustensiles affectés à un usage médical, de bandages, etc. ; ils nous montrent ces praticiens lavant les plaies, appliquant des remèdes ; obligés d'étudier « les vertus des simples, la propriété des pierres » [79], pour soigner les nombreuses maladies [80] qui règnent dans ces contrées.

76. F. Lenormant, *Etud. accadiennes*, t. III, *op. cit.*, p. 167-168.

77. Consulter, sur ce paragraphe : Dumon, *Notice sur la profession de médecin d'après les textes assyro-babyloniens*, *Journ. asiatique*, neuvième série, t. IX, 1897, p. 315-376 ; Baron Dr Oefele, *Vorhippokratische Medizin westasiens Ægyptens etc.*, *separatabdruck* (p. 52 à 109) *aus dem Handbuch der Geschichte der Medizin* Iena, 1901.

78. « On s'adresse au roi pour lui demander un médecin : « la servante du roi, la femme Bauganelat, est fort malade... donc que le roi mon maître ordonne qu'un médecin soit désigné par mon maître, qu'il vienne, qu'il la voie. » Une autre lettre remercie le roi d'avoir envoyé à un malade un médecin qui l'a guéri. » (Dumon, *op. cit.*, p. 322).

79. « On possède les débris d'un vaste traité de médecine intitulé : *Lorsque tu entres en la maison de ton malade*, qui comprenait au moins 17 tablettes et plus sans doute et dont deux exemplaires étaient conservés dans la bibliothèque d'Assurbanipal. » (Dumon, *op. cit.*, p. 325).

80. La lèpre ; « l'ulcère mauvais » : l'hydropisie ; la folie ; les maladies des viscères, du foie ; la paralysie ; « la dyssenterie mauvaise » ; « la tumeur qui gonfle » ; « la peste qui déracine le pays », etc.

Il ne faut pas néanmoins se dissimuler qu'il sont surtout tenus à connaître les rites de purification, les formules d'exorcisme, à être au courant des habitudes des mauvais esprits, à savoir évoquer des génies favorables, tout en discernant l'importance des jours fastes et néfastes, car les pratiques superstitieuses jouent le plus grand rôle à cette époque, et les médecins ont, auprès des rois, des concurrents redoutables en la personne des *voyants*, susceptibles de renseigner les malades « sur les maléfices possibles et sur les talismans ». En effet, toute atteinte à la santé est attribuée à l'action néfaste d'une des divinités inférieures et il faut détruire ce sort par des incantations appropriées [81] : « l'ulcère... le démon de la tête... la maladie des entrailles... le poison malfaisant... la peste et la consomption qui déracinent le pays... la peste qui embrase l'homme comme une flamme... la peste qui courbe le malade comme un paquet... *esprit du ciel conjure; esprit de la terre conjure.* Tourne ta face vers le soleil couchant et que par toi la peste malfaisante qui possède son corps aille se fixer ailleurs. »(F. Lenormant, *Études accad.*, t. III, *passim*).

Il n'est pas surprenant, étant données ces idées, de voir la Chaldée regorger d'astrologues, de devins et de nécromans. Il existe aussi des dieux préposés à la médecine : « le dieu Ninip et la déesse Gula ». Les déesses Gula et Ishtar président particulièrement aux accouchements [82].

Dans l'état actuel de nos connaissances, les Syriens et les Babyloniens apparaissent comme des peuples religieux, enclins à la superstition, sachant respecter la personnalité humaine dans l'esclave et pratiquer l'hospitalité. Ils sont animés d'une réelle âpreté au gain ; l'usure ronge leurs villes et leurs campagnes (Oppert et Ménant, *Doc. jurid. de l'Assyrie et de la Chaldée*, in-8, 1877).

Les rois se montrent envers leurs adversaires d'une cruauté

81. Pour ces peuples, la maladie était la conséquence d'un péché, d'une infraction même involontaire aux rites religieux (F. Lenormand, *La magie chez les Chaldéens*, in-8, 1874, ch. IV, § 3, p. 166; François Martin, *Textes religieux*, *op. cit.*, Introduction, p. XVIII et suiv. Voir aussi p. 15).

82. A Carthage il existe un dieu guérisseur, Esmun ou Eschmoun, adoré sous la forme d'un serpent (Berger, *Encyclop.*, *op. cit.*, t. X, p. 543.

qui fait frémir ; quant aux prêtres de Babylone. Baruch (VI, 27) leur reproche de vendre les nombreuses offrandes faites aux dieux sans en rien distribuer aux malheureux.

Au point de vue spécial qui nous occupe, ces races semblent inférieures à leurs ennemis héréditaires : les Égyptiens.

CHAPITRE III

LES PAUVRES, LES PETITS ET LES FAIBLES DANS LA GRÈCE ANTIQUE

PREMIÈRE PARTIE

LE CITOYEN GREC, CHEF DE FAMILLE ; SES RAPPORTS AVEC LES SIENS.

Si quittant les bords du Nil, du Tigre ou de l'Euphrate, nous nous transportons dans cette presqu'île que viennent baigner la mer Egée et la mer Ionienne, nous y trouvons un peuple, originaire des plateaux de l'Asie centrale, appartenant à la grande race Aryenne. Le territoire est petit, montagneux, découpé par cent golfes ; mais le climat est sain, les corps sont vigoureux et les Hellènes remplissent le monde de l'éclat de leur génie.

Nul peuple ne porte aussi haut, à ces époques reculées, le culte des arts, de la philosophie, de l'éloquence, des lettres. Toutes ses cités sont célèbres : Sparte, Argos, Ithaque, « la superbe Mycènes, l'opulente Corinthe, Thèbes et ses murs fameux [1] » ; au milieu d'elles resplendit Athènes, « la plus heureuse des villes, la plus aimée des dieux, celle où habite la bonne fortune » [2].

Deux poèmes, *l'Iliade* et *l'Odyssée* [3], tracent le tableau de la

1. *Odyssée* (Didot), chap. II, *passim.* Toutes nos références s'appliquent à l'édition des auteurs grecs, publiée par la maison Didot. Exception est faite pour Aristote ; nous suivrons alors la traduction de Barthélemy Saint-Hilaire.

2. Lettre IV sur les injures de Théramène, attribuée à Démosthène et que le critique moderne considère comme apocryphe (Didot), p. 783.

3. Il n'y a pas lieu d'entrer ici dans la discussion soulevée au sujet de l'attribution au seul Homère de ces deux poèmes. Il nous suffit de les considérer comme

vie, des coutumes, des croyances primitives de ces peuplades; plus tard des écrivains de grande valeur en décrivent l'histoire mouvementée; des inscriptions sans nombre complètent ce vaste ensemble d'informations. On peut, grâce à ces sources, se rendre compte de la manière dont les tribus de la Grèce, avec les variétés infinies de leur caractère, comprennent le devoir social envers les faibles, et rechercher la place occupée au sein de cette civilisation brillante par les pauvres et les déshérités.

Nous plaçons en tête de cette étude, la *famille*, comprenant, groupés sous l'autorité du père : la femme, l'enfant, l'esclave. « La famille n'est-elle pas, selon Aristote, antérieure à l'État et plus nécessaire que lui [4] ».

§ 1er — *Le Père de famille, sa femme et ses enfants.*

La famille antique est une association religieuse qui se perpétue au delà de la tombe; d'après la croyance, alors universelle, les morts deviennent des êtres sacrés, tutélaires, protecteurs; ils continuent à vivre sous la terre, du moment qu'on leur a assuré, au moyen de rites déterminés, une sépulture et des offrandes. Quant au défunt, privé de tombeau et de sacrifices, il est malheureux, errant, toujours disposé à faire du mal aux humains. Un lien s'établit de la sorte entre toutes les générations d'une même souche; l'ancêtre reste parmi les siens, bon, secourable pour eux, hostile à ceux qui ne descendent point de lui [5].

Le père est le prêtre de ce culte domestique, perpétué seulement de mâle en mâle; son nom ne renferme pas l'idée de paternité; mais bien celle d'une autorité ou d'une dignité, qu'Aristote qualifie de pouvoir royal.

La première personne soumise à ce pouvoir est la femme; elle

des textes fort anciens, reflet des usages et des mœurs des tribus grecques plusieurs siècles avant l'ère chrétienne.

4. Aristote, *Morale à Nicomaque*, liv. VIII, ch. XII, § 7; *Politique*, liv. I, ch. I, § 5 et 6.

5. Fustel de Coulanges, *La cité antique*, liv. I, ch. II, IV et VIII. Dans les dèmes de l'Attique, le Démarque est chargé de veiller à ce que les habitants décédés reçoivent la sépulture (Haussoullier, *La vie municipale en Attique*, in-8, 1883, 1re partie, ch. III, § 2, p. 108).

ne se donne jamais, elle est donnée en mariage; une fois devenue épouse, elle abandonne la religion du foyer qui l'a vue naître pour invoquer les ancêtres de son mari; après le trépas, aucun culte ne lui est dû; dans la mort comme dans la vie la personnalité de son époux l'absorbe. Sa fonction consiste à engendrer des fils continuateurs des prières, des rites auxquels le mariage l'a initiée; la stérilité amène fatalement la répudiation [6].

En dehors de ce cas, le divorce reste à peu près inconnu aux temps héroïques; il devient ensuite si fréquent que les orateurs nous représentent l'apport de la dot comme une précaution destinée à fournir quelque solidité à l'union matrimoniale. Introduite dans la demeure de son mari, sans que l'on pense à consulter ses sentiments, la femme en sort souvent chassée, sans avoir rien fait pour s'attirer ce traitement rigoureux [7].

A Athènes la volonté de l'homme n'est sous ce rapport soumise à aucune formalité; son caprice fait loi [8]; il peut même donner sa femme en mariage à un autre; soit par disposition entre vifs, soit par testament [9].

Les poèmes homériques nous représentent les mères de famille et les femmes en général, se livrant à l'intérieur de la maison aux travaux manuels [10]; surveillant les esclaves [11]; attentives aux

6. Fustel de Coulanges, *La cité antique, op. cit.*, liv. II, ch. VIII.

7. R. Lallier, *De la condition de la femme dans la famille athénienne au Ve et au IVe siècle*, in-8, 1875, p. 290.

8. L'archonte prononce, s'il y a lieu, le divorce réclamé par la femme, après examen d'un écrit contenant les motifs de cette demande (*Dict. antiquités grecques et romaines*, t. II, 1er part., p. 321-322, au mot: *Divortium* de E. Caillemer).

9. M. R. Dareste, dont les travaux font autorité en la matière, considère: « que l'opinion qui donne au père, à Athènes, le droit de rompre à son gré le mariage de sa fille est dépourvue de tout fondement » (*Journ. des savants*, 1897, juin, p. 343).

10. Nausicaa à Ulysse: « Tu pénétreras jusqu'au lieu où habite ma mère. Tu la trouveras assise près du foyer, appuyée contre une colonne, filant une laine couleur de pourpre, ses femmes derrière elle (*Odyss.* (Didot) chant VI, vers 305 et suivants, p. 351); dans maints autres endroits le poète décrit les travaux de Pénélope. « Détremper le pain et le pétrir; battre et serrer les habits et les tapisseries; voilà encore un bon exercice pour une femme. Un tel régime fera l'assaisonnement de ses mets, lui donnera une meilleure santé, une plus belle carnation. » (Xénophon (Didot), *Economiques*, ch. X, § 11, p. 638) — Alexandre envoie cent talents à Phocion, les envoyés suivant celui-ci dans sa demeure où règne la plus grande simplicité, voient sa femme pétrissant le pain (Plutarque (Didot), *Vie des hom. illust.*, Phocion, XVIII, p. 894).

11. « Lorsque d'une esclave que tu auras prise ne sachant pas filer, tu fer

besoins des hôtes, disposées à les servir de leurs propres mains [12].

En Attique, particulièrement, les femmes mènent une vie sédentaire; elles sortent peu et entourées de suivantes âgées [13].

Xénophon, dans ses *Économiques* (ch. VII), écrit à ce sujet une idylle pleine de grâce : un interlocuteur de Socrate, Ischomaque, ayant épousé une jeune fille de quinze ans, habile tout au plus à filer la laine, l'initie avec une condescendance charmante à tous les devoirs d'une maîtresse de maison qui sait diriger son intérieur et ne se répand pas au dehors.

Plus, lui dit-il, tu te montreras bonne ménagère, gardienne vigilante de l'innocence de nos enfants, plus tu verras s'accroître d'année en année la considération de tous pour toi; « dans le monde ce n'est point la beauté qui acquiert de nouveaux droits à l'estime, au véritable respect, ce sont les vertus ».

Plutarque se déclare en faveur de la dignité de la femme [14]; il ne la considère pas seulement comme une ménagère diligente, sachant gouverner et enrichir sa maison, il l'élève au rang de compagne de l'homme, associée à ses travaux et à la direction morale de la famille.

Mais à côté de ces tableaux si purs, que d'ombres! Sans accepter toutes les épigrammes des Comiques, le citoyen grec, les documents le prouvent, laisse voir ses tendances constantes à ne considérer dans l'union sacrée de l'époux et de l'épouse qu'un joug fâcheux, imposé par la nécessité d'avoir des fils légitimes, continuateurs du culte familial et assurant ainsi à chacun le bonheur au delà du tombeau [15].

Est-il utile d'insister sur le rôle considérable joué aux périodes

une bonne fileuse dont les services doubleront pour toi... » (Xénophon, *Econ.*, ch. VII, § 41, p. 631).

12. Cependant Télémaque est entré dans un bain que lui a préparé la belle Polycarte, la plus jeune des filles de Nestor. Par ses soins, l'huile parfumée coule sur ses membres... (*Odyss.*, ch. III, v. 464-467, p. 320).

13. Lallier, *De la cond. des femmes*, *op. cit.*, ch. II, *La femme maîtresse de maison*, p. 61-84.

14. Gréard, *La morale de Plutarque*, in-18, ch. II, § 1er.

15. Les enfants illégitimes νόθοι, n'ayant qu'une parenté naturelle avec celui qui les a engendrés, ne peuvent offrir les sacrifices aux ancêtres (Fustel de Coulanges, *La cité antique*, livre II, ch. IX; Ch. Levêque, *Revue des Deux-Mondes*, 1er octobre 1867; *Un médecin de l'âme chez les païens*, p. 738).

les plus brillantes de la Grèce par les concubines et les courtisanes [16] ?

Comme conséquence logique des fonctions religieuses qui lui sont dévolues, le fils hérite, la fille a droit tout au plus à une dot; n'existe-t-il aucun descendant mâle, devenue, à titre d'*Epiclère*, une portion de l'hérédité, cette fille est forcée d'épouser son plus proche parent ou le citoyen choisi par le père avant sa mort. Le premier fils né de l'*Epiclère* succède alors à son aïeul et continue le culte. Une obligation aussi étroite, bien qu'adoucie avec les siècles, permet de constater à quel point le droit antique méconnaît la liberté de la femme [17].

Gardien des rites domestiques, le père doit agréer les enfants nés de l'épouse et prononcer souverainement sur leur sort; il décide si le nouveau-né est ou n'est pas de la famille. A Athènes, dans les dix jours de la naissance, le petit être, *destiné à être élevé*, est porté rapidement autour du foyer et associé par ce rite au culte des ancêtres; le père lui donne ensuite un nom; un banquet, des sacrifices font partie de ces cérémonies qui portent le nom d'*amphidromia* [18].

Lorsqu'arrive la fête des *apaturies*, au mois *pyanepsion*, l'enfant (fille ou garçon) est inscrit sur les registres de la *phratrie* [19].

Ce droit pour le père d'accepter le nouveau-né implique celui

16. « Nous prenons une courtisane pour nos plaisirs, une concubine pour recevoir d'elle les soins journaliers qu'exige notre santé, nous prenons une épouse pour avoir des enfants légitimes et une fidèle gardienne de tout ce que contient notre maison » (Démosthène, *Plaid. de Théomneste et Apollodore contre Néèra* (Didot), § 122, p. 730; trad. de R. Dareste, 2 vol. in-8, 1875, t. II, p. 351). — « Continuellement obligée de séduire, toujours appliquée à charmer les hommes les plus distingués, politiques, orateurs, philosophes, artistes, qui recherchaient sa société, la courtisane développait ses dons naturels, tandis que la ménagère restait au niveau de ses servantes ou s'y abaissait insensiblement » (Ch. Lévêque, *Revue citée*, p. 739).

17. *Dict. ant. grecq. et rom.*, II, 1re partie, p. 663-665, article *Epikleros* de Ch. Lécrivain ; Fustel de Coulanges, *Cité antique*, liv. II, ch. VII.

18. *Dict. ant. grecq. et rom.*, I, 1re partie, p. 238, article *Amphidromia* de E. Saglio.

19. *Dict. ant. grecq. et rom.*, t. 1er, p. 301-302, article *apaturia* de Hunziker. — « Le père affirmait par serment la légitimité de l'enfant et requérait l'inscription sur le registre. Il immolait ensuite la victime qu'il avait amenée lui-même à l'autel et les membres de la Phratrie décidaient par un vote si la requête était acceptée. » C'est à l'époque de la majorité de 18 ans que l'Athénien acquérait le droit de joindre à son nom, celui de l'indication du Dème (Haussoullier, *La vie municip.*, *op. cit.*, ch. Ier, § 1er, p. 12 et 13).

de l'abandonner, de le vendre, de le faire périr. Rien de plus fréquent que ces abandons, les pièces de théâtre, les romans en fournissent de nombreux exemples [20]. Ce délaissement atteint surtout les infirmes, les chétifs, les débiles [21], les filles de préférence [22]; et quel triste sort attend ces pauvres créatures! La mort est leur destinée la plus probable et on peut ajouter la plus heureuse [23].

A Sparte, les pères ne sont pas seuls juges de la conservation des enfants; les vieillards ne permettent, après examen, de conserver que ceux qui offrent une robuste apparence; les autres sont portés sur le mont Taygète [24]. En effet, d'après Lycurgue, les enfants appartiennent à la cité et tout le monde s'accorde à considérer l'établissement de ce tribunal comme une mesure de

20. Voir: Longus, etc., notre *Histoire des enfants aband. et délaissés*, ch. III, et le savant article de G. Glotz, dans le *Dict. des ant. grecq. et rom.*, II, 1re part., au mot *expositio*, p. 930-939.

21. « Respirant de tous côtés l'air rafraichi de la mer, les Grecs avaient, sur tous les peuples qui ont vécu sous la même latitude, l'avantage de la santé physique et de la beauté. Chez eux celui qui naissait infirme ou contrefait, semblait condamné par la nature à un état d'infériorité. Il était moins respecté et on eût dit qu'il avait moins le droit de l'être (E. Curtius, *Hist. grecq.*, trad. par Bouché-Leclercq, 5 vol. in-8, 1883-1884, t. Ier, liv. Ier, chap. Ier, § 3, p. 30).

22. « N'aie qu'un fils pour soutenir la maison paternelle; c'est ainsi que les maisons prospèrent » Hésiode, *Les travaux et les jours* (Didot), v. 375-376, p. 38). — « Elever un fils était un devoir formel et un bonheur certain, en élever plus d'un pouvait encore passer pour une assurance contre les malheurs possibles, un placement susceptible d'avantages; mais élever une fille c'était un luxe coûteux, un sacrifice sans compensations » (Glotz, *article cité*, p. 932).

23. « Les sept filles que vous savez étaient encore petites quand elles furent acquises par Nicarète... Habile à deviner chez de jeunes enfants la beauté naissante, elle savait les nourrir et les dresser dans les règles, ayant fait de cela son industrie et son gagne-pain... » (Démosthène, *Plaid. de Théomneste et Apollodore contre Nééra* (Didot), § 18, p. 710; R. Dareste, *traduction citée*, t. II, p. 317). « Il n'y a pour les garçons, dit Glotz (*article cité*, p. 935), qu'un débouché; ils sont expédiés comme eunuques dans les pays d'Orient » (Hérodote, VIII, § 105).

24. Des auteurs modernes croient qu'il s'agit ici, pour ces enfants, d'être simplement exposés sur la montagne, et non de se voir précipités dans le gouffre des *apothètes* (*Antiquités grecques de Schœmann*, trad. par Galuski, t. Ier, in-8, 1884, sect. III, ch. Ier, § 11, p. 296; Curtius, *Hist. grecq.*, *op. cit.*, écrit (t. Ier, liv. II, chap. Ier, § 2, p. 231): « Ceux qui étaient faibles et contrefaits étaient exposés sur le Taygète (Plut., *Lycurgue*, § 16), *c'est-à-dire qu'ils ne pouvaient être élevés qu'avec les enfants des Périèques*, car l'intérêt de l'État était compromis si un lot de terre devait passer aux mains d'un héritier incapable de porter les armes ».

précaution contre les faiblesses paternelles, pourtant bien peu à redouter en Laconie [25].

On attache souvent aux langes de l'enfant, on place près de lui, des bijoux, des signes de reconnaissance ; une pièce de bois ou de métal, divisée en deux, remplit parfaitement cet office [26]. Quand l'abandon est pratiqué par une fille séduite, elle tient à s'entourer de mystère parce qu'elle redoute les effets possibles de la puissance paternelle, telle, selon les légendes, Coronis cachant Esculape, ce fils d'Apollon. Mais si le père de famille se décide à exposer lui-même un enfant, il ne cherche nullement à dissimuler la naissance ou l'exposition, car il sait qu'il n'a rien à craindre de la vindicte publique [27].

Conformément à la loi de Gortyne (en Crète), lorsqu'une femme divorcée donne le jour à un nouveau-né, il est présenté à l'époux, dans sa demeure, devant trois témoins ; s'il refuse de le recevoir, la mère est alors libre de le nourrir, *ou de l'exposer* [28].

La législation de Thèbes fournit seule des restrictions à ce pouvoir sans appel ; d'après le texte si connu d'Elien (*Hist. var.*, liv. II, ch. VII), les enfants que les parents ne veulent pas élever sont portés chez les magistrats et vendus par eux à des personnes prenant l'engagement de les conserver, quitte à s'en servir plus tard comme esclaves afin de se rémunérer de leurs soins.

Ajoutons que l'avortement est, chez tous les peuples grecs,

25. Beauchet, *Hist. du droit privé de la république Athénienne*, 4 vol. in-8, 1897, t. II, titre III, ch. II, section 2, p. 92.

26. Egger, *État civil des Athéniens*, in-4, 1861, p. 1.

27. Glotz, *article cité*, p. 936.

28. Premier Code, § 21 (*Recueil des Ant. jurid. grecq.* par R. Dareste, Haussoullier, trois fascicules in-4, 1890-1894, p. 365. « La femme qui détruira son enfant avant de l'avoir présenté suivant la loi, payera, si elle est condamnée, 50 statères, si l'enfant était libre et 25 s'il était esclave. Si l'homme n'a pas de maison où la présentation puisse être faite, ou si on ne le trouve pas, la femme aura le droit d'exposer l'enfant. » (R. Dareste, *La loi de Gortyne*, *Bull. de corresp. hellénique*, t. IX, 1885, pp. 306-307). Citons encore une odieuse inscription trouvée à Delphes, aux termes de laquelle : « Une femme est affranchie à charge de services à rendre à son patron. Les enfants qui lui naitront pendant le temps où elle doit ces services seront libres et ne pourront être vendus par elle, mais *elle a le droit de les étouffer* à leur naissance » (R. Dareste, *Journal des savants*, juin 1897, p. 348).

une coutume générale, qu'innocente d'ailleurs Aristote [29], bien que ce crime soit peut-être défendu par certaines lois [30]

§ 2. — *Le Père de famille et ses esclaves.*

Avec son humour habituel, Lucien (*Les Saturnales*, § 7) fait dire à Saturne : « Voici comment on vivait sous mon règne; tout poussait sans soins et sans culture... *il n'y avait aucun esclave.* » Malheureusement, si nous interrogeons l'histoire, cet heureux temps ne nous apparaît point; la Grèce dès ses origines connaît l'esclavage.

Les captifs qui ne payent aucune rançon sont privés de liberté s'ils conservent la vie [31]. Captifs aussi, les enfants et les femmes, quand bien même il s'agit de personnages de sang royal [32]; Hécube se lamente sur sa destinée, elle entrevoit le moment où elle aura une porte à garder, le pain à préparer [33]. Andromaque et, d'une manière générale, les femmes ou filles encore jeunes, pleurent sur d'autres outrages, un abaissement plus cruel [34].

29. *Politique*, liv. IV, ch. XIV, § 10.

30. Apollon : « Sortez, je vous l'ordonne, ce n'est point ici que vous devez habiter, mais là où la justice punissant les assassinats, les *avortements*, les mutilations ordonne la torture et la mort » (Eschyle, *Les Euménides*, v. 179-195). — Les législateurs, dit le stoïcien Musonius, ont défendu aux femmes de se faire avorter et ont infligé des peines à celles qui n'obéiraient pas; ils leur ont aussi défendu d'empêcher la conception et de se servir de drogues abortives (*Stobée*, XIX, 177). Cité par E. Caillemer, art. *Ambloseos graphè*, du *Dict. des ant. grecq. et rom.*, t. Ier, p. 225. — M. Caillemer rappelle aussi que : « dans les très anciens serments attribués à Hippocrate et exigés des médecins, ceux-ci s'engageaient à ne pas provoquer d'avortements. » On peut dire ici avec vérité : « Quid leges sine moribus? vanæ proficiunt ». Si les médecins s'abstenaient de ce crime, les sages-femmes suffisaient amplement à un pareil office.

31. *Iliade*, VI, v. 40-45; *Odyss.*, IX, v. 40-41; Thucydide (Didot), I, XXIX; III, XXXVI, LXVI; V, CXVI.

32. *Iliade*, VI, v. 455-488. Hector : « Un Grec chargerait Andromaque de fers et l'emmènerait sur ses vaisseaux, captive, désespérée! Esclave dans Argos, tu tournerais le fuseau sous les lois d'une maîtresse impérieuse, mourant de peine et de misère; tu porterais l'eau des fontaines... »

33. Euripide, *Les Troyennes* (Didot), v. 190-195; Euripide, *Hécube*, v. 357 et suiv. POLIXÈNE : « ... maintenant je suis esclave, ce nom seul me fait aimer la mort... je tomberais entre les mains d'un maître cruel... il me contraindrait à faire le pain, à balayer la maison, à manier la navette et à passer mes jours dans la douleur... »

34. « Achille s'endort auprès de la jeune Diomeda, fille de Phorbos, qu'il emmena captive de Lesbos. Patrocle repose avec la belle Iphis que dans Scyros conquise lui donna le fils de Pélée. » (*Iliade*, IX, v. 662 et suiv.)

C'est ce triste sort que décrit le chœur dans une pièce d'Eschyle : « Hélas ! qu'une ville prise d'assaut éprouve de malheurs... on n'entend que des rugissements, la mort enveloppe tout comme d'un filet. L'homme est massacré par l'homme, l'enfant blessé, ensanglantant la mamelle qu'il suçait, pousse des cris inarticulés... des jeunes filles qu'un autre sort attendait sont forcées de partager servilement la couche d'un vainqueur heureux, d'un ennemi triomphant [35]... »

« Imaginez-vous un pareil désastre, s'écrie Eschine, figurez-vous des murs renversés, des maisons réduites en cendres ; des mères et leurs enfants traînés en servitude ; des vieillards languissants et des femmes affaiblies par l'âge, privés à la fin de leur vie des douceurs de la liberté... [36] »

Ces massacres, ces coutumes sauvages, nous les trouvons partout, à toutes les époques de la civilisation hellénique [37].

Le fait si honorable de Bias rachetant des captives pour les rendre sans rançon à leur famille constitue une exception au milieu de ce règne brutal de la force [38].

En dehors même des guerres, les populations habitant les côtes ne sont jamais sûres du lendemain [39]. Le métier de pirate n'a rien de déshonorant, l'idée de représailles à exercer, de butin à conquérir, enflamme les imaginations ; de légers navires sont frêtés, on arrive à l'improviste, et bientôt des captifs, les fers aux pieds, sont emmenés au loin pour être vendus [40]. Les pirates ne

35. Eschyle, *Les sept chefs devant Thèbes* (Didot), v. 320 à 369.

36. Eschine, *Discours sur la couronne* (Didot), § 157, p. 125.

37. Contentons-nous de citer : Diod. de Sicile, XII, LXXVI ; XIII, CXI ; XVII, XIII ; Thucydide (Didot VII, XXIX) raconte que les Thraces, au service d'Athènes, ayant surpris la ville de Mycalesso, en Béotie, se jetèrent dans l'école qui était fort vaste, les enfants venaient d'y entrer, ils les massacrèrent tous.

38. Diogène Laërce-Bias (Didot), liv. I, ch. V (5 à 8) ; Diod. de Sicile, frag., liv. IX, XIII, p. 332. Afin de rendre le rachat des captifs plus fréquent, la loi donnait au rédempteur un droit de rétention sur le racheté, pour le recouvrement de ses avances.

39. « Comme la piraterie fut longtemps en vigueur, les anciennes villes, tant dans les îles que sur le continent, furent bâties loin de la mer, car les habitants des côtes, même sans être marins, exerçaient le brigandage entre eux et contre les autres. » (Thucydide, I, V et VII) ; Wallon, *Hist. de l'esclavage dans l'antiquité*, *op. cit.*, t. Ier, p. 68.

40. Démosthène (Didot), *Plaid. d'Apollodore contre Nicostrate*, § 6, p. 655.

se font pas faute, d'ailleurs, de saisir les barques sans défense qu'ils rencontrent sur leur route.

Les marchés sont nombreux, on y trouve des esclaves de tout âge, de tout sexe, de toute nation. Des négociants avides en transportent sans cesse d'un lieu à un autre, les entassent, comme de vulgaires marchandises, dans les places publiques [41]. A Délos, ce trafic s'exerce sur plusieurs milliers d'hommes par jour, au dire de Strabon (liv. XIV, chap. V, § 2). Après les grands désastres, ces troupeaux humains se vendent à vil prix.

Tous les esclaves ne proviennent pas de la guerre ou de la piraterie ; il y a ceux nés dans la maison du maître [42]; les enfants trouvés sur la voie publique ou achetés à leurs parents [43]; les citoyens vendus par leurs créanciers ; enfin, les individus mis en vente à la suite de condamnations pour crimes ou délits [44].

En raison de ces facilités à se procurer des esclaves, le nombre en devient hors de toute proportion avec le chiffre des citoyens ; il n'est pas rare de voir des particuliers ayant à leur service 50 esclaves et même plus [45]; les citoyens pauvres en possèdent souvent au moins un [46].

Ces infortunés privés de liberté à la suite de faits de guerre, de piraterie ou par l'une quelconque des causes énumérées plus haut, constituent un objet de propriété ; ils sont assimilés aux

41. Barthélemy, *Voyage d'Anacharsis*, ch. VI.

42. Sophocle (Didot), *Œdipe roi*, v. 1123 et suiv. Œdipe : « Vieillard regarde-moi et réponds à mes questions. Étais-tu à Laiüs ? » Le serviteur : « Oui, j'étais son esclave, non pas acheté mais élevé à la maison ».

43. « Originairement la misère était pour le père de famille un motif suffisant de vendre son fils ou sa fille. A Athènes, après Solon, il ne lui fut plus permis de vendre que sa fille et encore si elle était coupable d'inconduite (Plut. Solon, 13-23). Dion Chrysostome prétend que l'ancienne coutume subsista chez beaucoup de peuples » (Paul Guiraud, *La main-d'œuvre industrielle dans l'ancienne Grèce*, in-8, 1900, ch. VII, p. 99).

44. Citons à Athènes l'étranger vivant par suite de fraude avec une citoyenne (Démosthène (Didot), *Théomneste et Apollodore contre Nééra*, § 16, p. 709. Traduction citée de R. Dareste, t. II, p. 316).

45. Platon (Didot), *République*, liv. IX, § 578, p. 167.

46. Bœckh évalue le rapport des hommes libres aux esclaves à 27 sur cent ou à environ un quart (*Éconon. polit. des Athéniens*, trad. par Laligant, 2 vol. in-8, 1828, t. Ier, p. 61 et suiv. ; Wallon, *Hist. de l'esclavage*, *op. cit.*, t. Ier, liv. Ier, ch. VIII).

biens immobiliers, et cette sorte de propriété est protégée à la fois par la loi civile et par la loi pénale [47].

Lorsqu'un esclave entre dans une maison pour y servir, on l'admet cependant à la religion domestique, on l'approche du foyer ; il reçoit l'eau lustrale ; une sorte de cérémonie religieuse s'accomplit, la maîtresse du logis répand sur la tête de l'arrivant des fruits secs, des noix, des figues [48].

A l'origine, aux temps homériques, l'esclave est un simple serviteur : « Le profond et inébranlable attachement d'Eumæos, le porcher et de Philœtios le bouvier, à la famille et aux intérêts du maître absent, écrit Grote, est un des traits les plus intéressants de l'ancienne épopée [49] ». En général, dans la Grèce légendaire, l'esclavage ne se présente pas sous une forme dure, les serviteurs et les hommes libres ne se trouvent point alors séparés par un abîme ainsi que cela a lieu plus tard [50].

A toutes les époques on voit les esclaves employés aux labeurs domestiques, aux travaux des champs, broyant le grain [51]. Cette occupation, particulièrement pénible, absorbe un grand nombre de bras, car Thucydide (II, LXXVIII) constate qu'à Platées, assiégée par les Lacédémoniens et dont les habitants prennent la fuite, on laisse 110 femmes pour faire le pain nécessaire aux 480 guerriers chargés de la défense de la place.

Les nourrices sont habituellement de condition servile, excepté au milieu de certaines crises sociales où des femmes libres se voient réduites à occuper cet emploi afin de se procurer quelques ressources [52].

Des propriétaires se font de fort beaux revenus en louant leurs esclaves pour les travaux des mines [53], en les occupant

47. P. Guiraud, *op. cit.*, ch. VII, p. 109.

48. Fustel de Coulanges, *Cité antique*, liv. II, ch. X ; R. Dareste, traduction des *Plaidoyers civils* de Démosthène, *op. cit.*, t. II, note de la page 292.

49. Grote, *Hist. de la Grèce*, traduction de Sadous, 19 vol. in-8, 1864-1867, t. II, ch. VI, p. 337.

50. *Antiq. grecq.*, de Schœmann, *op. cit.*, t. I, p. 49.

51. *Odyss.*, ch. VII, v. 104-105 ; XX, v. 105-112, etc.

52. Démosthène (Didot), *Plaid. d'Euxithée contre Eubulide* : « Oui lors des malheurs du pays au milieu de la ruine générale, avoue Euxithée, ma mère a été nourrice. » (§ 35, p. 687 ; § 42, p. 689).

53. Xénophon (Didot), *Revenus de l'Attique, passim.*

dans de vastes ateliers, des fabriques d'armes, des forges ; c'est là une source de richesses pour le père de Démosthène [54].

On rencontre également des esclaves appartenant à l'État [55], ce sont les Δημόσιοι, ils remplissent souvent des fonctions inférieures, balayage, etc. A Athènes on les emploie aussi à divers métiers, au maintien du bon ordre ; ils forment alors des compagnies d'archers, assujettis à une discipline sévère. Quelques-uns deviennent des fonctionnaires subalternes. Leur condition est du reste toujours meilleure que celle des esclaves attachés à des particuliers, puisque, soumis à une personne morale, ils n'ont pas à craindre les caprices d'un maître [56].

Les Ilotes de la Laconie figurent, en quelque sorte, au nombre des esclaves de l'État ; ils labourent la terre pour le compte des Spartiates sans appartenir en particulier à aucun [57]. L'histoire raconte mille traits de la cruauté avec laquelle on les traite ; des craintes qu'ils inspirent [58] et de la manière perfide dont les Lacédémoniens se débarrassent souvent de ceux qui, s'étant distingués à la guerre, paraissent plus dangereux [59].

54. Démosthène, *Plaid. de Nicobule contre Panténète* ; — *Premier plaid. contre Aphobos* : Eschine, *Plaid. contre Trimarque* ; etc.

55. Wallon, *Hist. de l'esclav.*, *op. cit.*, t. Ier, p. 195 et suiv. ; *Dict. d'antiq. grecq. et rom.*, t. II, 1re partie, art. de E. Caillemer. Voir aussi, du même auteur, *Le droit de succession légitime à Athènes*, in-8, 1879, sect. VI, § 5, p. 147.

56. Il y a toutefois des exceptions, ainsi les Athéniens forcés de mettre bas les armes à la suite de la folle expédition de Sicile, sont entassés dans des carrières où ils périssent presque tous ; on leur donne seulement deux cotyles d'orge et un d'eau (le cotyle valait moins d'un litre ?) alors que la moyenne des allocations pour un esclave était d'une chénice (Plut., *Nicias*, XXIX, Didot, p. 647 ; Bœckh, *op. cit.*, t. Ier, liv. Ier, ch. XV, p. 153-163).

57. Curtius, *Hist. grecq.*, *op. cit.*, t. Ier, liv. II, ch. Ier, § 2, p. 228-229 ; *Dict. ant. grecq. et rom.*, t. Ier, p. 307, au mot *Aphetai* : « Il y avait des Ilotes qui vivaient à Sparte et dans d'autres villes et faisaient l'office d'esclaves domestiques, mais tel n'était pas le caractère général de cette classe » (Grote, *Hist. grecq.*, *op. cit.*, t. III ; ch. VI, p. 299).

58. Les révoltes d'Ilotes ne sont pas rares (Thucyd., V, XXIII ; Plutarq., *Cimon*, XVI, p. 584 ; Diod. de Sicile, XI, LXIII, p. 395. — « Ils voudraient, dit Xénophon, manger les Spartiates tout vifs. » (Hellen., liv. III, ch. III, § 6, p. 375).

59. Thuyd., IV, LXXX ; Diod de Sicile, XII, LXVII. « Quant à la fameuse cryptie, la critique moderne se refuse à admettre la description qu'en fait Plutarque (Lycurgue, XXVIII, Didot, *Vies*, p. 67) : « Il semble, dit Grote (*op. cit.*, t. III, ch. VII, p. 304-305), que la Krypteia était une pratique réelle ; que les Ephores entretenaient un système de police et d'espionnage... au moyen de jeunes citoyens actifs... L'assassinat commis individuellement sur des Ilotes par ces agents de police ou Kryptæ passait probablement inaperçu..... Une formelle déclaration de

C'est un esclave qui distribue à ses compagnons les coups de fouet auxquels ils sont condamnés sous les prétextes les plus futiles [60] : « Qui de nous, dit Plutarque (Sur les moyens de réprimer la colère, § 11), serait assez cruel pour punir et faire battre un esclave cinq à six jours après un ragoût brûlé, une table renversée, un ordre exécuté trop lentement et pourtant voilà les crimes qui à l'instant où ils viennent d'être commis, où ils sont tout récents, nous transportent de colère, nous trouvent féroces et inflexibles [61]. » « Savez-vous, ajoute-t-il (§ 15), à quels signes nous reconnaissons les hommes cruels et colères? Au visage de leurs esclaves, aux meurtrissures dont ceux-ci portent les marques, aux fers qu'ils ont aux pieds ».

Certains esclaves étant enclins à manger de la farine pendant qu'ils broient le grain, on leur passe parfois la tête dans une planche de forme ronde, trouée par le milieu et dont le diamètre les empêche de porter la main à la bouche [62].

Toutefois ces malheureux, en dépit des déclamations des auteurs tragiques, tiennent à la vie ; d'ailleurs subsiste chez eux l'espérance de voir une fuite heureuse les aider à reconquérir la liberté [63] ; car ils sont assurés de trouver un refuge inviolable dans les temples. En Attique l'édifice consacré à Thésée, ce protecteur légendaire des faibles, est au nombre de ces asiles [64].

Tous les auteurs s'accordent à reconnaître l'État Athénien comme celui où le sort des esclaves est le plus tolérable [65] ; les législateurs y concèdent à ces infortunés le droit d'obtenir,

guerre faite à l'avance aurait plutôt provoqué la réaction du désespoir qu'imposé la tranquillité. » Dans le même sens (*Dict. ant. grecq. et rom.*, lettre H à J, au mot *Helotae*, et fasc. 27, au mot *Krypteia*, p. 871-873).

60. Démosthène, *Sur les prévarications de l'Ambassade*, § 196-199, p. 211.

61. *Les Mimes d'Herondas*, trad. par Dalmeyda, in-8, 1893 ; *La jalouse*, mime V : « Attache-lui fortement les deux coudes ensemble, serre-lui les membres à les lui scier... »

62. Aristoph., *La paix*, trad. Ch. Brotier, revue par Humbert, note sur les vers 12 à 14.

63. « A l'époque d'Alexandre, le Rhodien Antiménès eut l'idée de créer une sorte d'assurance contre la fuite des esclaves... L'opération fut, dit-on, très fructueuse parce qu'il eut l'art d'encaisser les primes et de rejeter sur les gouverneurs des provinces le paiement des indemnités... » (P. Guiraud, *op. cit.*, ch. VII, p. 119).

64. Plutarque, *Thésée*, XXXVI, p. 20. En Sicile c'est le temple des Paliques (Diod. de Sicile, XI, LXXXIX ; Wallon, *op. cit.*, t. Ier, p. 310 et suiv.).

65. Schœmann, *op. cit.*, t. Ier, IIIe section, ch. III, p. 400.

s'ils sont maltraités, un changement de maître [66] ; la loi qui punit le meurtre est la même, qu'il s'agisse d'un homme libre ou d'un esclave [67] ; il est défendu de frapper aussi bien l'un que l'autre [68] ; enfin une instance peut être introduite contre celui qui outrage une personne, même privée de liberté, et se porte contre elle à des excès criminels.

Xénophon se fait l'écho de ces mœurs plus douces (*Économ.*, VII, § 37, p. 631) ; dans le dialogue déjà cité, entre Ischomaque et sa jeune femme, on peut relever ce qui suit : « Une des fonctions de ton sexe, qui peut-être ne te plaira pas, dit le mari, sera de donner tes soins à ceux des serviteurs qui tomberont malades. Que dis-tu ? répond-elle : Je n'aurai point de plus grand plaisir, puisque reconnaissants de mes bons office, ils doubleront leur attachement pour moi ».

Euripide (*Alceste*, v. 152-198) n'hésite aucunement à faire exprimer par une esclave la peine qu'elle ressent de la mort de la Reine : « Je pleurais ma maîtresse qui était pour nous une mère. De combien de maux ne nous a-t-elle pas sauvés en adoucissant la colère de son mari. A son lit de mort tous les esclaves éclataient en sanglots et elle tendait la main à chacun ; il n'y en eut pas un à qui elle n'adressât quelques paroles [69] ».

Il est pénible de constater néanmoins qu'au milieu de cette civilisation athénienne si vantée, on met à la torture tout esclave appelé à témoigner devant les tribunaux, ou que son maître se substitue pour la circonstance. Cette coutume ne suscite aucune réprobation, et d'une âme tranquille Démosthène offre à ses adversaires d'y recourir comme à l'expédient le plus naturel [70].

66. Samuel Petit, *Comm. in leges atticas*, in-f°, 1625, *De servis et Liberis*, tit. VI, p. 178.

67. Euripide, *Hécube*, v, 290-291.

68. « Si la coutume, dit Xénophon (*Rép. d'Athènes*, ch. Ier, § 10, p. 693), autorisait un homme libre à frapper un esclave, un étranger, non affranchi, le citoyen bien souvent pris pour un esclave serait victime de la méprise..... »

69. Denis, *Histoire des théories et des idées morales dans l'antiquité*, 2 vol. in-8, 1856, t. Ier, p. 71. — Épigramme funéraire : « Même maintenant chez les morts je suis fidèle, ô mon maître, comme autrefois, n'ayant pas oublié tes bontés ; trois fois de mon vivant tu m'as soigné dans des maladies, tu m'as rendu la santé..... » (*Anthologie grecque*, 1863, t. Ier, n° 179, p. 153).

70. Démosthène, *Plaid. d'Ariston contre Conon* ; — *Troisième plaidoyer contre Aphobos*, § 11, p. 440) : « J'ai offert de lui livrer pour qu'il le mît à la question l'es-

Celui qui exige cette preuve, placée au premier rang des dépositions convaincantes, « la plus forte de toutes les preuves, dit l'orateur Lycurgue [71] », doit indemniser le MAÎTRE, si l'esclave (une femme généralement) reste estropié, infirme, ou vient à mourir à la suite des tourments qu'on lui fait endurer [72].

L'esclavage prend fin de diverses manières. Lorsque les parents reconnaissent un enfant exposé, d'origine libre, élevé comme esclave par ceux qui l'ont recueilli [73] ; quand une rançon est payée pour des prisonniers de guerre ou des personnes enlevées par des pirates [74]; l'État peut aussi, en des circonstances critiques, armer les esclaves publics et leur assurer ensuite la liberté à titre de récompense [75].

Le mode le plus ordinaire est l'affranchissement ; le maître le concède volontairement, soit par acte entre vifs, soit par voie testamentaire ; habituellement, l'esclave achète sa liberté avec le fruit de ses petites économies.

Cet affranchissement a lieu aussi sous forme de consécration

clave lettré qui était présent lorsque Aphobos a fait ses aveux (R. Dareste, *trad. citée*, t. Ier, p. 49) ; — *Premier plaid. contre Onetor*, § 35, p. 454 : « J'ai donc sommé Onetor de me livrer trois servantes qui savaient que cette femme vivait avec Aphobos. Je ne me contentais plus de vaines paroles, je voulais que la question fût donnée pour établir ces faits » (R. Dareste, *trad. citée*, t. Ier, p. 83. — *Plaid. Callistrate contre Olympiodore* ; — *Plaid. contre Everges et Mnésibule* ; — *Second plaid. d'Apollodore contre Stéphanos* ; — *Plaid. de Théomneste et Apollodore contre Nééra* ; — Eschine, *Harangue sur la prévarication de l'Ambassade*.

71. Lycurgue (Didot), *Plaid. contre Léocrate*, § 28 et 29, p. 6. — « La preuve par témoins était d'ailleurs décriée et le seul témoignage qui pût être considéré comme sincère était celui de l'esclave mis à la question (R. Dareste, *Les plaid. civils* de Démosthène, *trad. citée*, t. 1er, p. 66, notes sur le troisième plaid. contre Aphobos. — Wallon, *Hist. de l'esclavage, op. cit.*, t. Ier, p. 322-324. Cette torture, dans certains cas, servait à couvrir l'esclave qui autrement n'aurait pas osé parler contre son maître ; elle était alors, croit-on, assez légère.

72. Aristoph., *Les grenouilles*, v. 618-625. XANTHIAS : « Prends cet esclave, fais-lui subir un interrogatoire — EAQUE. Fort bien, mais si j'estropie ton esclave, faudra-t-il le payer ? XANTHIAS. Tu ne me devras rien, mets-le à la torture. »

73. Presque tous les romans grecs (notamment celui de Longus) ménagent des reconnaissances de cette nature.

74. « Mon père pris par les ennemis au temps de la guerre de Décélie et vendu pour être emmené à Leucade, rencontra par hasard l'acteur Cléandre et fut enfin rendu à sa famille après une absence... « (Démosthène, *Plaid. Euxithée contre Eubulide*, § 18 ; R. Dareste, *trad. citée*, t. II, p. 90).

75. On rencontre des exemples de ce fait à chaque page de l'Histoire grecque.

à une divinité [76]. Tantôt celui qui en est l'objet reste au service fort doux du temple sous le nom *d'hiérodule*, tantôt, au contraire, il s'agit en réalité d'une vente fictive destinée à donner à l'acte une sanction religieuse, et l'esclave devient libre aussitôt; la somme fournie pour le rachat n'est d'ailleurs jamais tirée du trésor du dieu [77], elle provient du pécule de celui qui en bénéficie ou de toute autre source [78].

L'homme une fois affranchi, ne s'élève point par ce fait au rang de citoyen; à Athènes, il est assimilé aux métèques et tenu à certains devoirs de respect et de services envers son ancien maître, devenu son patron [79].

§ 3. — *Le Père de famille et les étrangers.*

La famille est fermée ainsi que la cité, nul, s'il n'en fait partie, n'a accès au foyer domestique; les cérémonies rituelles sont souillées par le regard même de l'étranger [80]; s'ensuit-il que, dans le monde antique, le voyageur, le naufragé, l'exilé ne peuvent trouver un asile? Cette conclusion serait fausse; l'hospitalité existe et fleurit en Grèce comme en Chaldée, elle est placée sous la protection spéciale des dieux, le meurtre d'un hôte constitue une infamie [81].

76. Les inscriptions se rapportant à cette forme d'affranchissement abondent à Delphes et dans le nord de la Grèce (P. Foucart, *Mém. sur l'affranchissement des esclaves par forme de vente à une divinité d'après les inscrip. de Delphes*, in-8, 1867. — Voir aussi : P. Guiraud, *op. cit.*, ch. IX, p. 139 et 140; *Dict. ant. Grecq. et rom.*, t. Ier, p. 302, art. *Apeleutheroi* de E. Caillemer.

77. Chaque temple de quelque importance possédait un trésor formé des dons, du produit des biens sacrés et d'autres revenus dévolus au dieu (Boeckh, *op. cit.*, t. Ier, p. 266).

78. « Les prêtres de Delphes étaient la sanction d'un contrat que les lois civiles auraient laissé violer; ils n'étaient rien de plus et ne ressemblaient en rien aux corporations religieuses, qui se dévouaient pendant le Moyen Age et la Renaissance au rachat des captifs » (article de Beulé sur l'ouvrage de P. Foucart, *Journal des savants*, mai 1867, p. 286).

79. Voir, pour tous développements à ce sujet : Pastoret, *Hist. de la légis.*, t. VI, ch. VII, p. 330-331; Wallon, *op. cit.*, t. Ier, p. 346 et suiv.

80. Fustel de Coulanges, *Cité ant.*, livre Ier, ch. IV, p. 36.

81. « Je t'aurais reçu dans ma demeure, dit Eumée à Ulysse, je t'aurais rendu les devoirs de l'hospitalité et je t'assassinerais? Je t'arracherais la vie et j'oserais, teint de ton sang, invoquer Jupiter et lui offrir des sacrifices... » (*Odyss.*, chant XIV, v. 401-406).

Hésiode recommande de ne pas maltraiter cet hôte [82]; le tromper est un acte criminel qui ne peut échapper aux regards des immortels [83]. Les poètes nous disent en effet : la prière est fille de Jupiter ; ce maître des dieux se proclame le protecteur des suppliants [84]; c'est lui qui dirige vers la demeure des hommes le pas des étrangers [85]. On aime aux temps héroïques à se vanter d'avoir eu des parents offrant toujours à l'hôte un asile assuré [86].

Télémaque et le fils de Nestor arrivent à la demeure de Ménélas. L'écuyer du monarque court lui annoncer cette nouvelle : « Ferais-je dételer leurs chevaux, dit-il, les adresserai-je à quelque autre qui leur rende les devoirs de l'hospitalité ? » Ménélas s'indigne : « Combien de fois, s'écrie-t-il, n'avons-nous pas goûté les mets de l'hospitalité chez des peuples lointains, avant de revenir en ce palais ? Puisse Jupiter, avoir pour jamais mis un terme à nos douleurs ! Va donc dételer le char de nos hôtes et convie-les à prendre part au festin [87] ».

Nausicaa s'adressant à ses suivantes, au sujet d'Ulysse, prononce ces paroles : « ... Lorsqu'un malheureux errant est jeté sur nos rives, nous devons le secourir. Les hôtes et les mendiants nous sont envoyés par Jupiter, et les modestes dons qu'on leur fait lui sont agréables [88].

Ce sentiment du devoir envers les voyageurs, si vif aux époques primitives, où chacun peut avoir besoin le lendemain d'une assistance semblable à celle qu'on vient lui réclamer, ne disparaît pas avec les progrès de la civilisation qui multiplie les

82. Hésiode, *Les trav. et les jours*, v. 325. Ulysse a été blessé par un des prétendants : « Qu'est-il arrivé dans ce palais et sous tes yeux, dit Pénélope à Télémaque, tu as laissé insulter, outrager indignement un étranger ; l'homme que nous avons reçu sous notre toit, qui y reposait tranquillement sur la foi de l'hospitalité, éprouve un traitement odieux, la honte en est sur toi. » (*Odyss.*, ch. XVIII, v. 221-225.)

83. *Iliade*, ch. IX, v. 500-505.

84. *Odyss.*, ch. VII, v. 159-166 ; IX, v. 269-271.

85. *Odyss.*, XIV, v. 57-59.

86. *Odyss.*, I, v. 176, 177, Voir pour une époque moins reculée, Pindare, 4e Olymp. (trad. de Poyard, in-18, p. 20).

87. *Odyss.*, ch. IV, v 37 et suivants.

88. *Odyss.*, VI, v. 206 et suiv. La légende nous montre Déméter (Cérès) récompensant, par le don du blé, l'hospitalité qui lui est donnée chez les parents de Triptolème. (*Dict. ant. grecq. et rom.*, t. Ier, 2e partie, p. 1021 à 1078).

ressources dont peuvent disposer les étrangers [89]; il existe toujours dans les maisons une pièce destinée aux hôtes, séparée du reste de l'habitation et bien fournie des choses nécessaires [90].

Mais il faut distinguer ici entre : l'étranger qui présente souvent le *symbolon*, signe de reconnaissance échangé autrefois entre le maître du logis et quelque famille d'un pays éloigné [91] ; le suppliant échappé par la fuite à la colère des hommes ou à la vindicte des lois ; enfin, le mendiant habitué « à frotter ses épaules contre le montant de toutes les portes [92] ». On court au-devant de l'hôte ; on accueille le suppliant ; on ne permet pas au mendiant d'entrer [93].

La requête du suppliant agréée, sa personne devient inviolable ; il ne saurait être livré à ceux qui le poursuivent [94]. Cet usage généreux, dont l'histoire fournit de nombreux exemples, est tout à l'honneur de la civilisation antique, si critiquable sous tant d'autres rapports.

89. Il faut noter naturellement des différences selon les tribus. Les Lacédémoniens nous sont représentés comme les moins hospitaliers des Grecs : « circa hospites inhumani, ut ait Suidas ». Les Athéniens brillent par leur empressement à accueillir leurs hôtes. Les Crétois, dont Homère célèbre déjà l'hospitalité (*Odyss.*, XIX, v. 171-202), ont des asiles de nuit servant à la fois de logements réservés aux étrangers et de salles pour les repas publics.

90. Euripide, *Alceste* : HERCULE. « Il est honteux de faire des festins chez des amis qui sont dans la douleur. » ADMÈTE. La chambre des hôtes où je te ferai entrer est séparée du reste de la maison (v. 543-550).

Eschyle, *Les Choephores* (v. 710-712) : CLYTEMNESTRE. « Il est temps pour les voyageurs fatigués d'une longue journée, de jouir de quelque repos ; esclave, mène-le, avec celui qui le suit, dans l'appartement des hôtes ; qu'ils y trouvent tout ce qui convient ».

91. *Odyss.*, IX, v. 17-18 ; *Iliad.*, VI, v. 119-236. *Dict. ant. grec. et rom.*, t. Ier, p. 417, à l'article *Argonautae*.

92. *Odyss.*, XVII, v. 221.

93. Cerquand, *De l'hospit. grecque*, in-8, 68 p. 1853, chap. IV, p. 44. Il existe aussi dans les cités des magistrats nommés *proxènes* chargés de recevoir les personnages officiels venant d'une république amie et alliée, mais non les simples particuliers. « Tes ancêtres depuis les temps les plus reculés vivaient honorés à Thèbes ; ils étaient les proxènes des peuples d'alentour » (Pindare, 3e Isthmique ; à Mélissus Thebain, *traduction citée*).

94. Les suppliants s'asseyaient dans le parvis des temples, ou autour des autels ayant à la main des rameaux (Eschyle *Les Suppliantes*, v. 238-246 — Euripide, *Les Héraclides*, v. 30 à 34). Lorsqu'ils se présentaient chez un particulier, ils prenaient place près du foyer (*Odyss.*, VII, v. 153) tenant parfois entre leurs bras l'enfant de celui qu'ils venaient solliciter (Thucydide., I, § CXXXVI. p. 51 ; Thémistocle chez Admète, roi des Molosses.)

CHAPITRE IV

LES PAUVRES, LES PETITS ET LES FAIBLES DANS LA GRÈCE ANTIQUE

DEUXIÈME PARTIE

LE CITOYEN GREC, SES RAPPORTS AVEC L'ÉTAT

Est citoyen celui qui a part au culte de la Cité. L'État considère le corps et l'âme de chaque citoyen comme lui appartenant [1], les individus n'existent pas, ils s'absorbent complètement en lui à titre d'élément essentiel. De là découle pour l'État une obligation étroite de venir en aide aux citoyens, *mais aux citoyens seuls*, dans certaines circonstances de leur vie.

Examinons donc la situation des classes populaires au sein des démocraties grecques.

§ 1er. — *Le travail manuel.*

Hésiode fait à tous un devoir de travailler: « Celui qui reste oisif, dit-il, est également en horreur aux dieux et aux hommes; c'est un insecte sans aiguillon, ce frelon avide, s'engraissant en repos du labeur des abeilles. Pour toi ne refuse pas de te livrer aux travaux convenables afin que tes greniers s'emplissent dans la saison des fruits de la terre. Par le travail, tu deviendras plus

1. Lucien, *Anacharsis ou les Gymnases*, xx; Fustel de Coulanges, *La Cité antique*, liv. III, ch. XII et XVII ; Droysen, *Hist. de l'hellénisme*, trad. par Bouché-Leclerq. 3 vol. in-8, 1883-1885, t. III, ch. Ier, p. 13.

cher aux dieux et aux hommes, car ils ne peuvent souffrir l'oisiveté [2]... »

Dans les poèmes homériques, les citoyens libres travaillent de leurs propres mains, et, plusieurs siècles après, Thucydide peut écrire (II, XL, § 1er, p. 72) : « Il n'est honteux à personne d'avouer qu'il est pauvre, la honte consiste à ne pas chasser la pauvreté par le travail ».

Les législateurs Athéniens s'efforcent de tourner vers les métiers manuels tous ceux qui ne possèdent aucun moyen régulier d'existence. Dracon punit de mort l'oisiveté ; Solon (ou Pisistrate) se contente de mettre les arts en honneur tout en chargeant l'Aéropage de punir les oisifs. L'action peut être intentée par tout citoyen [3]. Le fils est dispensé de nourrir son père, si ce dernier a négligé de lui apprendre un métier [4].

Aussi à Athènes le petit commerce est-il respecté ; on ne saurait reprocher au moindre d'entre les citoyens le gain fait au marché [5], une profession utile ne pouvant devenir une profession méprisable [6].

« L'État athénien, au temps de Solon, ne se croit pas cependant obligé, ainsi que le remarque P. Guiraud (*op. cit.*, liv. VI, p. 70), d'assumer à l'égard des particuliers le rôle d'une providence chargée de faire à tout prix leur bonheur. Il préfère s'en rapporter au libre jeu de leur activité, et s'il seconde leurs efforts c'est par des procédés indirects et non par des mesures impératives. »

A Sparte, en raison de la répartition différente des terres, il

2. *Les Travaux et les Jours*, v. 301 et suivants.

3. Plutarque, *Vie de Solon*, XVII-XXII ; *Diogène Laërce*, liv. Ier, ch. 2, *vie de Solon*, § 55 ; Wallon, *Hist. de l'esclavage, op. cit.*, t. Ier, liv. Ier, ch. IV ; *Dict. ant. grecq. et rom.*, t. Ier, p. 412, art. *Argias graphé* par E. Caillemer.

4. Plutarque, *vie de Solon*, XXII.

5. Suivant Platon (*Rép.*, liv. II, n° 371, p. 31), « doivent être commerçants dans les villes bien policées les personnes faibles de corps et peu propres aux autres emplois ».

6. Démosthène, *Plaid. Euxithée contre Eubulide*, § 30, p. 687 : « En me diffamant de la sorte (fait-il dire à Euxithée) Eubulide n'a pas seulement violé les décrets qui régissent le commerce. Il a encore violé les lois aux termes desquelles l'action en diffamation peut être intentée contre quiconque reproche à un Athénien ou à une Athénienne le métier qu'il exerce. » (R. Dareste, *trad. citée*, t. II, p. 94).

n'existe point d'artisans libres [7]. Tous les métiers manuels sont considérés comme déshonorants, on les réserve aux Périèques, c'est-à-dire aux sujets de la République [8]. Les Spartiates, écrit Aristote (*Rhétorique*, ch. Ier), ne peuvent concilier la liberté avec le travail des mains. « Dans plusieurs autres États grecs, la qualité de citoyen est incompatible avec l'exercice d'une profession mécanique ; à Epidamne, tous les ouvriers sont esclaves publics (P. Guiraud, *op. cit.*, ch. IV, p. 39).

Mais ce fait ne saurait être généralisé ; il existe, en Attique notamment, un nombre élevé de citoyens ayant Mercure pour patron [9], se livrant à divers métiers, en dehors de la population vivant à la campagne et empruntant ses ressources aux labeurs champêtres [10]. Ce qui n'empêche pas de rencontrer partout des pauvres et des mendiants, car les guerres sont continuelles, les ruines s'accumulent, des cités entières disparaissent, et d'un autre côté la main-d'œuvre servile fait une rude concurrence au travail des hommes libres [11].

§ 2. — *Des secours accidentels dont peuvent bénéficier les pauvres*

Sans remonter à ces mendiants dont parle *l'Odyssée*, qu'Hésiode nous montre plus tard se portant mutuellement envie (*Les Trav. et les Jours*, v. 26), il se trouve à toutes les époques, à Athènes même, des indigents, des nécessiteux n'ayant aucun moyen de vivre, s'entr'aidant parfois les uns les autres, car l'apologue de l'Aveugle et du Paralytique est aussi ancienne que l'humanité [12].

7. Plutarque, *Inst. de Lacédémone*, XLI, p. 296; Xénophon, *Rép. de Sparte*, ch. VII, p. 684-685 ; Claudio Janet, *Les institutions sociales et le droit civil à Sparte*, in-8, 1880, ch. Ier.

8. P. Guiraud, *op. cit.*, ch. III, p. 29 et suivantes.

9. « O toi (Mercure) le plus industrieux des dieux, seconde-nous, et, en qualité de patron des ouvriers, commande tout ce que nous aurons à faire » (Aristophane, *La Paix*, v. 428-430).

10. Thucydide, II, XIV-XVI ; *Dict. ant. grecq. et rom.*, t. Ier, p. 441-446, art. *Artifices* de E. Caillemer.

11. « Quand la ville de Platées eut été détruite par les Spartiates (vers 373) ses habitants furent contraints soit à mendier, soit à vivre au jour le jour, du travail de leurs mains (Isocrate, XIV, 48). Ceux que la pauvreté réduisait à cette nécessité avaient à compter avec la concurrence des esclaves, et il est clair que souvent elle leur était nuisible » (P. Guiraud, *op. cit.*, ch. VII, p. 75). Voir aussi Bœckh, *op. cit.*, t. Ier, ch. XXI, p. 198 et suivantes.

12. *Platon le jeune:* Un aveugle portait sur son dos un boiteux lui prêtant ses pieds, empruntant ses yeux. Tous deux étaient estropiés et mendiants... Tous deux

Ces pauvres marchent, un long bâton à la main, « ayant sur le dos une besace percée, qu'un lien tout usé attache à leurs épaules [13] »; coiffés du petit bonnet mysien; Aristophane nous les représente obligés d'aller se chauffer dans les forges et les bains publics [14], rêvant aux moyens de gagner de quoi faire, avant de dormir, « un souper de pain, de bouillie assaisonnée de cresson, de poireaux, de thym ou d'oignons [15] ».

Examinons de quelle manière il est remédié à leur misère.

Il leur faut peu compter sur la générosité des particuliers [16]; les citoyens qui font des largesses publiques, et il y en a, agissent habituellement dans un but politique en vue de capter les suffrages du peuple.

Il y a bien des associations religieuses, sans caractère professionnel, appelées: *Thiases*, *éranes* ou *orgéons*, ouvertes aux femmes, aux étrangers, aux personnes d'origine ou de condition servile; elles se multiplient aux périodes macédonienne et romaine. Ont-elles un but philanthropique? Les documents permettent d'affirmer qu'il n'en est rien [17]: « C'est en exagérer la portée et en méconnaître la nature que d'y voir, comme on l'a fait, de la fraternité et de la charité [18] ».

parvenaient à faire un ensemble complet; car ce qui manquait à chacun pour faire un tout, ils se l'empruntaient l'un à l'autre (*Anthologie grecque, épig., descriptives*, n° 13).

13. *Odyss.*, XIII, v. 429-440.

14. Aristophane, *Acharniens*; *Plutus*, v. 536.

15. E. Pottier parlant du tonneau de Diogène ajoute: « Il semble d'après un texte d'Aristophane (*Chev.*, v. 792) que ce choix d'habitation ne fût pas une invention bizarre du philosophe, mais que les pauvres étaient parfois réduits à user de ces refuges économiques » (*Dict. ant. grecq. et rom.*, 2ᵉ vol., 1ʳᵉ partie, p. 332, au mot *Dolium*.)

16. Un pauvre demandait l'aumône à un Lacédémonien: « Si je te donne, dit celui-ci, tu mendieras encore davantage et le premier qui t'a donné est cause de ta dégradation, car il t'a rendu paresseux. » Plutarque, *Apophth. de Lacédém.*, n° 53, Didot, p. 291). — « Ces riches, qui ont tant d'or, tant d'argent.. et sont si peu disposés à nous en donner notre part, qu'ils ne daignent même pas jeter les yeux sur le commun des hommes... » (Lucien (Didot), *Saturnales*, I, xx).

17. On avait cru trouver à Hiérapolis une institution charitable organisée par une corporation de teinturiers en pourpre. Un nouveau déchiffrement de l'inscription a montré que l'on s'était trompé (*Bull. Acad. Roy. de Belgique*, 3ᵉ série, t. XXVI, 1893, p. 668-669.)

18. « Pour les secours en cas de maladie, pour les avances en cas de besoin, il ne saurait être question de *Thiases*, aucun auteur ancien ne dit que les associés aient pu dans l'une ou l'autre circonstance recourir à la caisse commune » (P. Foucart, *Des associations relig. chez les Grecs*; *Thiases, Eranes, Orgéons*, in-8, 1873, 1ʳᵉ part., § 8, p. 52; 3ᵉ part., § 15, p. 141).

Tout au plus, ces Sociétés pourvoient-elles à la sépulture de leurs membres défunts, le but exclusif poursuivi est de se réunir pour célébrer des sacrifices et surtout prendre part à des festins.

Dans les *eranes* purement civils, un membre peut emprunter de l'argent à ses compagnons ; la somme ainsi recueillie, désignée sous le nom d'*eranos*, « n'est ni un don, ni un secours, mais un prêt qu'il faut rembourser[19] ».

Les sacrifices si fréquents aux héros éponymes et aux divinités multiples formant le panthéon hellénique offrent aux classes pauvres l'occasion heureuse de distributions de viande[20], car, à quelques exceptions près, tous se terminent par un repas[21]. Il en est ainsi pour les fêtes de *l'aiora*, des *apaturies*, *des dipolcia*[22], etc. Hécate préside aux carrefours, à chaque nouvelle lune, les riches offrent un sacrifice à la déesse ; des œufs, des fromages sont abandonnés dans la rue, et les pauvres s'en emparent aussitôt[23] ; c'est à cette coutume que se réfère Lucien lorsqu'il fait dire à Diogène : « Ajoute qu'il ait soin de venir la besace pleine de lupins ou *d'un souper d'Hécate*[24] ».

Les solennités religieuses sont une occasion de fêtes, « chacun y prend part : vieillards, pauvres, hommes du bas-peuple, esclaves ; c'est pour eux un moment de repos et d'adoucissement aux peines de la vie[25] ».

19. P. Foucart, *op. cit.*, 3e part., § 15, p. 143; l'auteur cite Théoph., *Caract.*, § 17. Voir aussi *Dict. ant. grecq. et rom.*, t. II, 1re part., art. *Eranos*, p. 805, et P. Guiraud, *op. cit.*, ch. XII, p. 206-207.

20. « La population de l'Attique se nourrissait presque exclusivement de pain, de poissons, d'olives et de légumes. Il ressort de tous les textes que les petites gens, c'est-à-dire le plus grand nombre, ne goûtait de viande de boucherie qu'à l'occasion des sacrifices publics » (*Notes sur la Paix d'Aristophane* par H. Willems, *Bull. Acad. Roy. de Belgique*, 1899, p. 881).

21. Haussoullier, *op. cit.*, 2e partie, ch. II, p. 146 ; Fustel de Coulanges, *Cité antique*, liv. III, ch. VII ; *Dict. ant. grecq. et rom.*, t. Ier, p. 1269, art. *Coena*, t. II, p. 736-738, art. *Epula*.

22. *Dict. ant. grecq. et rom.*, t. Ier, p. 171 ; t. II, p. 269. A Sparte, les repas publics (Syssitia) ne sont pas comme ceux de Crète défrayés par le trésor ; les convives fournissent leur quote-part en nature, jamais en argent (Plutarque *Apophth. de Lacédémone*, *Lycurgue*, VI, p. 278, 279 ; *Dict. ant. grecq. et rom.*, t. II, p. 512).

23. Artaut, *Note sur le vers 595 du Plutus d'Aristophane*.

24. Lucien, *Dialog. des morts*, I, I.

25. Alfred Maury, *Hist. des relig. de la Grèce antique*, 3 vol. in-8, 1857-1859, t. II, ch. X, p. 173 ; Plutarque, *Qu'il n'est même pas possible de vivre agréablement selon la doctrine d'Épicure*, XXI, p. 1347.

Il ne s'agit ici, bien entendu, que de palliatifs insuffisants. Il existe des orphelins dont les pères sont morts pour la patrie ; des blessés, des infirmes incapables de tout travail. L'État — surtout en Attique — leur vient en aide *s'ils sont citoyens.*

§ 3. — *Des mesures directes d'assistance par l'État en faveur de certaines catégories de nécessiteux* [26].

En Grèce, tout citoyen est soldat ; les guerres sont longues, fréquentes, et celui qui meurt en défendant sa Cité se sent consolé à la pensée que l'État n'oubliera pas les êtres aimés qu'il laisse après lui. A Athènes, Solon, au dire de Diogène Laërce, décide que les orphelins seront entretenus aux dépens du trésor public. On leur accorde un subside quotidien variant entre une et deux oboles [27].

Lorsque leur éducation est terminée, ils paraissent au milieu de l'assemblée revêtus d'une brillante armure, et le héraut les présente au peuple en ces termes : « Ces jeunes hommes dont les pères sont morts à la guerre, en combattant avec courage, le peuple les a élevés pendant leur enfance, il les revêt maintenant d'une armure, les renvoie à leurs affaires domestiques et les invite à mériter les premières charges [28] ».

L'Archonte prend soin d'ailleurs, d'une manière générale, des pupilles de l'un et de l'autre sexe, des femmes qui, se déclarant enceintes, restent dans la maison de leur mari décédé ;

26. Tout ce qui regarde les soins médicaux et les médecins publics fera l'objet du chapitre suivant.

27. G. Platon, *La démocratie et le régime fiscal à Athènes*, in-8, 1899, 2e partie, § 1er, p. 17.

28. Harangue d'Eschine. *Sur la couronne* ; Platon, *Ménéxème ou de l'oraison funèbre.* Les Rhodiens, assiégés par Démétrius (an 304), rendent un décret pour : armer les esclaves les plus vigoureux auxquels on accorde la liberté ; assurer la sépulture des citoyens qui succomberaient dans la lutte ; leurs filles nubiles devant être mariées aux frais de l'État et leurs enfants mâles, adultes, revêtus d'une armure et couronnés sur le théâtre aux fêtes de Bacchus (Diod. de Sicile, liv. XX, LXXXIV.) — Eugène Révillout pense trouver dans des comptes démotiques la preuve que sous les Lagides des orphelins étaient, en Égypte, secourus, tant en argent qu'en blé, au moyen de taxes spéciales établies sur les transports, la construction des digues, etc. (*Mélanges sur la métrologie, l'économie politique et l'histoire de l'ancienne Égypte*, in-4, 1895, p. 310-311.)

il ne doit pas permettre qu'on les insulte. La loi lui donne le droit de poursuivre les coupables et de les faire condamner à une peine pécuniaire ou corporelle [29].

Afin que les filles des plus pauvres citoyens puissent se marier, il leur est fourni légalement « une dot, suffisante, observe Démosthène, si peu que la nature leur ait donné de beauté [30] ». La République Athénienne n'oublie pas les descendants de ses hommes illustres ; les filles d'Aristide sont dotées par le Prytanée ; la Cité se porte caution de leur mariage et accorde à chacune 3.000 drachmes [31].

Les guerriers restés infirmes à la suite de blessures, reçoivent, s'ils possèdent moins de trois mines (300 francs environ), un secours « que les uns font remonter à Solon, d'autres à Pisistrate. Ce subside d'une obole par jour, à l'origine, est porté ensuite à deux » [32].

Deux oboles sont accordées également aux citoyens. aussi peu fortunés, que leurs infirmités rendent incapables de travailler [33]. Le Conseil procède à l'examen des demandes, un trésorier spécial, désigné par le sort, est chargé de la distribution ; il n'est rien accordé si les requérants ont des enfants susceptibles de les assister. Ce devoir familial s'étend même moralement plus loin. Dans sa harangue contre Timarque, Eschine lui reproche de laisser sans secours un vieillard aveugle,

29. Démosthène, *Sosité contre Macartatos*, § 75. *Lex.*, p. 564.
30. Démosthène, *Téom. et Apollod.*, *contre Néèra*, § 113, p. 728.
31. Lysimaque en mourant laisse une fille nommée Polycrite, le peuple, suivant Callisthène, lui consigne pour vivre la même somme qu'au vainqueur des jeux olympiques. (Plutarque, *Aristide*, XXVII, p. 400).
32. *Dict. ant. grecq. et rom.*, t. Ier, art. *Adynatoi*, p. 91 ; Bœckh, *op. cit.*, t. Ier, p. 395 et suiv. Le Prytanée était comme l'Hôtel de Ville d'Athènes, on y donnait des repas aux citoyens qui avaient été utiles ; on pouvait même les y nourrir toute leur vie. « Bien loin d'être entretenus sur la fin de nos jours aux frais de la République à raison des grands services que nous lui avons rendus sur mer, nous éprouvons les traitements les plus durs... (Aristophane, *Les Acharniens*, v. 676 et suivants) — « La maison de Crésus, que les Sardiens ont destinée à ceux des habitants de la ville qui, par leur grand âge, ont acquis le privilège de vivre en repos dans un collège de vieillards, qu'ils appellent *Géronsie*, est bâtie en briques... » (*Vitruve*, liv. III, ch. VIII.)
33. Aristote, *Constitution d'Athènes*, XLIX, § 7, trad. par Haussoullier, *Bibliothèque de l'École des Hautes Études*, fasc. 89, p. 74.

son oncle, et de ne pas rougir de voir cet homme recevant l'aumône accordée aux citoyens invalides [34].

Un plaidoyer attribué à Lysias permet de se rendre compte de la manière dont ces subsides sont alloués. L'orateur défend, devant une commission du Sénat, un citoyen accusé de recevoir indûment les allocations de la Cité ; on prétend que cet individu est capable d'exercer un métier ; d'ailleurs est-il véritablement invalide puisqu'il peut monter à cheval ? Le défenseur répond que le père de l'accusé ne lui a rien laissé, qu'il a néanmoins nourri sa mère ; qu'il est présentement infirme avec des enfants en bas âge, incapables de lui venir en aide. Il exerce péniblement, il est vrai, un misérable métier dont le produit est insuffisant à lui assurer l'existence. Quant au cheval il ne lui appartient pas, et monter à cheval ne prouve pas que l'on ait tous les membres en bon état. « C'est ajoute Lysias, un excellent citoyen qui, du temps des trente tyrans, a partagé l'exil et les périls des patriotes [35] ».

Cette assistance ne s'applique du reste, il ne faut point l'oublier, qu'aux seuls citoyens [36] ; les étrangers peuvent être admis à résider, mais ils ne font point partie de la Cité : « L'étranger n'a pas de maison, écrit R. Dareste [37]. Il habite auprès, à côté des citoyens, mais non avec eux, et c'est ce qu'indique son nom de *Métèque*, μέτοικος... Il peut exercer librement son industrie ou son commerce à la seule condition de payer une capitation de douze drachmes chaque année. » Par contre, il se trouve dispensé de remplir les charges publiques.

34. Voici, ajoute Eschine (Didot, § 102-104, p. 47), un dernier trait, le plus révoltant de tous : ce vieillard avait négligé de se trouver au recensement des citoyens invalides, il présentait sa requête au Sénat pour recevoir son allocation ; son neveu, qui était sénateur et qui présidait ce jour-là, ne daigna pas appuyer sa requête et lui laissa perdre son quartier... (*Œuv. de Démosthène et d'Eschine*, trad. de l'abbé Auger, revue par Planche, t. III, p. 385.)

35. Robiou, *Quest. de droit attique*, in-8, 1880, II, p. 3 et 4 ; Lysias (Didot), XXIV, p. 200 et suiv.

36. Les Grecs appelaient *étrangers* tous ceux qui n'étaient pas citoyens, et *barbares* ceux qui n'étaient pas Grecs. « IPHIGÉNIE... Il est dans l'ordre que les Grecs commandent aux barbares et non les barbares aux Grecs ; ceux-là sont nés pour l'esclavage, ceux-ci pour la liberté. » τὸ μὲν γὰρ δοῦλον, οἱ δ'ἐλεύθεροί. Euripide, *Iphygénie en Aulide*, v. 1400-1401.

37. *Plaidoyers civils de Démosthène*, *op. cit.*, t. Ier, Introduction, p. XXIII ; P. Guiraud, *op. cit.*, ch. X, p. 152-153.

Thucydide, comparant les vieilles coutumes hospitalières des Athéniens avec les lois lacédémoniennes (II, XXXIX), dit : « Nous offrons notre ville en commun à tous les hommes, aucune loi n'en écarte les étrangers, ne les prive de nos institutions, de nos spectacles » ; et Xénophon demande qu'afin d'attirer les Métèques dans la cité, dont ils augmentent la richesse, on leur accorde des patrons comme aux orphelins (*Revenus de l'Attique*, II).

Partout en Grèce la qualité de citoyen est attribuée par décret à l'étranger qui a rendu des services à l'État [38].

Quoi qu'il en soit, ces subsides légaux, concédés après examen et enquête, paraissent légitimes, *étant donné l'omnipotence de l'État grec* ; à eux seuls ils ne fournissent pas un encouragement à la paresse et leur influence ne peut devenir désastreuse. Il en est différemment des mesures politiques, des distributions aveugles et sans limite que, par une sorte de surenchère, établissent les flatteurs du peuple dont ils sont les pires ennemis [39].

Les feuillets de l'histoire de la plupart des cités helléniques portent les traces du sang versé au milieu de ces guerres intestines, si fréquentes, dues à la rivalité des classes riches et des classes pauvres. Ces révolutions amènent, aussi bien dans la Grèce proprement dite que dans les colonies d'Asie, des crimes, des représailles dont le récit est affreux [40] ; de pareils boulever-

38. Éphèse, *Loi* (87 av. J.-C.), § 6. Les Isotèles (étrangers jouissant des droits civils), les Métèques (étrangers domiciliés), les esclaves sacrés, les affranchis, les étrangers ordinaires, qui prendront les armes et s'enrôleront par-devant l'autorité militaire seront déclarés citoyens de plein exercice (*Rec. des Inscrip., jurid. grecques*, 1er vol.).

39. PRAXAGORA : « Je veux que la nourriture soit commune et la même pour tous.... Personne n'aura plus lieu de craindre la pauvreté. Tout sera commun à tous : salaisons, pain, gâteaux, tuniques, vin, couronnes et pois... (Aristophane, *L'assemblée des femmes*, v. 593-594-605 et suiv.) Voir aussi toute la pièce des *Chevaliers* où Aristophane se moque si agréablement des courtisans du peuple.

40. « A Milet, dans une lutte de la faction des riches avec la faction du peuple celle-ci, l'ayant emporté, les vaincus furent chassés ; rassemblant les enfants de ces fugitifs dans des granges, les vainqueurs les firent fouler et broyer sous les pieds des bœufs... Les riches devenus les plus forts à leur tour, prirent les enfants des hommes de la faction opposée, les enduisirent de poix et les brûlèrent tout vifs... » Pastoret, *Hist. de la législ.*, t. IX : *Législation des Ioniens*, p. 194 ; Fustel de Coulanges, *Cité antique*, liv. IV, ch. XII, p. 402. « La ville d'Argos fut le théâtre d'une insurrection, les massacres étaient tels que les Grecs ne se souvenaient pas d'en avoir jamais vu de semblables ». (*Diod. de Sicile*, XV, LVII).

sements profitent aux ambitieux qui se hâtent de jouir de leur règne éphémère.

Il est constamment question de partager les terres, de remettre les dettes; à un moment, la plèbe acclame Alcibiade parce qu'il lui semble capable de la tirer de sa misère par une nouvelle commotion politique (*Diodore de Sicile*, XIII, LXVIII)[41]. Là même où règne la plus extrême égalité, il se trouve des orateurs « auxquels il ne paraît point suffisant de traiter les pauvres comme les riches et qui veulent établir un état d'infériorité pour ces derniers, comme si possédant davantage ils appartenaient moins à la patrie[42] ».

§ 4. — *Les manœuvres politiques déguisées sous le nom de mesures d'assistance.*

Nous n'avons pas à entrer dans le détail des réformes attribuées à Solon et à Lycurgue : en Attique, remise des dettes, renversement de la domination des Eupatrides, accession du peuple à toutes les charges; en Laconie, partage des terres, repas publics, éducation de la jeunesse par l'État.

A Athènes, ces réformes amènent les hommes avides du pouvoir à puiser dans le Trésor de la République, afin de capter la faveur populaire; pente funeste sur laquelle il est difficile de s'arrêter.

1° *Le triobole.*

L'organisation démocratique de la ville de Minerve, l'augmentation du nombre des conseillers, la création de tribunaux populaires, dont l'importance s'accroît à l'époque de Périclès, incitent à donner aux 6.000 juges[43] une indemnité représentative du

41. « La cause de tous ces maux était la fureur de dominer qu'inspirent l'ambition et la cupidité... Les chefs des partis devenus supérieurs à leurs ennemis ne mesuraient ni à la justice, ni à l'intérêt de l'État les peines qu'ils leur faisaient subir » (Thucyd., liv. III, LXXXII).

42. Pastoret, *Hist. de la législ.*, t. VII, ch. XXII, p. 480.

43. Aristophane, *Les Guêpes*, v. 655-664; Aristote, *Constitution d'Athènes*, *op. cit.*, ch. XXIV, p. 38.

prix des heures qu'ils consacrent aux affaires publiques. C'est là l'origine très obscure du *Triobole*; l'allocation assez minime d'une obole peut-être au début, s'accroît en effet rapidement. Il paraît certain que Cléon, le démagogue, pour se concilier les masses, porte cette indemnité à trois oboles (45 centimes environ), attirant ainsi aux tribunaux les vieillards incapables de travailler, les oisifs, les habitants des campagnes que la guerre dite du Péloponèse oblige à chercher un refuge dans l'enceinte de la cité [44].

Les oboles auxquelles les juges ont droit leur sont payées à la fin de chaque séance [45]. De plus, « tout citoyen qui assiste à une assemblée ordinaire reçoit une drachme ou six oboles; l'assistance à une grande assemblée, ἐκκλησία κυρία, se paye neuf oboles [46] ». En présence de pareilles allocations, Aristophane fait dire aux acteurs composant le chœur dans la comédie intitulée : *L'Assemblée des femmes* : « Du temps du généreux Myronide, personne n'eût exigé de salaire pour les moments consacrés à l'administration de la République, chacun apportait dans un petit sac du pain, de quoi étancher sa soif et trois ou quatre olives. Aujourd'hui on veut, comme l'ouvrier qui porte le mortier, recevoir trois oboles, quand on fait quelque chose pour la Patrie [47] ».

Il ressort de certains textes que le nombre des jetons attribués aux citoyens présents à l'assemblée est limité : pour y avoir droit, il faut arriver de bonne heure, et le même Aristophane nous montre ces citoyens pauvres accourus dès l'aurore, assiégeant le bureau de distribution. « Autrefois, poursuit le

44. « Pour le citoyen d'Athènes n'ayant ni une fortune, ni une industrie, ni un travail qui le fasse vivre, il ne lui reste, à lui paresseux, oisif, habitué à une vie douce et facile, il ne reste à sa femme qui l'attend près du foyer, à son fils qui demande de quoi manger et s'amuser, des fruits et des osselets, que le *triobole*, c'est-à-dire une parcelle de ce trésor public où les démagogues feignaient de puiser libéralement, pour faire largesse au peuple et qu'ils appauvrissaient à leur profit » (Émile Deschanel. *La Comédie dans les Républiques*, *Rev. des Deux-Mondes*, 15 mai 1849, p. 353).

45. *Dict. ant. grecq. et rom.*, t. II, Ire part., p. 196-200, art. *Dikastoi*, § x, de E. Caillemer.

46. R. Dareste, *La Constitution athénienne, d'après Aristote* (*Comptes rendus des trav. de l'Acad. des sciences mor. et polit.*, septembre-octobre, 1891 p. 355).

47. Aristophane, vers 300 à 311.

grand comique, quand il n'y avait qu'une seule obole à recevoir à l'*ekklesia*, on y était assis et on y jasait à l'aise; maintenant on est accablé par la foule... [48] »

Spectacle identique au sein de toutes les villes démocratiques de la Grèce ou des colonies: Éphèse, Samos, Thespies, Halicarnasse, Rhodes, etc. [49].

Les dépenses annuelles qu'entraînent ces distributions sont considérables et donnent lieu à mille abus; on voit des accusateurs insister, pour perdre l'accusé, sur le profit que les juges retireraient d'une condamnation, la saisie des biens devant assurer le paiement des honoraires des juges [50]; l'histoire mentionne trop souvent, d'un autre côté, des fonctionnaires donnant le triste exemple de dilapidations et de concussions.

Au bout de peu de temps, ce *salaire* produit ses effets accoutumés. Payé sur les fonds du Trésor pour mener une vie oisive, inutile à l'État, le citoyen passe ses journées aux tribunaux, les démagogues encouragent et favorisent ce système : « O peuple, dit Cléon, c'est assez d'avoir jugé une affaire, va aux bains, prends un morceau, bois, mange, touche le triobole ; » le triobole, conclut Émile Deschanel (*art. cité*, p. 353), la source des misères d'Athènes, une des causes de sa décadence.

Ces subsides des tribunaux et de l'Ekklesia, supprimés dans les conjonctures difficiles, ne tardent pas à être rétablis et ils paraissent encore insuffisants aux flatteurs de la multitude.

II. — *Distributions diverses faites au peuple.*

A Athènes, Périclès, désireux de lutter contre les libéralités de Cimon [51], son adversaire politique, emploie les impôts prélevés sur les alliés en allocations au peuple, et cela sous les pré-

48. Aristophane, *Les Guêpes* ; *l'assemblée des femmes* (*passim*).
49. *Dict. ant. grecq. et rom.*, t. II, Ire partie, p. 516-519, art. *Ekklesia* de G. Glotz.
50. *Dict. ant. grecq. et rom.*, t. II, p. 63, art. *Demioprata*, de E. Caillemer. L'auteur cite Lysias c. Epicra, § 1er (Didot), p. 212 ; Bœckh, *op. cit.*, t. II, liv. III, ch. XIV, p. 152-153.
51. Plutarque, *Vie de Cimon*, x, p. 579.

textes les plus futiles. Il corrompt ainsi les masses, leur faisant prendre des habitudes vicieuses de paresse, de dépenses et de luxe qui les entraînent inconsidérément vers les novateurs et les démagogues [52].

On donne de l'argent aux citoyens afin qu'ils puissent assister aux représentations théâtrales [53], on leur en alloue même sans ce motif; *le théorique* se distribue non seulement lors des Panathénées mais à toutes les grandes fêtes. Démosthène avoue que ces cérémonies coûtent plus qu'un armement naval [54]. *Le théorique* devient la gratification ordinaire des jours fériés et sert à chacun à payer son écot dans les festins publics ; si la fête se prolonge, le nombre des oboles distribuées devient double ou triple.

A l'époque de la décadence, alors que l'Attique va devenir la proie des Macédoniens, « on prodigue pour *le théorique*, ce chancre de la prospérité publique, tous les fonds de la guerre [55] ».

Les distributions gratuites ou à bas prix, de blé [56], de viande, ne sont point rares ; « quand elles viennent à manquer, en 321, après la réforme d'Antipater, une foule d'habitants émigre en Thrace [57] ».

Tous les citoyens subventionnés par le trésor, tel semble être l'idéal de la plupart des démocraties helléniques.

Démosthène a plusieurs fois l'occasion de parler de ces prodigalités si dangereuses; il professe à leur égard des opinions successives; selon les besoins de l'heure présente il les approuve ou il les condamne :

« Athéniens, ne soyez pas surpris, je vais parler contre l'opinion du plus grand nombre... établissez des Nomothètes... pour abolir les lois qui nous nuisent, et celles-là je les indique nette-

52. H. Houssaye, *Hist. d'Alcibiade*, 2 vol. in-8, 1873, liv. IV, ch. V, p. 438, en note.

53. « Dans les premiers temps, l'entrée du théâtre construit en bois était gratuite... pour prévenir les désordres on résolut de faire payer à l'entrée deux oboles par personne; et afin de ne pas exclure les pauvres on leur donna cette somme » (Bœckh, *op. cit.*, t. Ier, liv. II, ch. XIII, p. 359).

54. 1re *Philippique*, § 35, p. 26.

55. Bœckh, *op. cit.*, t. Ier, liv. II, ch. XIII, p. 359 et 367.

56. « On aurait vu, écrit Aristophane, l'affluence générale vers le portique où se fait la distribution du froment. » (*Les Acharn.*, v. 545-550).

57. P. Guiraud, *op. cit.*, Conclusions, p. 211.

ment; ce sont les lois sur *l'argent du théâtre*, elles sacrifient aux oisifs de la cité nos ressources pour la guerre ; oui, continue-t-il, répudiez ces viles aumônes qui vous sont faites ; nourriture de malades que le médecin permet, qui ne fait pas vivre, qui empêche seulement de mourir [58] ».

Plus tard, le même orateur, reniant ses déclarations passées, s'écrie : « Écartons ces diatribes sur notre argent des théâtres ; ces terreurs qui nous font voir le danger d'un grand mal dans ce qui peut, au contraire, plus que toute autre chose, rétablir nos affaires et fortifier notre République. La fortune généreuse pour nous a beaucoup augmenté la richesse publique... Serait-ce qu'on envierait aux pauvres ce secours donné par la fortune ? Loin de moi la pensée de les blâmer, et nul, à mon avis, n'en a le droit [59] ».

De pareilles palinodies n'enlèvent rien au caractère fatal de ces dilapidations des deniers de l'État que nous retrouvons, avec des nuances diverses, chez les gouvernements établis en Grèce à cette période de l'histoire.

La nature humaine est partout la même. La haine réciproque des riches et des pauvres, cette maladie éternelle des cités grecques, pousse d'ailleurs les ambitieux sans scrupules à recourir aux mêmes moyens d'influence. « Ils promettent à tous, ainsi que le dit plaisamment Aristophane (*Assemblée des femmes*, v. 652, 653), de n'avoir autre chose à penser qu'à se rendre au souper quand l'ombre du cadran solaire est parvenue au dixième degré, après toutefois s'être bien lavé et parfumé ».

Il ne s'agit plus ici de mesures d'assistance, mais de cette politique dissolvante qui amène à bref délai la mort d'une nation en détruisant chez les citoyens les ressorts de l'énergie, de l'amour du travail et du respect de soi-même.

58. 3e *Olinth.* (Didot), § 11 et 33, p. 17 et 20 ; *Œuvres polit.* de Démosthène, trad. par Plougoulm, 2 vol. in-8, 1861-1863, t. II, p. 45 et 53. « Cependant, dira-t-on, celui qui nous laisserait notre argent de théâtre, et qui en même temps nous en trouverait d'autre pour la guerre, celui-là ne serait-il pas plus habile ? Oui ; que cet homme se rencontre et je dis comme vous. Mais un prodige qui ne s'est pas encore vu et sans doute ne se verra jamais, c'est, après avoir dissipé son bien en folies de le posséder pour les choses utiles » (même discours, § 19, p. 18 ; Plougoulm, traduction, t. II, p. 4).

59. 4e *Philippique* (Didot), § 36, p. 74. Plougoulm ; *trad. citée*, t. II, p. 170-171.

CHAPITRE V

LES PAUVRES, LES PETITS ET LES FAIBLES DANS LA GRÈCE ANTIQUE

TROISIÈME PARTIE

ASCLÉPIOS ET LES DIEUX GUÉRISSEURS. — LES MÉDECINS PUBLICS. — DE L'INFLUENCE DES PHILOSOPHES SUR LE SORT DES DÉSHÉRITÉS.

I

ASCLÉPIOS ET LES DIEUX GUÉRISSEURS

§ 1er. — *Asclépios et son culte.*

Chez les Grecs comme chez les peuples de l'antiquité, les maladies, surtout celles qui revêtant un caractère contagieux s'étendent à toute une cité, sont attribuées aux malédictions divines. Homère nous peint Apollon vengeant son prêtre Chrysès, outragé par Agamemnon : « Il s'arrête en dehors du cercle des navires et lance une flèche ; l'arc d'argent rend un son terrible ; les mulets et les chiens agiles se trouvent d'abord frappés. Le dieu dirige ensuite contre les guerriers un trait amer, il les atteint, et dès lors de nombreux bûchers ne cessent de consumer les morts » (*Iliad.*, I. v. 48-52).

Pour conjurer ces fléaux on a recours aux sacrifices, aux expiations, aux incantations [1]. Les magiciennes emploient des charmes

1. Daremberg, *La Médecine dans Homère*, in-8, 1865, p. 9 ; *État de la médecine entre Homère et Hippocrate*, in-8, 1869, p. 3.

et des remèdes. La Thessalie est la terre classique des enchantements [2].

Puisque les maladies viennent des divinités, il convient de les invoquer en vue d'obtenir la guérison. Apollon, le dieu de la race Dorienne, celui qui engendre la chaleur et la lumière, ne tarde pas à être salué du titre de purificateur par excellence [3]. On l'invoque au moment des épidémies : « O divin Apollon, chante Pindare (5e Pythique), c'est toi dont les remèdes salutaires nous délivrent de la maladie ».

Dans l'Olympe grec, Apollon n'est pas seul ; sa sœur Artémis (Diane) préside aux accouchements. Les femmes après leur délivrance ont l'habitude de remercier la déesse en lui offrant des vêtements, ceintures, boucles de cheveux, etc., [4]. Déméter, la mère universelle, la nourrice de tous les êtres, protège les enfants [5]. Les Orgéons adorent Cybèle, ses adeptes se vantent de guérir, grâce à son influence, certaines maladies, notamment l'epilepsie [6].

Parmi les divinités d'un rang inférieur, les Dioscures (Castor et Pollux) sont aussi médecins et rendent la santé à Phormion, stratège des Crotoniates, blessé en combattant les Locriens [7]. Les fleuves eux-mêmes peuvent être invoqués à titre de nourriciers et de guérisseurs, ils arrêtent les progrès de la peste, et les suppliants leur consacrent leur chevelure [8].

A côté d'Apollon, une divinité nouvelle, empruntée aux cultes asiatiques, ne tarde pas à jouer un rôle prépondérant en matière médicale, c'est Asclépios (Esculape) [9], simple médecin aux temps homériques, plus tard appelé le fils d'Apollon : « Instruit, dit Diodore de Sicile, dans la médecine par son père [10], il y ajoute l'in-

2. A. Maury, *Hist. des Relig. de la Grèce anc.*, *op. cit.*, t. II, ch. XIII, p. 501-503.

3. « Il a appris aux hommes la science de la médecine qui se pratique *au moyen de la divination*, par lequel on a traité le plus anciennement les maladies » (*Diod. de Sic.*, V, LXXIV).

4. *Dict. ant. grecq. et rom.*, *op. cit.*, t. II, p. 134, au mot *Diana*, art. de P. Paris.

5. *Dict. ant. grecq. et rom.*, *op. cit.*, t. I, p. 1040, art. *Cérès* de F. Lenormant.

6. Foucart, *Des assoc. relig. chez les Grecs*, *op. cit.*, § XVI, p. 170-171.

7. *Dict. ant. grecq. et rom.*, *op. cit.*, t. II. p. 255, art. de M. Albert.

8. *Dict ant. grecq. et rom.*, *op. cit.*, t. II, p. 1191, article *Flumina*.

9. A. Maury, *op. cit.*, I, ch. VI, p. 448. Sur l'assimilation par les Grecs d'Asclépios avec le plus puissant des Cabires phéniciens (Eschmoun), voir l'article déjà cité de F. Lenormant, *Dict. ant. grecq. et rom.*, t. I. p. 772.

10. Les légendes lui donnent aussi comme maître le centaure Chiron, versé dans la connaissance des simples.

vention de la chirurgie, la préparation des remèdes et la découverte des propriétés des racines. Il fait tellement avancer cet art qu'il en est regardé comme l'auteur et le fondateur (V, LXXIX) ». Ses temples couvrent la Grèce [11].

Autour de lui, formant son cortège habituel, se pressent : Hygie, Panacée, Epio, Iaso, Télesphore, personnifications, à des degrés divers, des idées de santé et de guérison [12].

Le serpent [13], le coq, le chien [14], lui sont particulièrement consacrés. On dépose sur ses autels des galettes, des fruits [15]. Le prêtre annonce aux donateurs que leur offrande est bien accueillie par le dieu ; personne, selon la formule, ne s'est jamais rendu Pean plus propice [16].

§ 2. — *Les asclepieia.*

Les temples d'Asclépios s'appellent *Asclepieia*, les malades viennent y chercher le soulagement de leurs maux en demandant

11. « Il (Asclépios) guérissait les uns par les douces paroles de la magie ; aux autres, il offrait d'efficaces breuvages, ou bien il appliquait des simples tout autour de leurs membres, où il touchait le mal avec le fer pour les rendre à la santé » (Pind., 3e Pyth.).

12. « A Titane, près de Sycione, la statue d'Hygie était tellement couverte de chevelures consacrées et de bandelettes, qu'on pouvait à peine l'entrevoir » (Paus., II, XI). Dans le IVe mime d'Hérondas (trad. par Ragon, in-8, 1898), une des femmes s'exprime ainsi : « Salut, ô divin Péan, qui règne sur Tricca et qui habite la douce Cos et Epidaure ; salut aussi à Apollon et à Coronis ta mère ; salut aussi à Hygie qui touche ta main droite... »

13. « Le dieu est assis sur un trône. Il tient un bâton d'une main, touche de l'autre la tête d'un serpent ; un chien est couché à ses pieds » (*Paus.*, II, XVII). Voir aussi l'article *Drago*, *Dict. ant. grecq. et rom.*, t. I, deuxième partie. Au nombre des animaux familiers qui entourent Esculape, il faut placer l'oie (*Acad. des Insc. et Belles Lettres*, séance du 14 décembre 1900).

14. Traduction des guérisons miraculeuses à Epidaure — Thyrion d'Hermione, enfant aveugle. — Cet enfant fut soigné par un des chiens du Hiéron qui lécha ses yeux et il s'en alla guéri.

15. Arist., *Plutus*, v. 672 et suiv. CARION : « J'aperçois le sacrificateur qui prenait sur la table sacrée les gâteaux et les figues sèches. Il en fait autant autour des autels et il a serré dans un grand sac tout ce qu'il a trouvé de restes de gâteaux. » Hérondas, *op. cit.*, mime IV, des femmes offrent un coq ; l'une d'elles dit : « quand tu auras bien découpé l'oiseau, aie soin d'en donner la cuisse au Néocore, mets pieusement la galette dans la grotte du serpent et trempe dans l'huile le gâteau sacré. De ce qui restera, nous ferons un festin à la maison ; n'oublie pas de rapporter du pain de santé ».

16. Hérondas, *op. cit.*, mime IV.

au dieu de leur indiquer, *en songes*, les remèdes qu'il convient d'employer, ce qui se rattache à la médecine divinatoire dont nous venons de parler.

Voici le mode de consultation [17]. D'une manière générale, tout *asclepicion* est établi dans un site salubre, agréable; il est entouré d'un bois ou au moins abrité par quelques arbres; son enceinte renferme une source; il s'agit parfois d'une eau minérale ou thermale [18]. Le périmètre consacré ne peut être souillé; défense d'y laisser accoucher une femme ou mourir un suppliant.

A Épidaure, le sénateur Antonin, plus tard empereur, touché de pitié, fait construire sur un terrain adjacent une maison destinée à abriter les agonisants et les mères arrivées à leur terme : « La Grèce, dit Ch. Diehl, jugeant inutiles de tels raffinements d'humanité ».

En face de l'édicule qui abrite la statue, se trouvent disposés de vastes portiques affectés aux malades. Un grand prêtre préside à toute cette organisation, assure l'exacte observance des rites; il est assisté par des prêtres et agents subalternes; l'un d'eux, appelé *Zacore* ou *Néocore*, a plus particulièrement la charge des soins à donner aux suppliants.

A Épidaure, l'*asclepieion* possède un théâtre et des jeux qui ont pour but de procurer un délassement salutaire à ceux qui viennent demander la santé au fils d'Apollon. Avant d'être admis dans l'enceinte sacrée, les arrivants sont soumis à des règles à la fois religieuses et hygiéniques : ablutions, bains, onctions, jeûnes plus ou moins prolongés. On les admet ensuite à offrir leur sacrifice :

17. Voir, pour les détails, en dehors du *Plutus* d'Aristophane et des discours sacrés du rhéteur Aristide: A. Gauthier, *Rech. hist. sur l'exercice de la médecine dans les temples, chez les peuples de l'antiquité*, in-18, 1844; l'article *Asklépeion*, *Dict. ant. grecq. et rom.*, t. I, p. 470-472; Paul Girard, *l'Asclépeion* d'Athènes, in-8, 1882; Dr Vercoutre, *La Méd. sacerd. dans l'antiquité grecque* (ext. *Rev. arch.*, 1886); Dr Courtois-Suffit, *Les temples d'Esculape*; *La Méd. relig. dans la Grèce ancienne*, in-8, 1891; Defrasse et Lechat, *Epidaure, restauration et description des princip. monum. du sanctuaire d'Asclépios*, in-f°, 1895; Ch. Diehl, *Excur. arch., en Grèce*, ch. IX : *Les fouilles d'Epidaure*, in-18, 4e édit., 1896.

18. A ce propos, Vitruvius Pollio (*De arch.*, I. II) fait cette remarque assez irrévérencieuse: « Un changement d'air malsain en un air salubre et l'usage de meilleures eaux, rendront plus prompte la guérison des malades, ce qui augmentera beaucoup la dévotion, parce que l'on attribuera à ces divinités (Esculape, la déesse *Salus*, etc.) des guérisons dues à la nature salubre du lieu... »

un porc, un bélier. Ils doivent, en outre, apporter avec eux de la nourriture et des couvertures, l'administration du temple ne fournissant que des jonchées de feuillage.

Le soir, la foule se couche sous les portiques; autour de la statue d'Asclépios, le prêtre allume des lampes et procède à une cérémonie spéciale en union avec les assistants. Des chants se font entendre, véritables incantations rituelles, car il ne faut pas l'oublier, le culte d'Asclépios a mille rapports avec la magie. Puis les lampes s'éteignent et, comme le dit Aristophane (*Plutus*, v. 665-670), le Zacore invite tout le monde à dormir dans le plus grand calme.

C'est alors que le dieu envoie des songes se rapportant aux maladies pour lesquelles on vient le consulter.

Aussitôt le jour arrivé, au chant du coq, ceux qui ont été favorisés de ces révélations s'empressent de se lever et d'aller raconter aux Zacores les rêves de leur imagination surexcitée, afin qu'ils soient interprétés et traduits en ordonnances pratiques. Certains prétendent même avoir vu le dieu passer au milieu de la foule endormie [19].

Riches et pauvres sont admis, il est même loisible d'envoyer un parent, un ami recueillir les songes; on voit des prêtres se charger habituellement eux-mêmes de cette mission, mais ils inspirent peu de confiance aux fanatiques d'Asclépios, tel que le rhéteur Aristide qui, pendant dix-sept ans, court d'asclepieion en asclepieion, à la recherche d'une santé qu'il recouvre enfin.

Les traitements prescrits sont ordinairement anodins : prendre des bains; monter à cheval, faire de la gymnastique; marcher nu-pieds; boire de l'eau de chaux; manger une perdrix à l'encens; procéder à des impositions de diverses substances sur le corps, etc. Quelquefois, cependant, les remèdes sont violents : saignées abondantes; vomitifs; absorption d'eau de ciguë.

19. Il est certain qu'il y a souvent ici des jongleries effectuées par les prêtres. Ils viennent s'entretenir la nuit avec les malades sous le costume ordinaire du dieu; Aristophane le laisse entrevoir clairement et on ne saurait oublier les inventions éhontées du faux prophète Alexandre, si bien démasqué par Lucien. En dehors de ces impostures, les phénomènes du magnétisme pouvaient jouer un certain rôle, et d'ailleurs il faut toujours, en ces matières, avoir présentes à l'esprit ces paroles des livres saints : « Quæ immolant Gentes, dœmoniis immolant. »

Avant de retourner chez lui, le suppliant guéri dépose un ex-voto : longs pæons gravés sur le marbre en l'honneur du dieu; bas-reliefs; représentations en or, en argent, en terre des parties malades; menues monnaies jetées dans la fontaine.

Des stèles racontent des guérisons destinées à frapper l'imagination; ces récits tiennent naturellement du merveilleux par leur spontanéité [20].

Il suffit de mentionner deux de ces légendes. Un malade avait avalé des sangsues ; il sembla à cet homme, dit l'inscription, que le dieu lui ouvrait la poitrine, en retirait les sangsues et les lui mettait dans les mains après avoir recousu la plaie. Quand le jour parut, il sortit du temple portant les sangsues et complètement guéri. La maladie était due, selon la stèle, à une ruse de la belle-mère du suppliant qui avait jeté ces sangsues dans un mélange de vin et de miel destiné à son gendre.

Toute l'antiquité grecque reproduit également l'aventure de cette femme affligée d'un ver solitaire monstrueux; une fois endormie sous le portique de l'asclepieion, il lui semble que des fils, ou des prêtres d'Asclépios lui coupent la tête et retirent le ver, mais ils ne peuvent réussir à remettre toute chose en place. Le dieu apparaît alors, leur reproche leur imprudence, et, d'un seul mot, rend la vie et la santé à la pauvre décapitée.

Laissant de côté ces récits légendaires on peut se demander quel est le rôle des prêtres des Asclepieia ? Agissent-ils comme médecins? Il faut répondre négativement; les asclepieia ne sont point des hôpitaux. Des prêtres hiérarchisés veillent à l'accomplissement de prescriptions religieuses et hygiéniques, au bon ordre; ils s'efforcent d'interpréter les songes de la manière la plus avantageuse pour les malades, leur expérience journalière leur suggère des conseils utiles. Ils peuvent consigner les résultats de leurs observations dans des archives et se familiariser ainsi avec le mode de traitement de certaines maladies, celles des yeux, par exemple, mais quand bien même ces prêtres, tirés au sort chaque année, sont médecins, le fait se produit, ils n'exercent pas leur art dans le temple.

20. M. Cawadias a découvert récemment à Epidaure deux des stèles décrites par Pausanias.

Renonçons, écrit Daremberg, à considérer les *asclepieia* comme des écoles pour les praticiens ; les origines si obscures de la médecine scientifique remontent aux premières écoles de philosophie des pythagoriciens [21].

II

LES MÉDECINS PUBLICS

En dehors des temples voués aux diverses divinités guérisseuses, il existe à toutes les époques des hommes capables de combattre les maladies qui accablent l'humanité. Dès les temps homériques, on va les chercher au loin : « Qui, s'écrie Eumée, en réponse à l'un des prétendants, appelle de son plein gré un étranger ; si cet étranger n'est de ceux dont l'art intéresse le peuple ? Un devin, un médecin expérimenté, un artisan habile... » (*Odyss.*, XVII, v. 380 et suiv.).

L'Iliade nous fournit surtout, et cela se conçoit, les noms des personnes qui excellent à soigner les blessés. Les héros, arrêtés devant les murs de Troie, savent d'ailleurs se secourir mutuellement au plus fort de la mêlée. Les vases antiques nous montrent des scènes de ce genre : Achille pansant Patrocle [22] ; Sténélos rendant les mêmes services à Diomède. Les fils de « *l'irréprochable médecin* » (Asclépios), Macaon et Podalire [23], à la fois chefs de troupes et chirurgiens renommés, expriment le sang des plaies, les sondent, y mettent un appareil [24] et n'emploient que des remèdes simples pour traiter ces hommes sobres et d'un tempérament robuste [25].

Leurs talents sont appréciés, et lorsque Macaon est blessé,

21. Daremberg, *Journal des savants*, année 1852, juillet, p. 443 ; Dr Devay, *Des Instituts hygiéniques de Pythagore et de leur influence sur les sociétés antiques*, in-8, Lyon, 1842 (ext. *Revue du Lyonnais*).

22. *Dict. ant. grecq. et rom.*, t. I, p. 1110, art. *Chirurgia* du Dr René-Briau ; Elien (Didot), *De la nat. des animaux*, II, XVIII.

23. *Iliad.*, XI, v. 517.

24. *Iliad.*, II, v. 731-732 ; IV, v. 193-194-218.

25. Platon, *Répub.*, III, n° 408 (Didot, p. 56).

Idoménée (*Iliad.*, XI, v. 511-520) prescrit de l'emporter au plus vite sur son char, car, ajoute-t-il, un homme qui comme lui sait extraire le fer et par d'heureux secrets guérir les blessures vaut à lui seul mille guerriers.

Euripyle percé d'une flèche est obligé d'aller demander l'aide de Patrocle : « Sauve-moi, lui dit-il, en me conduisant jusqu'à mon navire, retire de ma jambe le trait amer ; lave avec une onde tiède le sang noir et verse les baumes adoucissants et salutaires dont Achille t'a communiqué la connaissance, car, si je ne me trompe, des deux médecins, Podalyre et Machaon, l'un est dans sa tente blessé... l'autre combat contre les Troyens ». Patrocle, avec son poignard, retire de la cuisse le trait aigu et ses mains expriment le suc d'une racine qui enlève les douleurs.

Nous voyons que les individus atteints d'une blessure légère sont l'objet de soins immédiats ; les chefs gravement blessés se font conduire au camp retranché, près des vaisseaux, où ils peuvent recevoir des secours plus efficaces.

Les fils d'Asclépios ne sont pas cependant seuls chargés du service médical de l'armée grecque : Idoménée (XIII, v. 214) s'élance hors de sa tente, après avoir confié un guerrier aux mains des médecins, et Patrocle énumérant à Achille (XVI, v. 28 et suiv.) les personnages hors de combat, indique qu'autour de ces rois des praticiens habiles s'empressent et soignent leurs blessures.

Si, en raison de la nature du poème, les mentions relatives aux chirurgiens dominent, il ne s'ensuit nullement que les médecins proprement dits n'existent pas et que du temps d'Homère ou d'Hésiode les Grecs vivent sans être assistés par des hommes du métier.

Nous n'avons point du reste à prendre ici partie dans les discussions sans nombre élevées au sujet de l'histoire de la médecine et d'Hipocrate en particulier. Qu'il suffise de dire que le terme d'*Asclépiades*, si usité, s'applique, en dehors des prêtres desservant les temples d'Asclépios, à de prétendus descendants du dieu de la médecine qui se transmettent de père en fils le trésor de leur expérience.

Ces médecins que l'on peut appeler laïques deviennent nombreux aux belles époques de la civilisation hellénique ; le texte du serment qu'ils doivent prêter, serment antique dont la rédaction définitive est attribuée à l'asclépiade Hippocrate, leur fait le plus grand honneur. En voici les principaux passages :

« Je jure par Apollon médecin, par Asclépios, Hygie, Panacée, de regarder comme mon père celui qui m'a enseigné cet art, de veiller à sa subsistance, de pourvoir libéralement à ses besoins, de considérer ses enfants comme mes propres frères, de leur apprendre cet art sans salaire... Jamais je n'administrerai un médicament mortel à qui que ce soit quelques sollicitations qu'on me fasse... Je ne prêterai pas les mains aux avortements. Je conserverai ma vie pure et sainte aussi bien que mon art... Dans toutes les maisons où j'entrerai, ce sera pour le soulagement des malades, me conservant pur de toute iniquité volontaire, m'abstenant de toute espèce de débauche... Les choses que je verrai, ou que j'entendrai dire dans l'exercice de mon art... et qui ne devront pas être divulguées, je les tairai, les regardant comme des secrets inviolables [26] ».

Quelques-uns de ces praticiens exercent leur profession de ville en ville [27] ; ils traitent les malades à domicile et ont des trousses portatives, car ils sont à la fois médecins et chirurgiens, appliquant le fer et le feu, prescrivant les purgatifs et la diète, recourant aux caustiques et aux amputations [28]. Il y a même des ventouseurs attitrés [29] ; l'opération de la pierre, à cause des risques qu'elle présente, demeure interdite aux médecins et reste confiée à de hardis empiriques [30].

Presque tous les praticiens possèdent une officine — ἰατρεῖον — ouverte sur la rue, munie des instruments nécessaires, ils y reçoivent leurs clients [31]. C'est là aussi que l'on prépare les médi-

26. Hippocrate, *Œuvr. choisies*, trad. par le Dr Daremberg, in-12, 1844, p. 1 à 3.

27. Hippocrate, *Œuvr.*, trad. par Littré, 10 vol. in-8, 1839-1861, t. IV, p. 641.

28. Platon, *Georgias* et *Protagoras* (*passim*) ; Elien, *Hist. mêlées*, liv. XI, ch. XI.

29. *Bull. corresp. hell.*, 1er avril 1877, p. 212.

30. Dr René Briau, *Le Serment d'Hippocrate et la lithotomie. Mém. Ac. des Inscrip. et Belles-Lettres*, 25 avril et 16 mai 1873.

31. « Quand on a besoin de recourir au médecin, si c'est d'une dent ou d'un doigt que l'on souffre, on va directement trouver ceux qui guérissent ces maux ; si c'est de la fièvre on les appelle chez soi ». Plut., *Œuvres mor.*, *Comment l'on reconnait que l'on fait des progrès dans la vertu*, XI (Didot, p. 97).

caments[32] et que commence l'instruction des élèves; ils y apprennent le détail des pansements, l'usage des instruments; ils se familiarisent avec les opérations[33].

L'exercice public de la médecine est défendu aux esclaves[34] et aux femmes, néanmoins les gens riches ont des esclaves-médecins qui soignent les autres serviteurs et même le maître de la maison. Certaines maladies cachées paraissent demeurer du domaine des accoucheuses[35], qui se font hélas! connaître trop souvent par leur habileté à pratiquer des manœuvres abortives[36].

Il se rencontre aussi, à toutes les époques, à côté de médecins véritables, de nombreux charlatans se vantant de guérir les maladies incurables, ce sont eux surtout qui propagent « les remèdes sympathiques, les recettes ridicules ayant cours jusque chez des gens éclairés et auxquels on attribue une vertu curative magique[37] ».

Dès la période historique, on voit les Grecs attacher des médecins à leurs armées[38]; Xénophon fournit les plus grands détails sur cette organisation. Si, après un combat, les blessés ne peuvent suivre les troupes on les dissémine dans les villages voisins en laissant des praticiens chargés de leur donner des soins[39].

32. Daremberg, *Étude sur la médecine entre Homère et Hippocrate*, *op. cit.*, p. 29.

33. Eschine, *Plaid. contre Trimarque*; Hippocrate, trad. Littré, *op. cit.*, t. IX, p. 222.

34. Fustel de Coulanges (*Cit. ant.*, liv. IV, ch. XII, p. 398) suppose cependant que les médecins devenus esclaves peuvent faire de la clientèle extérieure au profit de celui qui les a achetés.

35. Eurip., *Hipp.* (v. 296 et suiv.): « Si tu es atteinte, dit la nourrice de Phèdre, d'un mal caché, voici les femmes prêtes à te guérir, si au contraire ce mal peut être connu des hommes, parle, afin que les médecins soient avertis ».

36. Platon, *Théétète ou la science* (Didot, t. I, p. 114). SOCRATE: « De plus au moyen de certains breuvages et de certains enchantements elles savent hâter le moment de l'enfantement... Elles facilitent l'avortement si on le juge nécessaire lorsque le fœtus n'est pas encore à terme » (trad. de Schwalbé, Paris, Charpentier, 1847, p. 23).

37. Hertzberg, *La Grèce sous la domination romaine* (trad. par Bouché-Leclercq.), 3 vol. in-8, t. II, ch. III, note de la p. 43.

38 Une inscription découverte en 1876 est relative à un contrat conclu par les autorités de la ville d'Idalion (île de Chypre) avec un médecin, chef d'une famille de médecins, qui s'engage, lui et les siens, pour le service d'une armée. Ce contrat garantit à ces médecins des honoraires en argent et en terres comme rémunération de leurs services (*Gaz. heb. de méd. et chirurgie*, 1877, n° 25 du 22 juin).

39. Xénophon, *Anabase*, III, IV; V, V; *Cyropédie*, III, II; VI, II; VIII, II; *Helléniques*, VI, II. Voir toute une dissertation à ce sujet dans la *Gazette heb. de méd. et de chirurgie*, 2e série, t. XVI, 26 juin 1879, article du Dr Corlieu.

Comme nous l'avons vu précédemment, une assistance officielle est organisée en faveur des orphelins, des infirmes, des pauvres, les Républiques doivent donc assurer à ces infortunés, du moment qu'ils sont citoyens, des secours médicaux. Aussi, les villes élisent-elles des médecins publics salariés [40].

Ces fonctionnaires sont quelquefois payés au moyen d'un impôt spécial; on leur fournit une officine et ils s'entourent d'aides, libres ou esclaves [41], dont la fonction est de les seconder et « auxquels l'usage donne aussi le nom de médecins ». Ces aides, s'ils sont esclaves, traitent de préférence ceux qui appartiennent à leur condition [42].

Dans les cités importantes, les médecins sont assez nombreux pour former une association religieuse. Ils se montrent d'ailleurs respectueux du culte populaire, et, à Athènes, ils offrent deux fois par an un sacrifice à Asclépios et à Hygie, en leur nom et au nom des malades qu'ils soignent.

L'officine des médecins, publics ou autres, est disposée selon les conseils des livres hippocratiques [43]. Les malades y sont-ils admis à demeure? Ce n'est pas probable. On va y chercher des collyres (Xénoph., *Hellen.*, II, § 1er), des breuvages (Platon, *Les*

40. Consulter la brochure du Dr A. Dechambre (in-8, 18 p.), extraite de la *Gaz. heb. de méd. et de chirurg.*, nos 43-44-46 de l'année 1880, elle résume l'ensemble des connaissances actuelles sur ce sujet encore fort obscur. Le Dr Dechambre réfute dans ce travail un certain nombre d'opinions hasardées du Dr A. Vercoutre: *La médecine publique dans l'antiquité grecque*, ext. *Revue arch.*, février, avril, mai et juin 1880.

41. Wallon, *Hist. de l'escl.*, *op. cit.*, t. I, p. 186.

42. Platon, *Les Lois*, IV (Didot, t. II, p. 329): L'ATHÉNIEN: « Vous savez que les médecins proprement dits ont des gens à leur service, à qui l'usage donne aussi le nom de médecins. Vous savez aussi que ces derniers, qu'ils soient libres ou esclaves, n'apprennent leur art que par routine, en exécutant les ordres de leurs maîtres et en les voyant faire; au lieu que les vrais médecins ont appris leur science par une vocation naturelle et l'enseignent de même à leurs enfants. Les malades dans les villes sont libres ou esclaves; or, as-tu remarqué que les esclaves se font traiter ordinairement par leurs pareils, qui vont courant par la ville, ou qui reçoivent les malades dans la boutique de leurs maîtres (Trad. Grou, Paris, Charpentier, 1854, p. 115.)

43. *Traité de médecine* (attribué à Hippocrate), trad. par Pétrequin, in-8, 1849, § 11, p. 15): « La première chose est de bien choisir l'emplacement de cette officine et il sera convenable, s'il n'y souffle aucun vent incommode; si le soleil ou le grand jour ne s'y fait pas sentir d'une manière fatigante... Tous les instruments doivent être faciles à manœuvrer et bien appropriés à leur usage, et pour la grandeur et pour le poids et la finesse... »

lois, 1, p. 23); se faire ouvrir un abcès. Mais en dehors de certaines réductions de fractures exigeant une immobilité absolue du patient qui n'a pu être traité à domicile, on n'y séjourne point [44].

Ces officines sont des *dispensaires* et non des *hôpitaux*, dans le sens moderne du mot.

Les textes connus permettent de penser que les médecins publics peuvent, en dehors de leurs fonctions, soigner, moyennant rétribution, les citoyens aisés. Si ces praticiens ont de la célébrité, les cités se les disputent; sauf ce cas, leurs honoraires officiels restent modiques ; on leur accorde en outre, il est vrai, des honneurs, des préséances, des immunités, des privilèges [45]. Parfois les inscriptions transmettent à la postérité le témoignage du dévouement de quelques-uns d'entre eux.

Ce dévouement a des occasions fréquentes de s'exercer lors des épidémies de typhus amenées par les guerres intestines. En parlant de la maladie terrible qui envahit Athènes à la suite de l'invasion lacédémonienne, forçant les habitants des campagnes à venir s'entasser entre la Cité et le Pyrée, Thucydide nous montre la mortalité sévissant d'autant plus sur les médecins qu'ils approchent constamment des malades (II, XLVII à LV).

III

INFLUENCE DES PHILOSOPHES SUR LE SORT DES DÉSHÉRITÉS

Avant de terminer ce rapide exposé de l'histoire sociale de la Grèce antique au point de vue charitable; il est utile de rechercher quelle influence exercent, à ce point de vue, sur les hommes de leur temps, les grands génies qui abondent en cette terre pri-

44. Voici les conclusions du Dr Dechambre (*opuscule cité*, p. 11) : « Ce qui peut passer pour absolument démontré, c'est que les malades en état de se déplacer se rendaient d'ordinaire à l'*iatrion*... Il est très admissible également que, pour les besoins imprévus et pour laisser à certains opérés le temps de se remettre, à certains fébricitants le temps de se reposer, des lits étaient mis à la disposition du public... »

45. Lucien, *Le fils déshérité*, § 23.

vilégiée. Ces orateurs, ces poètes, ces philosophes essayent-ils de remonter le courant des préjugés de leur époque ? Hélas non ! Aristophane combat avec infiniment de courage les démagogues et les communistes. Euripide écrit (*Ion.* (Didot), v. 474 et suiv.) : « Il n'y a de honteux chez les esclaves que le nom ; dans tout le reste un esclave ne vaut pas moins que les hommes libres, quand son cœur est honnête ».

Les vers dorés, attribués à Pythagore, renferment cette belle pensée : « Si tu peux faire le bien, tu le dois. » Les sentences de Phocylide contiennent ces préceptes : « Ne rebute point le pauvre, donne à l'instant au malheureux ; sois le guide de l'aveugle ».

Ménandre dit : « Ne reproche jamais à celui que tu assistes le secours que tu lui donnes. Ce serait jeter de l'absinthe dans le miel attique[46] ».

Ce sont là des protestations isolées, sans écho.

Du reste, Ménandre lui-même, dans ses conseils aux riches, appelle surtout à son aide l'exemple de l'instabilité de la fortune et le besoin de se préparer des amis pour les jours de malheur, que personne n'est sûr d'éviter ; et Hésiode ramène tout à ce système de sagesse humaine : « Il nous faut aimer qui nous aime ; rechercher qui nous recherche ; donner à qui nous donne ; refuser à qui nous refuse » (*Les Trav. et les Jours*, v. 353-354).

Platon et Aristote vont-ils au moins réagir et prendre en main la cause sacrée des faibles et des petits ? Il suffit pour être convaincu du contraire de lire leurs œuvres si admirables par certains côtés.

Aristote proclame la nécessité et la légitimité de l'esclavage. L'esclave est une propriété vivante, un outil animé. Assurément, concède-t-il, il peut y avoir des femmes et des esclaves honnêtes ; cependant, pour lui, d'une manière générale, la femme appartient à une espèce inférieure à l'homme, et l'esclave se trouve exclu du privilège de la vertu et de la cité.

Platon et le Philosophe de Stagire n'ont aucun blâme au sujet des

46. *Ménandre, Étud. hist. et littéraire*, par Guizot, in-8, 1855, ch. VI, p. 261-273.

avortements si fréquents à leur époque. L'auteur de la *République* et des *Lois* admet le meurtre des enfants; il ne veut pas que l'on soigne ceux dont le corps est mal constitué; il faut les laisser mourir.

« Aristote, remarque M. Denis (*Des idées mor., dans l'ant.*, I, p. 210), parle beaucoup de libéralité et ne dit pas un mot de la bienfaisance. C'est que la bienfaisance est presque inconnue dans les Républiques anciennes, tandis que la libéralité est indispensable à quiconque veut être quelque chose et gouverner ».

Chez ces hommes de génie, comme chez leurs comtemporains, une idée domine et étouffe tout : *l'omnipotence de l'Etat*. En dehors de l'Etat, l'humanité n'existe plus. — C'est dans l'intérêt de l'État, dont ils sont membres, que l'on secourt les citoyens pauvres ; leur misère seule ne constitue sans cela aucun motif de les assister.

Le dernier mot de la civilisation brillante de la Grèce appartient à la morale utilitaire.

CHAPITRE VI

LE MONDE ROMAIN AVANT CONSTANTIN

PREMIÈRE PARTIE

LE « PATER FAMILIAS »

Tout ce que nous venons de dire concernant le culte des ancêtres, la tutelle des femmes, la situation des enfants, le triste sort des esclaves s'applique, avec des nuances diverses, au monde romain, et notre tâche se trouve ainsi singulièrement simplifiée. Nous pouvons noter encore, à titre de similitude, le caractère exclusif du droit de chaque cité réservé à ceux qui y possèdent la qualité de citoyen.

Il est cependant nécessaire d'entrer dans quelques détails afin de préciser la condition faite aux faibles par la législation des Quirites, *jus Quiritium*.

§ 1er. — *L'Uxor romana.*

A l'origine, la vie domestique des habitants des rives du Tibre est simple et austère; point de luxe, point d'oisiveté ; le maître laboure avec ses serviteurs, la maîtresse s'occupe au milieu de ses femmes [1]. « Après avoir imploré Pallas, chante Ovide, que les jeunes filles apprennent l'art d'amolir la laine, de garnir les quenouilles et de les filer [2] ».

1. V. Duruy, *Hist. des Romains*, 7 vol. in-8, Paris 1870-1885, t. Ier, p. 133.
2. Ovide, *Fast.*, III, v. 817-818; Virg., *Æneid.*, VIII, v. 407-413.

L'autorité du chef de famille, du *Pater familias* [3] est considérable : les biens, les esclaves, les enfants, la femme le plus souvent [4], les hommes libres que la loi lui permet de saisir (*manu capere*) sont sous sa main. Quant à lui il est indépendant.

Toutefois les idées relatives au mariage se rattachent à des principes élevés [5] ; l'*uxor* doit conduire la maison et partager avec son époux le gouvernement domestique : « Le mariage, dit Modestinus, est l'union d'un homme et d'une femme établissant entre eux une société de tous les actes de la vie et une communauté dans les droits divins et humains qui leur appartiennent [6] ».

La religion n'exclut pas les femmes romaines de toutes les fonctions sacrées [7], et les inégalités dont elles se plaignent viennent plutôt de la loi civile [8].

La femme romaine, écrit Paul Gide [9], est aussi sédentaire par vertu que la femme grecque par contrainte. Sa place habituelle n'est nullement aux étages supérieurs, retraite cachée et inaccessible, mais près du foyer domestique dans l'*atrium*, c'est-à-dire au centre de l'habitation.

Le mari exerce sur elle, il est vrai, un pouvoir absolu; ce pouvoir est néanmoins limité fort anciennement par l'organisation du tribunal familial, composé des proches selon l'ordre naturel, (*cognati*), même d'amis, destiné à assister l'époux devenu juge des siens. Ce tribunal ne jouit que d'une autorité morale, ses

3. « Pater autem familias appellatur, qui in domo dominium habet : recte que hoc nomine appellatur, quamvis filium non habeat... » *Digest.*, L, LXVI, *de verb. signif.*, 195, § 2.

4. Il y avait des artifices de droit permettant à la femme de ne pas se trouver *in manu*.

5. Inutile d'entrer ici dans les distinctions entre les diverses sortes de mariage : *confarreatio, cœmptio, usus*.

6. *Digest.*, XXIII, II ; *De ritu nupt.*, I. § 1.

7. Boissier, *La religion rom. d'Auguste aux Antonins*, 2 vol. in-12, t. II, p. 203 et suiv.

8. On sait que la femme romaine était en tutelle perpétuelle et placée, selon les circonstances, dans la dépendance du père, du mari, ou des *agnats*. Cette dernière tutelle inspirait à Cicéron la réflexion suivante : « Nos ancêtres avaient voulu que les femmes à cause de la faiblesse de leur jugement fussent toutes en puissance de tuteurs : les jurisconsultes ont inventé une espèce de tuteurs sous la dépendance des femmes » Hi invenerunt genera tutorum quœ potestate mulierum continerentur (*Pro L. Murena*, XII.)

9. Corn. Nepos., *Præfatio* ; Paul Gide, *Étud. sur la cond. privée de la femme*, (2e édit.,) livre Ier, ch. IV, p. 98-99.

décisions n'obligent pas d'une manière impérative le *Pater familias*; mais si celui-ci refuse de s'y soumettre, il relève alors de l'opinion publique et des censeurs armés du pouvoir de réprimer les brutalités et cruautés non justifiées [10].

En ce qui concerne le divorce, il peut être effectué d'un commun accord; rare durant la première période de la République, la licence des mœurs le multiplie dans la suite. Les prétextes les plus futiles deviennent bons, [11] et, suivant Sénèque (*de beneficiis*, III, XVI), il se trouve, à Rome, des matrones nobles et illustres qui comptent leurs années non par le nombre des Consuls, mais par celui de leurs maris; qui divorcent pour se marier; se marient pour divorcer (et exeunt matrimonii causa, nubunt repudii). Le terme *de divorce* ne tire-t-il pas son étymologie, écrit Gaius (*Digest.*, XXIV, II, *de divort. et repud.*, 2), ou de la diversité des esprits ou de ce que les parties qui se séparent prennent chacune une route différente. (Vel quia in diversas partes eunt qui distrahunt matrimonium).

Les lois d'Auguste (Julia et Papia Poppœa) destinées à remplacer les anciennes institutions des tribunaux domestiques et de la censure, en frappant le désordre de pénalités spéciales, demeurent impuissantes à restaurer la moralité publique.

A toutes les époques, à côté des *justae nuptiae*, on rencontre toujours d'ailleurs le *concubinatus*, simple union, temporaire ou durable, ne pouvant produire aucun effet légal [12].

10. Bon nombre de femmes condamnées à la suite de la répression des Bacchanales furent exécutées au sein de leur famille (Mulieres damnatas cognatis aut in quorum manu essent tradebant, ut ipsi in privato animadverterent in eas.) (Tit.-Liv., *Hist.*, XXXIX, 18). Cet ancien usage des tribunaux familiaux fut, au dire de Suétone (*Tib.*, XXXV), remis en vigueur sous le règne de Tibère. « Peut-être, dit M. Digard, dans sa remarquable thèse, pour obtenir des condamnations à huis clos sans avoir même la peine de justifier une accusation » (*La Patria Potestas*, in-8, 1882, p. 29); *Dict. ant. grecq. et rom.*, t. Ier, p. 990, au mot *Censor*, art. de G. Humbert.

11. Juv., *Sat.*, VI, v. 142 et sqq.

12. *De la condition de l'enfant naturel et de la concubine dans la législation romaine*, par Paul Gide, in-8, Paris, 1880.

§ 2. — *Puelli et Puellæ.*

A Rome, comme à Athènes, le nouveau-né est déposé aux pieds du chef de la famille ; si le Pater familias relève cet enfant, on lui laisse la vie, sans cela il est tué ou exposé [13].

La loi des XII tables ne permet même pas de conserver les nouveau-nés monstrueux : « insignis ad deformitatem puer [14] ». De pareilles naissances semblant annoncer des malheurs publics, les petits êtres ainsi conformés sont brûlés [15] ; placés dans un coffre et jetés en pleine mer, ou simplements noyés [16]. Tout cela s'exécute froidement : « portentos fetus extinguimus, liberi quoque si debiles, monstruosi que editi sunt, mergimus », écrit Sénèque [17].

Cette répudiation de l'enfant a lieu sans que le chef donne le motif de sa résolution ; il suspecte l'origine du nouveau-né, il ne veut pas conserver le fruit d'une faute [18]. Il suffit que l'enfant soit d'une faible constitution, que les frais de son éducation paraissent trop lourds.

Pour les raisons que nous avons constatées en Grèce les filles sont sacrifiées de préférence. Écoutons à ce sujet Ovide : ses fictions poétiques nous fournissent un tableau saisissant de ce qui se passe en pareille circonstance. Leydus, homme sans nom, d'une condition obscure, mais libre, n'a pas une fortune plus brillante que son origine. Ses mœurs et sa probité sont irréprochables. Sa femme va devenir mère et touche au jour de l'enfantement ; il lui tient alors ce discours : « Je forme un double

13. Des lois attribuées à Romulus par Denys d'Halicarnasse (II, xv ; IX, xxii), et dont l'authenticité est plus que douteuse, n'auraient autorisé le meurtre d'aucun enfant au-dessous de trois ans, à moins qu'il ne fût monstrueux ou difforme.

14. Cic., *de Leg.*, III, 8.

15. Lucan., *Phars.*, I, v. 589 et suiv.

16. Tit. Liv., *Hist.* XXVII, xxxvii ; XXXI, xii ; Julius obseq., *lib. prod.*, *passim.*

17. *De Irâ*, I, xvi.

18. Une mère veut cacher l'accouchement de sa fille (Terent., *Hecyra* act. III, v. 400). Claude fait exposer Claudia comme étant le résultat d'un commerce criminel de sa femme avec un affranchi (Suet., *Tib. Claudius*, XXVII ; Ovid., epist. XI ; *Canace macareo*, v. 83). A la suite de malheurs publics, on voit des parents, rejeter leurs enfants ; ce fait se produit à la mort de Germanicus (Suet., *Caius Calig.*, V.)

vœu, d'abord que ta délivrance arrive sans trop de douleurs ; ensuite que tu me donnes un fils. La charge d'une fille est trop pesante et la fortune m'a refusé les moyens de la supporter. Si le sort (puissè-je détourner ce malheur) te rend mère d'une fille je t'ordonne à regret... ô pitié ! pardonne ! elle périra ».

« ...Quod abominor, ergo
Edita forte tuo fuerit si femina partu,
Invitus mando ; pietas, ignosce ; necetur ».
(Ovid., *Métam.*, IX, v. 674-679).

Le père de famille qui pense être absent au moment de la naissance peut prendre ses dispositions avant de partir et ordonner que l'enfant à naître soit conservé ou exposé : « namque peperisset jussit tolli », dit un personnage de Térence (*Andria*, act. III, sc. I, v. 464) [19].

Ces abandons augmentent avec le progrès de l'immoralité. « Autrefois, écrit Sénèque (*Consol. ad Marciam*, XIX), c'était la ruine d'un vieillard que de rester seul ; maintenant c'est un si beau titre à la puissance que l'on en voit feindre la haine contre leurs fils, désavouer leurs enfants ét vider leurs maisons par le crime. » « Ut quidam odia filiorum simulent, et liberos ejurent, et orbitatem manu faciant ».

Sous l'Empire, des lois interviennent plus ou moins efficacement [20] ; le droit de supprimer les nouveau-nés semble restreint à l'époque des Antonins [21]. D'ailleurs bon nombre de femmes n'attendent pas la décision souveraine du *Pater familias* et se font avorter. Il s'agit pour elles de ne pas flétrir leurs charmes, de cacher les suites d'une faiblesse : « Nunc uterum vitiat qui vult formosa videri [22]. » Combien en cela, s'écrie douloureusement Pline l'ancien, *Nat. hist.*, X, LXXXIII, (LXIII), sommes-nous plus coupables que les bêtes... « quantum in hâc parte multo nocentiores quam feræ sumus ».

19. Exemple d'un ordre opposé (Terent., *Heautonti.*, act. IV, sc. I, v. 626-627).
20. Tertulien affirme qu'il n'y a pas de loi éludée plus impunément.
21. C. Boissier, *La rel. rom.*, *op. cit.*, t. II, p. 181.
22. Ovid., *De nuce*, v. 23; *Amor.*, II, *Eleg.*, XIV, v. 1 à 8 ; . Aul. Gell., *Noct. att.*, XII, I ; Senec., *Cons. ad. Helviam*, XVI.

Les sages-femmes et les nourrices se rendent les complices de ces abominations : « Quels herbages, avoue la fille d'Eole, quels médicaments ma nourrice ne m'apporta-t-elle pas ! Combien m'en fit prendre sa main audacieuse pour détacher entièrement de mes entrailles le fardeau qui y croissait ».

Parfois l'enfant résiste à ces efforts criminels :

« Ah ! nimium vivax admotis restitit infans,
« Artibus, et tecto tutus ab hoste fuit » ;

il est alors voué aux chiens, aux oiseaux de proie « Jamque dari parvum canibus, avibus que nepotem jusserat [23]. » L'exposition n'est-elle pas, à moins de circonstances exceptionnelles, presque un arrêt de mort ? « Necare videtur non tantum is qui partum perfocat ; sed et is qui abjicit ; et qui alimonia denegat ; et is qui publicis locis, misericordiæ causa exponit, quam ipse non habet. » Il semble donner la mort à l'enfant... celui qui l'abandonne dans les lieux publics à la compassion des passants, sentiment qu'il ne ressent pas lui-même [24].

A Rome la place située au-devant du temple de la Pitié, où s'élève la colonne *Lactaria*, et le lac Vélabre ont une fâcheuse renommée comme lieux d'exposition [25].

23. Ovid., *ep.* XI, *passim* (v. 39 à 83). Nous avons déjà constaté ces expressions dans les briques cunéiformes ; les mêmes faits amenant toujours des résultats identiques.

24. *Digest.*, XXV, III, *de agnosc., et alend.*, 4 (Paul, lib. II, *Sent.*). — Quelques auteurs soupçonnent ce passage si énergique d'avoir été interpolé. Les pratiques abortives sont prohibées tardivement sous Sévère et Antonin ; *Digest.*, XLVII, XI, *de extrad. crim.*, 4 ; XLVIII, XIX, *de pœnis*, 39 ; Paul, *Sent.*, V. XXIII, 14.

25. Festus, lib. X, au mot *Lactaria* ; Juv., *Sat.*, VI, v. 603-604 ; *Dict. ant. grecq. et rom.*, t. 2, p. 479, art. *Educatio* de E. Pottier. — Un professeur de l'Université de Bruxelles M. G. Cornil, après avoir reproduit le texte de Festus : « Lactaria columma in foro olitorio dicta, quod ibi infantes lacte alendos deferebant », ajoute : « Il est vrai que ce texte ne fait pas, *in terminis*, allusion à l'exposition d'enfants et peut-être les enfants à allaiter n'étaient-ils apportés à la *columna lactaria* que pour y prendre un repas ou y passer quelques heures. » En note cet auteur écrit : « Il est possible qu'on ne doive voir dans la *columna lactaria* qu'une institution d'assistance présentant quelque analogie avec nos crèches modernes » (*Contribution à l'étude de la Patria Potestas*, ext. de la *Nouv. Rev. hist. de droit français et étrang.*, juillet-août 1897, in-8, 78 p., Paris, 1897). Il était curieux de citer ces étranges explications qui ne reposent, est-il besoin de le dire, sur aucun texte.

Quelquefois des mères forcées, malgré elles, de se séparer de ces pauvres petits êtres placent à côté d'eux des signes de reconnaissance : un anneau ; des jouets — *crepundia, monumenta* — renfermés souvent dans un coffre [26].

L'enfant exposé ne devient point de droit esclave de celui qui le recueille ; il conserve son statut personnel avant l'abandon ; tant que ce statut n'est pas établi, il demeure *in servitute*, et ses rapports avec celui qui l'élève sont ceux d'*alumnus* à *nutritor* [27]. Trajan décide même que les *alumni* qui peuvent prouver leur origine libre, ne sont nullement forcés de rembourser les frais qu'ils occasionnent [28].

Quoi qu'il en soit, le sort de ces infortunés est digne de pitié ; ils tombent fréquemment entre les mains d'exploiteurs indignes ; et les dissertations des rhéteurs consacrées aux mendiants estropiés, tout en faisant la part de l'exagération possible, s'appliquent à des faits trop réels.

L'enfant (filius vel filia familias) une fois admis par le *pater*, quelle est sa situation vis-à-vis de celui qui l'a laissé vivre ?

Au début, le pouvoir sans limite [29] de ce *pater* s'étend à tous les enfants et petits-enfants quels que soient leur âge et les dignités dont ils sont revêtus [30], et sauf des cas spéciaux (émancipation, *capitis diminutio*, etc.) ne se termine qu'à la mort de celui qui l'exerce.

Le *Pater familias* peut vendre ses fils, même à l'étranger, *trans Tiberim*, louer leur travail, les condamner sans appel

26. Plaut., *Rudens*, act. II, sc. III, v. 385 et sqq.

27. Wallon, *Hist. de l'escl.*, *op. cit.*, t. II, p. 19.

28. Plinii cœcilii secundi epist. LXXI et LXXII : « Ideo, *écrit Trajan*, nec assertionem denegandam iis, qui ex ejus modi caussa in libertatem vindicabantur, puto, neque ipsam libertatem redimendam pretio alimentorum ».

29. « La *Patria potestas* est un rapport naturel, elle se fonde sur une dépendance physique et morale comme aussi sur le fait extérieur de la communauté d'existence du père et des enfants ; tout ce qu'elle offre de particulier à Rome, c'est d'y avoir été poussée jusqu'à ses extrêmes conséquences ; jusqu'à attribuer au père un pouvoir absolu de disposition sur ses enfants et l'autoriser à les exposer, à les vendre, même à les faire périr » (*Manuel des antiq. rom.*, t. XIV ; *La vie privée des Romains*, par Marquart, trad. par Henry, t. Ier, ch. I, p. 3).

30. Il est fait exception pour les Flamines de Jupiter et les Vestales.

(patrio jure [31]). Toutefois il est moralement tenu de consulter le conseil de famille indiqué dans le paragraphe précédent [32].

La loi des XII tables, établit que le fils vendu trois fois par son père devient libre (Gaius, *Inst.*, I, 132), mesure qui peut se retourner contre lui, car elle permet, au moyen de ventes fictives, de l'exhéréder.

Devant cette puissance souveraine Gaius ne peut s'empêcher de crier bien haut : « In potestate nostra sunt liberi nostri, quos justis nuptiis procreavimus. Quod jus proprium civium Romanorum est ; fere enim nulli alii sunt homines qui talem in filios suos habent potestatem, qualem nos habemus. » (*Inst.*, I, 55).

Il est certain que ce pouvoir n'entraîne pas que des abus ; il serait injuste de croire que tous les pères sont fatalement des tyrans domestiques. La coutume existe à côté du droit ; on ne peut oublier l'influence légitime de l'opinion publique, les attributions des censeurs. L'histoire nous montre des pères dévoués, aimant leurs descendants [33], exerçant avec douceur « leur magistrature familiale », pour employer l'expression de Sénèque [34].

Ceci est incontestable ; il ne convient pas cependant de réduire à des formules sans sanction une autorité discrétionnaire aussi étendue et qu'établissent les textes.

Sous le régime impérial, les Césars interviennent pour réprimer tout acte de cruauté. Le jurisconsulte Marcien pose ce principe fort juste : « Patria potestas in pietate debet, non atrocitate, consistere [35]. » Il est ordonné aux pères qui ont à se plaindre de

31. C'est l'expression que Tite-Live met dans la bouche du père d'Horace (*Hist.*, I, XXVI).

32. « Adhibiti propinquorum et amicorum consilio (Val., Max., V, VIII, 1 et 2). Sénèque (*de Clement.*, I, 15) raconte que T. Arius jugeant son fils, invita César Auguste à l'un de ces conseils. « César se rendit dans des pénates privées, prit place et s'assit au Conseil d'une famille étrangère ; il ne dit pas « qu'ils viennent dans mon palais ». *S'il l'eût fait, le juge eût été César et non le père* ».

33. On peut constater toutefois dans cette antiquité païenne une certaine indifférence à l'égard des enfants, tant qu'ils sont en bas âge. « Qu'un petit enfant meure, dit Cicéron, on s'en console. Qu'il meure au berceau on ne s'en occupe seulement pas » (*Tusc.*, I, XXXIX).

34. « Et quia utile est juventuti regi, imposuimus illi quasi domesticos magistratus, sub quorum custodia contineretur. » (*de benef.*, III, XI).

35. *Digest.*, XLVIII, IX ; *de Lege Pomp. de Parricid.*, 5 ; Cod. VIII, LXVII, *de pat. potest.* Une discussion célèbre s'est élevée au XVIIIe siècle entre les deux jurisconsultes Gérard Noodt et Bynkershoek sur l'interprétation et la portée de ces décisions impériales.

leurs enfants de les conduire devant le prêteur ou le président de la Province. Ce n'est pas ici, à vrai dire, une question d'humanité pure, c'est tout le système ancien de la constitution de la famille fermée, formant un tout sous la main de son chef, qui s'écroule pour faire place à la puissance croissante du Prince et de ses représentants.

Le titre de citoyen romain n'est plus du reste un privilège; Caracalla l'a accordé aux hommes libres ses sujets, sans distinction.

§ 3. — *Servi.*

Le terme d'esclaves (servorum appellatio), dit Pomponius, vient de ce que les généraux ont coutume de conserver (servare) les prisonniers qu'ils vendent ensuite, au lieu de les faire périr [36]. Ces captifs sont adjugés une couronne sur la tête (sub coronâ venierunt coloni), écrit Tite-Live, racontant la prise d'une cité latine [37].

A défaut de la guerre, la piraterie fournit les marchés d'esclaves [38]. Plus tard, entouré de peuples barbares, le monde romain trouve une foule de petits chefs qui vendent leurs prisonniers et même leurs sujets [39].

Ces esclaves sont placés sur des estrades — *catasta* [40] — afin d'être mieux vus des acheteurs; s'ils viennent des pays étrangers, ils ont les pieds blanchis à la craie [41].

« ... Quem sœpe cœgit,
« Barbara gypsatos ferre catasta pedes ».

Un bonnet couvre la tête des sujets que le vendeur ne garantit pas (pileati) [42].

Il faut ajouter les enfants mis au monde par les femmes esclaves. Quant aux personnes ingénues perdant leur liberté en

36. *Digest.*, L., XVI, *de verbo signif.*, 239-1.
37. *Hist.*, II, XVII.
38. Terent., *Eunuchus*, act. I, sc. I, v. 109-115.
39. Duruy, *Hist. rom.*, *op. cit.*, t. II, p. 89.
40. Suet., *de Illust. grammat.*, XIII.
41. Tib., II; *Eleg.*, III, v. 62; C. Plin. secund., *Nat. hist.*, XXXV, LVIII.
42. Aul. Gell., *Noct. att.*, VII, IV.

raison d'un fait de droit [43] elles ne peuvent être vendues à Rome, mais bien au delà du Tibre. De plus, d'après la législation impériale, les condamnés à mort (in ferrum, ad bestias) ou aux travaux forcés subis notamment dans les mines (ad metallum) deviennent esclaves de la peine (servi pœnæ) [44].

Tout individu réduit en esclavage par une cause légitime quelconque est *une chose* (mancipium) par rapport à son maître. Il ne se distingue pas des bêtes de somme ou de trait [45]. Celui qui tue un esclave ou un animal domestique est placé sur la même ligne au point de vue des dommages-intérêts dus au propriétaire [46].

Suivant le droit civil, les esclaves sont tenus pour inexistants: *servi pro nullis habentur*; Ulpien ajoute platoniquement qu'il n'en est pas de même par rapport au droit naturel, qui considère tous les hommes comme égaux [47].

Ce même Ulpien a donc raison de comparer l'esclavage à une espèce de mort : « servitutem mortalitati fere comparamus ». (*Digest.*, L, XVII, *de div. reg.*, *juris antiqui*, 209).

Sur mer, en cas de danger, on se débarrasse des esclaves, comme des autres marchandises, afin d'alléger le navire [48].

Le *dominium* du maître signifie non seulement pouvoir, puissance, mais pleine et entière propriété. Pas de résistance possible, le maître prononce souverainement: « hoc volo, sic jubeo, sit pro ratione voluntas (Juv., *Sat.*, V. v. 222), et tout le monde s'accorde à constater qu'en présence de cette oppression invincible il n'y a pas d'affront quand c'est à ce maître que l'on obéit: « nec turpe est quod Dominus jubet [49] ».

43. Ainsi les magistrats pouvaient vendre les déserteurs; les parents leurs enfants; le créancier son débiteur insolvable; le volé son voleur.

44. Paul-Frédéric Girard, *Manuel du droit romain*, in-8, Paris, 1900, liv. II, ch. Ier, § 2, p. 97-99.

45. « Pour la culture, il y a les instruments que d'autres veulent diviser en trois genres: le genre parlant, qui comprend les esclaves; le genre à voix inarticulée, qui comprend les bœufs; le genre muet, qui comprend les véhicules » (vocale, in quo sunt servi, semivocale in quo sunt boves...) Varro., *de re rust.*, I, XVII.

46. *Digest.*, IX, II, *ad legem aquil.*, 2: « qui servum, servamve, alienum alienamve, quadrupedem vel pecudem, injurie occiderit... »

47. *Digest.*, L, XVII; *de div. reg. juris antiqui*, 32.

48. *Digest.*, XIV, II; *De lege Rhodia de Jactu*, 2, § 5.

49. Pétron., *Satyr.*, LXXV.

Que peut-on prêcher à ces infortunés? La résignation.

« Puisque telle est la volonté des dieux dit, dans une comédie de Plaute, l'esclave-commandeur à de nouveaux captifs, il faut vous soumettre de bonne grâce à votre malheur, c'est le moyen de l'adoucir. Je vous crois de libre condition, mais puisque vous voilà prisonniers, il faut vous conformer à votre état ; vous rendrez votre servitude plus légère en vous montrant plus soumis aux volontés du maître ; il n'a jamais tort et jusqu'au mal qu'il fait nous devons le trouver bien » : « Indigna digna habenda sunt, herus quæ fecit » (*Capt.*, act. II, sc. I).

Cette institution du droit des gens « jus gentium », ont soin d'ajouter les jurisconsultes pour en pallier l'infamie, est si ancienne, partie si intégrante de l'ensemble de la vie, que personne ne songe sérieusement à l'abolir. « Sénèque, remarque Denis, se contente de demander que l'on traite les esclaves avec humanité, comme on voudrait être traité soi-même ; il proclame l'égalité morale, mais l'égalité civile il craindrait d'y penser [50]. » Juvénal, de son côté, se borne à montrer les contradictions flagrantes de ces hommes qui enseignent que l'âme et le corps d'un esclave sont pétris du même limon, formés des mêmes éléments que ceux des hommes libres, et qui s'extasient à entendre le bruit des lanières et pour lesquels nul chant n'est préférable au sifflement des fouets (*Sat.*, XIV, v. 15 à 24).

Quelle situation est donc faite dans le monde romain aux individus privés de liberté ?

Au début, lorsque les esclaves, provenant des luttes avec les peuples voisins, sont peu nombreux, quand surtout chaque citoyen se sait exposé, par suite des vicissitudes de la guerre, à se trouver le lendemain prisonnier de quelque ville ennemie, la tendance générale est de traiter les captifs avec une certaine bienveillance. On peut citer à ce sujet le passage de Tite-Live (*Hist.*, II, XXII), où il nous montre mille prisonniers latins rendus par le Sénat, accompagnant les députés chargés de proposer une alliance et

50. *Hist. des Théor. mor.*, *op. cit.*, t. II, p. 85. Voir aussi Cicéron (*de offic.*, I, XIII) : « Il n'est pas de condition inférieure à celle des esclaves et j'approuve beaucoup ceux qui nous recommandent de les traiter comme on traite des mercenaires, de leur demander leur travail mais de leur fournir le nécessaire. »

remerciant leurs anciens maîtres des bons traitements et des soins qu'ils en avaient reçus [51].

A cette époque aussi, nombre d'esclaves puisent avec le jour un certain attachement pour le maître sous le toit duquel ils sont nés [52].

Cette première période ne dure guère, les conquêtes de la République réduisent en servitude une foule de plus en plus nombreuse. « Nous avons dans nos foyers, s'écrie, sous Néron, le sénateur Caius Cassius [53], toutes les nations ensemble, de mœurs si opposées, de religions si bizarres, souvent même n'en ayant point ; ce vil ramassis de barbares ne peut se contenir que par la crainte : « Colluviem istam non nisi metu cœrcueris ».

L'emploi de la force, la terreur voici les remèdes auxquels les Romains reccurent pendant de longs siècles ; les esclaves y répondent par des insurrections formidables mettant parfois l'État en péril.

En lisant Caton, Varron, Columelle, nous sommes loin du tableau riant tracé par Tite-Live ; les esclaves des champs sont mal nourris ; pour eux les olives tombées ; un affreux breuvage composé de vin, de vinaigre, d'eau de mer. Ils sont nombreux ceux qui travaillent les fers aux pieds (compediti, allegati, annulati pedes [54]). Leur demeure est généralement un cachot souterrain (ergastulum) ; Columelle décrit un *ergastulum* modèle ; cet idéal laisse encore beaucoup à désirer : « Les chambres des esclaves libres, dit-il (*de re rust.*, I, VI), auront l'exposition du midi équinoxial. Quant aux esclaves enchaînés, on leur fera sous terre une prison aussi saine que possible et éclairée par des fenêtres nombreuses, étroites et assez exhaussées pour qu'ils ne puissent

51. « Le travail et la vie en commun rendaient leurs rapports plus bienveillants et plus familiers » (Plut., *Coriol.*, XXIV, p. 269).

52. Caton traitait avec dureté ses serviteurs, toutefois sa femme, considérant avant tout le côté pratique, « tandis qu'elle nourrissait son petit garçon de son lait, donnait souvent le sein aux enfants de ses esclaves, afin que cette nourriture commune leur inspirât de l'amour pour son fils » (Plut., *Cat.*, XX, p. 415). Dans les exploitations importantes, il y a des nourrices chargées d'élever les nouveau-nés esclaves dont les mères sont mortes ou hors d'état de les nourrir (Plaut., *Miles glorios.*, act. III, sc. Ire, v. 696).

53. Tacit., *Ann.*, XIV, XLIV.

54. Ovid., *Trist.*, IV ; *Eleg.*, I, v. 5 ; *Dict. ant. grecq. et rom.*, t. Ier, p. 142 art. *Compes.* de E. Saglio.

y atteindre avec les mains ». La nuit et durant les heures de repos, ils sont entassés dans ces souterrains ; pour la moindre faute, ces infortunés y demeurent enchaînés un temps plus ou moins long [55].

Columelle souhaite que le maître exerce une surveillance spéciale sur les *ergastula* de ses propriétés, prévienne et réprime les mauvais traitements des geôliers, et, pour faire impression sur son lecteur dont il connaît bien la tournure d'esprit, il s'empresse d'ajouter cette considération : « Ces malheureux sont plus redoutables dans le cas où la cruauté et la cupidité de leur gardiens les réduisent au désespoir » (*de re rust.*, I, VIII).

Caton recommande au propriétaire rural de mettre en vente : « les bœufs âgés, les veaux et les agneaux sevrés, la laine, les peaux, les attirails hors de service, les ferrailles, *les esclaves vieux ou maladifs* [56] « Vendat... servum senem, servum morbosum » (*de re rust.*, II).

Varron et Columelle, plus humains, tout en restant pratiques, sont d'avis qu'il faut panser les serviteurs blessés, les soigner, avec le moins de frais possible, afin de ne point éprouver de perte s'ils venaient à mourir. Que la femme du métayer, conclut Columelle, veille à ce qu'ils reçoivent les médicaments nécessaires, « parce que ces sortes d'attentions ne contribuent pas moins à gagner leur cœur qu'à assurer leur obéissance. Outre que dès qu'ils se trouvent rétablis ils s'appliquent à leur service plus fidèlement que dans le passé lorsqu'ils ont été bien traités durant leur maladie [57] ».

L'esclave a coûté cher à acheter [58], il faut qu'il rapporte et rende tout ce qu'il peut produire : « Par l'aménagement de la villa, grâce à une distribution habilement calculée des travaux et de la

55. *Dict. ant. grecq. et rom.*, t. II, p. 810, art. *Ergastulum* de H. Thédenat.

56. Plutarque blâme cette dureté excessive (*Cat.*, IV et V).

57. Colum., XI, I. Cet auteur veut aussi que les infirmeries (valetudinaria), même aux époques où elles sont vides, soient ouvertes de temps en temps, balayées souvent, « afin que les malades les trouvent bien arrangées, en bon état et saines » (XII, III).

58. Pour le prix si variable des esclaves, consulter : Dureau de la Malle, *Économie politique des Romains*, 2 vol. in-8, 1840, t. Ier, liv. Ier, ch. XV ; Wallon, *Hist. de l'escl.*, *op. cit.*, t. II, liv. II, ch. IV.

surveillance on cherche à atteindre ce but suprême [59] ». L'esprit reste confondu à l'énumération des labeurs qu'un Caton exige de ses gens *les jours de fête*; il les emploie : « à curer les anciens fossés, paver la voie publique, couper les buissons, bêcher les jardins, nettoyer les prairies, aviver les haies, extirper les épines, broyer les grains, enfin à nettoyer partout » (*de re rust.*, II) [60].

Columelle énumère également nombre de travaux « que les rites permettent », mais il ajoute, toujours au point de vue utilitaire : « Il vaut mieux laisser reposer, un ou deux jours, en le gardant à vue, un esclave fatigué par l'ouvrage, que de l'exposer à une maladie réelle, en l'accablant par un travail excessif » (*de re rust.*, XII, III).

A la ville, le sort des esclaves est différent; plus rapprochés du maître, bien des faveurs les attendent [61], et puis c'est là que se trouve la foule des serviteurs de choix : médecins, grammairiens, précepteurs, nomenclateurs, etc. Ils considèrent, en général, comme une disgrâce d'être envoyés aux champs, loin du bruit, des plaisirs, des spectacles de la grande cité romaine [62].

Tous, esclaves ruraux ou esclaves des villes, sont égaux devant l'arbitraire du *dominus*; nul ne peut se croire à l'abri : « des coups de bâton, des pointes aiguës [63], des lames brûlantes [64], des croix,

59. Wallon, *Hist. de l'escl.*, *op. cit.*, II, p. 211.

60. « Il est permis d'atteler les bœufs pendant les jours fériés, pourvu que ce soit pour le transport du bois, des pailles et du blé qu'on ne donne point. Les mulets, les chevaux, les ânes ne chôment jamais que les fêtes de famille » (Cato, *de re rust.*. CXXXVIII).

61. Il faut faire exception pour les portiers enchaînés anciennement sous le vestibule de la maison qu'ils étaient chargés de garder (Colum., *de re rust.*, I. Præfatio : Suet., *De clar. Rhetoribus*, III). D'ailleurs, comme le remarque Labéon : « l'esclave de ville et l'esclave de campagne sont distingués par le différent usage que le maître en fait plutôt que par le lieu de leur résidence » (*Digest.*, XXXIII, x, *de supp.*, *legata*, 12).

62. « Je conseillerai, dit Columelle, de ne point prendre un métayer parmi les eslaves qui se seront rendus agréables par la beauté de leur corps, ou par l'exercice de ces arts frivoles qui tiennent du luxe des villes. Ces esclaves sont lâches, paresseux, accoutumés à passer leur temps aux promenades, au cirque et aux théâtres, à hanter les tavernes et les mauvais lieux » (*de re rust.*, I, VIII).

63. Il s'agit ici des esclaves coiffeurs. Ovide parle (*Amor.*, I; *Eleg.*, XIV, v. 15-20) de ces mégères qui, dans leur brutale impatience, maltraitent une servante en lui piquant les bras avec des épingles.

64. Les esclaves fugitifs sont souvent marqués au front avec un fer chaud.

fers, nerfs de bœuf, chaînes, prisons, carcans, liens de toute sorte » ; telle est l'émouvante nomenclature que Plaute met dans la bouche de l'un de ses personnages [65].

Sénèque exhorte les chefs de famille à ne pas agir sous l'impression de la colère ; ils pourraient se causer à eux-mêmes un dommage sérieux [66], et puis pourquoi ne pas attendre ? « leur droit n'en sera point perdu pour en différer l'usage. » « *Non peribit potestas ista si differetur* [67] ». Le simple caprice du maître peut en effet envoyer un innocent au moulin tourner la meule, et les carrières, où le malheureux tire et façonne les pierres, un anneau rivé aux pieds, sont plus atroces que les supplices représentés sur les tableaux, et destinés à peindre le sort des habitants des rives du noir Acheron :

> Vidi ego multa sæpe picta quæ Acherunti fierent
> Cruciamenta ; verum enimvero nulla adæqu'st Acheruns
> Atque ubi ego fui in lapicidinis... [68]

Ce n'est pas encore tout ; obsédés par la crainte qu'inspirent les esclaves, si nombreux par rapport aux hommes libres, les Romains ont une loi ordonnant, lorsqu'un maître a été tué chez lui, de faire mettre à mort tous ses serviteurs, supposés coupables de ne pas avoir prévenu le crime [69]. Un jour, le Préfet de Rome, Pédanius Secundus, est assassiné par un esclave auquel il refuse la liberté après être convenu du prix de rachat. Il s'agit, pour appliquer le sénatus-consulte, de condamner quatre cents personnes; le peuple s'émeut, le Sénat agite la question d'abrogation de cette loi cruelle. C'est alors que Caius Cassius, dont nous venons de citer plus haut les paroles, fait appel à la peur. L'exécution a lieu, protégée par des détache-

65. *Asinaria*, act. III, sc. I.
66. « Un maître violent force un esclave à la fuite, un autre à la mort, n'a-t-il pas perdu par sa colère bien au delà de ce qui l'avait provoquée » (*de Irà*, III, v).
67. *De Irà*, III, XXXII.
68. Plaut., *Captiv.*, act. V, sc. IV, v. 1 et seqq.
69. *Digest.*, XXIX, v. *de senat. Consult.*, *Silaniano et Claudiano* 1 à 4. La jurisprudence exemptait du supplice les esclaves malades, les aveugles, les sourds, les muets, ceux qui, en raison de la faiblesse de l'âge, n'étaient pas capables de défendre leur maître.

ments de troupes impériales. On propose même de punir aussi les affranchis habitant sous le même toit que le Préfet et de les bannir de l'Italie; mais Néron s'y oppose, ne voulant pas aggraver par des innovations un usage antique dont la pitié sollicite en vain l'adoucissement : « Id a principe prohibitum est, ne mos antiquus, quem misericordia non minuerat, per sævitiam intenderetur » (Tacit., *Ann.*, XIV, XLIII-XLV.)

Cette hécatombe est, on le croit du moins, la dernière qui ensanglante le sol de la vieille cité de Romulus.

En dehors des châtiments commandés par le maître, quand les esclaves tombent sous le coup de la loi pénale, leur comparution devant le juge est presque entièrement dépourvue des garanties ordinaires; ils subissent toujours une peine supérieure à celle infligée pour le même fait à un homme libre : « Majores nostri in omni supplicio severius servos quam liberos punierunt [70] ».

Ils peuvent enfin, à l'imitation de la procédure grecque, être soumis à la question [71], même en matière purement financière, si la vérité ne se découvre pas d'une autre manière, et combien laissent leur vie dans ces tortures [72] !

Est-il nécessaire d'ajouter que les châtiments les plus terribles attendent l'esclave fugitif, qui fait perdre ainsi à son maître la valeur qu'il représente. Il est souvent envoyé aux mines (in metallum), aux soufrières, aux fours à chaux (in calcariam quoque, vel sulphurariam damnari solent), avec les condamnés aux travaux publics qui se sont évadés (*Digest*, XLVIII, XIX, 8, §§ 5 à 10), et Diodore nous apprend que dans ces mines il n'y a ni repos,

70. *Digest.*, XLVIII, XIX, *de pœnis*, 28, § 16. Les *triumviri capitales*, magistrats inférieurs, sont chargés de surveiller les prisons, de présider aux supplices et de punir les esclaves.

71. Paul, *Sent.*, X, XVI, *de serv. quæstion.*; *Digest.*, XLVIII, XVIII, *de quæst.*, 9. — Cicéron fait remarquer qu'avec ce procédé, « la trempe plus ou moins forte de l'âme et du corps fait la destinée de l'accusé » (Tamen illa tormenta gubernat dolor, moderatur natura cujusque tum animi tum corporis) (*Orat. pro P. Sylla*, XXVIII).

72. Térent., *Hecyra*, act. IV, sc. VI, v. 773 : « On ne condamne personne à la peine de mourir sous les coups, ni d'expirer sous les verges, ou dans la torture, dit Ulpien, au livre 9ᵉ du devoir du Proconsul, quoique la plupart dans la question laissent la vie » « Quamvis plerique, dum torquentur, deficere solent » (*Digest.*, XLVIII, XIX, *de pœnis*, 8, § 3.)

ni miséricorde; hommes, malades ou mutilés, femmes, vieillards, tous, à force de coups, travaillent jusqu'à complet épuisement [73].

Doit-on conclure de ce qui précède que tous les citoyens romains maltraitent leurs esclaves? Évidemment non; leur intérêt s'y oppose, et chez les Quirites c'est le sentiment d'utilité qui prime toute autre considération. On s'occupe à Rome de ses esclaves comme un propriétaire vigilant de ses troupeaux; quitte plus tard à abandonner l'animal vieilli ou infirme (nous voulons dire l'esclave) dans la rue ou autour du temple d'Esculape, laissant au dieu la charge de le guérir ou de le laisser mourir.

Il existe, nous le reconnaissons volontiers, des cœurs généreux, des maîtres naturellement bons; Pline le jeune par exemple [74]. Au milieu des soins affectueux qu'il prodigue à ses serviteurs pendant leur maladie, et des lamentations que lui inspire leur mort, quelles nobles consolations cet ami de Trajan ne puise-il pas dans la conscience d'avoir rempli ses devoirs envers eux [75].

Ces modèles sont rares, et les législateurs impériaux désireux de restraindre le pouvoir des chefs de famille et craignant de voir se rouvrir l'ère des révoltes sont contraints de se montrer favorables à la cause servile.

Claude décide que l'esclave atteint d'infirmités, abandonné par son maître dans l'île du Tibre, devient libre [76]. Le maître qui tue son serviteur au lieu de le délaisser doit être poursuivi à titre de meurtrier. Antonin, précisant la peine, assimile ce crime au

73. Duruy, *Hist. des Romains*, t. II, p. 93; Apulée, *Métam.*, IX. — Le soin qu'on doit avoir de garder étroitement les esclaves fugitifs autorise à les emprisonner et à les enchaîner (*Digest.*, XI, IV, *de fugit.*, I, § 7).

74. Grasset, *Pline le jeune, sa vie et ses œuvres*, in-8, Montpellier, 1865, p. 18 à 21.

75. Columelle écrit (*de re rust.*, I, VIII): « Je prends un ton plus familier avec les esclaves de la campagne, surtout quand leur conduite est irréprochable, qu'avec ceux de la ville. Comme la douceur d'un maître apporte quelque soulagement à leurs travaux longs et pénibles, je pousse quelquefois la familiarité jusqu'à leur permettre de rire et de plaisanter avec moi » (nonnumquam etiam jocarer et plus ipsis jocari permitterem).

76. « Quum quidam ægra et affecta mancipia in insulam Æsculapii tœdio medendi exponerent, omnes, qui exponerentur, liberos esse sanxit, nec redire in ditionem domini, si convaluissent; quod si quis necare quem mallet, quam exponere, cœdis crimine teneri » (Suet., *Tib. Claud.*, XXV).

meurtre de l'esclave d'autrui, c'est-à-dire à la relégation pour les *honestiores* et à la mort pour les *humiliores* [77].

Une loi, dite Petronia, que l'on rattache à la même époque, réprime ceux qui, sans jugement régulier de condamnation, achètent ou vendent des hommes privés de liberté pour combattre les bêtes féroces [78].

Adrien va plus loin, il fait fermer les prisons domestiques (ergastula servorum et libertorum tulit)[79], et enlève aux maîtres le pouvoir arbitraire de vie ou de mort sur leurs esclaves. Si ceux-ci méritent la peine capitale, ils doivent être traduits devant les juges. Cet empereur défend également, sans l'autorité du juge (causa non præstita), de vendre des serviteurs de l'un ou de l'autre sexe à un maître de gladiateurs ou au tenancier d'une maison de prostitution.

Un citoyen est-il assassiné, il n'est plus permis d'appliquer la torture à tout son personnel, mais seulement à quiconque s'est trouvé assez près de lui pour avoir connaissance du fait [80]. On voit Adrien infliger cinq ans d'exil à une matrone qui traite ses esclaves avec cruauté et sous des motifs futiles [81].

Ces mesures se trouvent étendues sous les règnes d'Antonin, de Marc-Aurèle, de Septime Sévère. Il n'est plus licite, à aucun sujet de l'empire, de sévir, avec excès et sans cause, contre ceux qui le servent; le Préfet de la ville peut recevoir les plaintes portées par les esclaves réfugiés dans l'asile des temples et devant la statue du Prince : « Ad fano deorum vel ad statuas principum confugiunt »; ou qui se sont rachetés à prix d'argent pour être affranchis [82].

Dans les ventes on doit s'efforcer de ne pas séparer les parents [83];

77. Duruy, *Hist. des Rom.*, *op. cit.*, t. V, p. 62.

78. *Digest.*, XLVIII, VIII, *ad Legem. Cornel.*, 11, § 1 et 2 ; *Digest.*, XVIII, 1, *de pactis*, 42.

79. Spart., *Hadrian.*, XVIII. Les commentateurs expliquent le mot « *libertorum* » par ce passage de Suétone (*Oct. Aug.*, XXXII): « Rapti per agros viatores sine descrimine, liberi servi que, ergastulis possessorum supprimebantur » (B. Lat. de Pankoucke, *Hist. Aug.*, t. Ier, note 113, page 227).

80. Spart., *vita Hadriani*, XVIII.

81. *Digest.*, I, VI, *de his qui sunt sui vel alieni juris.* 2.

82. *Digest.*, I, VI, 1, § 2 ; Gaius, *Inst.*, I, 53 ; *Digest.*, I, XII, *de off. Præf. Urbis.*

83. *Digest.*, XXI, *de ædilitio edicto*, 35.

l'esprit de toutes ces mesures se résume en ce rescrit de l'empereur Antonin, adressé à Ælius Marcianus, proconsul de Bétique [84] : « Il ne faut point porter atteinte à la puissance des maîtres sur leurs esclaves, ni ôter à personne son droit; mais il est de l'intérêt des maîtres eux-mêmes qu'on vienne au secours de ceux qui se plaignent justement de leur dureté, du refus d'aliments ou de quelque violence insupportable. Ainsi, prenez connaissance des plaintes de ceux d'entre les esclaves de Julius Sabinus, qui ont cherché un asile auprès de la statue du Prince; et si vous découvrez qu'ils ont été traités plus durement qu'il ne convient, ou qu'on les a portés à des choses infâmes, faites-les vendre afin qu'ils ne retournent pas sous la puissance de leur maître. S'il transgresse notre présente ordonnance, qu'il sache que nous pouvons porter contre lui une peine plus sévère ».

Malheureusement, bien des passages des auteurs montrent l'action restreinte de ces dispositions excellentes, et Macrin, le successeur de Caracalla, pour ne citer que lui, est si sévère, si inflexible, si cruel envers ses serviteurs et ses courtisans : « In vernaculis vel aulicis », qu'on l'appelle non *Macrin*, mais *Macellin*, parce que sa demeure est parfois remplie comme une boucherie du sang de ses esclaves : « Ut servi illum sui non Macrinum dicerent, sed Macellinum, quod macelli specie domus ejus cruentaretur sanguine vernularum » (Capit., XIII.)

A côté des esclaves appartenant aux particuliers, nous trouvons des *esclaves publics*, propriété des villes et non de chaque citoyen pris isolément : « Ideo que nec servus communis civitatis, singulorum pro parte intelligitur, sed universitatis [85] ».

Ils remplissent des emplois inférieurs et sont notamment préposés à la garde des prisons. Pline le jeune demande à Trajan s'il n'y aurait pas avantage, au point de vue de la sûreté, à les remplacer par des soldats. L'Empereur l'engage à maintenir l'état de choses existant en redoublant de vigilance [86].

84. *Digest.*, I, VI, *de his qui.*, 2, et Just., *Inst.*, I, VIII, 2. (Traduction de Hulot.)

85. *Digest.*, I, VIII, *de divisione rerum*, 6, § 1. « La législation qui régit les esclaves publics est, d'une manière générale, la même que pour les personnes non libres qui appartiennent à des particuliers » (Mommsen, *Le droit pub. rom.*, trad. par Girard, in-8, 1887, t. Ier, p. 363).

86. Plin., cœc. secund., *Epist.*, X, XXX-XXXI.

Ces esclaves peuvent être aussi affectés à des fonctions religieuses; consacrés à des temples; une famille en possession de desservir l'autel d'Hercule, à Rome, forme, avec l'assentiment du censeur Appius, des esclaves publics à ce ministère.

Maintenant, comment finit l'esclavage? Lors de grands désastres, le Sénat peut racheter des hommes privés de liberté et les enrôler ensuite; c'est un fait fréquent dans les Républiques grecques; il est plus rare en Italie. On le voit se produire pour la première fois après la défaite de Cannes : « Servi quod nunquam ante, manumissi et milites facti sunt », écrit Eutrope [87].

Il y a ensuite le bienfait de la loi; mais dans la plupart des cas l'esclave achète sa liberté au moyen de son petit pécule péniblement amassé, ou la tient de la générosité de son maître, souvent exprimée sous la forme testamentaire [88]. Les affranchis (libertini) doivent à leur patron [89], en dehors de toute stipulation particulière à l'acte d'affranchissement, la déférence (obsequium), l'assistance (officium); par voie de conséquence, il existe entre eux une dette alimentaire réciproque [90].

Les revendications soulevées à ce propos sont de la compétence des juges : Les affranchis, écrit Ulpien, sont obligés, selon leurs facultés, de fournir des aliments à leurs patrons, du moment que ceux-ci se trouvent dans l'indigence. Le juge peut ordonner quelquefois, et en connaissance de cause, que l'affranchi, donnera aussi des aliments aux enfants de ce patron, mais il doit être plus réservé à statuer dans ce cas [91].

Le maître a le droit de demeurer intéressé dans les produits du travail de son affranchi, qu'il s'agisse d'une profession ou d'un commerce. Mommsen remarque, à ce sujet, que quelquefois « les

87. *Brev., hist. rom.*, III, x (v), et Tit-Liv., *Hist.*, XXII, LVII; Silius Italicus, X, v. 641-642.

88. « Manumissus liberatur potestate » (*Digest.*, I, I, *de justitia et jure*, 4).

89. Lorsque l'esclave est affranchi en vertu de la loi; point de devoirs envers l'ancien maître ou ses représentants. Lorsque au contraire l'esclave est libéré par l'autorité de son maître, il demeure sous son patronage (Wallon, *Hist. de l'escl.*, *op. cit.*, t. 2, p. 393 et suiv.).

90. « Egentem patronum libertus obligatione doni; muneris et operarum solutus alere cogendus est pro modo facultatum suarum » (Paul, *Sent.*, II, XXXII, *de operis libertorum*).

91. *Digest.*, XXV, III, *de agnosc. et alend., liberis*, 5, § 18 à 20.

affranchissements constituent bien moins, de la part du patron, une libéralité qu'une véritable spéculation [92] ».

Telle est la situation faite par l'omnipotence du *Pater familias* à la femme, à l'enfant, à l'esclave; les mœurs, les écrits des philosophes et surtout la politique impériale apportent certains adoucissements à l'arbitraire du chef de famille, arbitraire qui forme le fondement, l'essence même de cette antique institution.

En ce qui concerne les esclaves, on connaît leur fatale influence sur la famille et la société romaine. Devenus affranchis, ces esclaves de la veille, « dont les flancs sont encore noirs des coups d'étrivières, et les jambes meurtries par les entraves [93] », achèvent de corrompre tout. « On ne saurait attendre que des instincts faussés, des habitudes dépravées dès l'enfance, puissent se redresser et se réformer sous l'influence d'une tardive liberté » (Wallon, *op. cit.*, t. II, p. 426).

A la fin de la République, ce ramas d'individus, de toute origine, forme en grande partie la population des cités importantes; à Rome, en particulier; c'est à cette populace qu'il faut du pain et des spectacles, les Césars se chargent de lui en fournir.

92. Mommsen, *Hist. rom.*, t. IV, p. 278 (trad. Alexandre).
93. *Horat.*, *Epod.*, *carm.*, IV, v. 3 et 4.

CHAPITRE VII

LE MONDE ROMAIN AVANT CONSTANTIN

DEUXIÈME PARTIE

L'ÉTAT ET LA MISÈRE. — DÉBITEURS ET CRÉANCIERS.— LOIS AGRAIRES. DISTRIBUTIONS AU PEUPLE.

§ 1er. — *Des sources de la misère chez la plèbe romaine.*

Le Romain des temps antiques est à la fois laboureur et soldat. Deux jugères, plus tard sept [1], suffisent à chaque citoyen. La récompense la plus élevée pour les généraux et les vainqueurs qui se sont illustrés (dona amplissima imperatorum et fortium civium) est l'étendue de terre qu'ils peuvent circonscrire par un sillon en un seul jour [2].

Les consuls sont tirés de la charrue (quum ab aratro arcessebantur qui consules fierent) ; aussi la République, si faible à sa naissance, est-elle portée par ces hommes au plus haut degré de puissance et de gloire : « En suivant les principes d'honneur et de vertu, écrit Cicéron, ils grandissent le nom romain et ajoutent à l'empire un grand nombres de domaines, de cités et de nations » (*Orat. pro Roscio*, XVIII).

1. « Hæc autem mensura plebei post exactos reges assignata est » (C. Plin, secund., *Nat. hist.*, XVIII, iv). Le jugère représente environ 25 ares, soit pour 7 jugères 1 h. 75 a. Il est bien certain que 50 ares de terre ne suffisaient pas pour vivre, mais il ne faut pas oublier que le citoyen romain avait des troupeaux qu'il envoyait sur les pâturages publics.

2. Ce fait paraît improbable à A. Macé (*Les lois agraires chez les Romains*, in-8, 1846, p. 137).

Au début, le territoire est peu étendu; du haut des collines il est facile d'apercevoir les terres ennemies; de là des levées continuelles; le plébéien doit quitter son champ, s'équiper, s'entretenir à ses frais, combattre tour à tour les peuples voisins avant de les subjuguer. Si le sort des armes n'est pas favorable, le sol de la patrie est envahi, et loin de rapporter des dépouilles, prix de sa valeur, ce même plébéien voit détruire son petit héritage, dévaster ses récoltes, enlever son troupeau.

Cette situation se reproduit fréquemment. Il faut que le cultivateur-soldat recoure à l'emprunt. Les riches, les patriciens lui prêtent à un taux usuraire « qui n'a d'autres bornes que leur cupidité » (Tacit., *Ann.*, VI, XVI) [3]. Il ne peut satisfaire à ces engagements forcés et devenu la proie de son créancier, il est jeté en prison, chargé de fers (quindecim ponde ne majore aut si volet minore vincito), accablé de travail, tué ou vendu au delà du Tibre, car alors — il convient de le remarquer — l'exécution du contrat a lieu sur la personne et non sur les biens du débiteur [4].

Le texte de la loi des XII tables permet aux créanciers d'un citoyen de se partager son corps; ce texte est considéré comme une menace et il semble n'avoir jamais été exécuté [5].

Notons que le débiteur vendu (addictus) n'est pas un esclave, il reste *in servitute*; s'il recouvre la liberté, sa qualité de personne *ingénue* reparaît de suite [6].

Cette situation intolérable faite aux infortunés obligés de recou-

3. « Le père de famille peut prêter à 12, 15, 20 % » (Duruy, *Hist. des Rom.*, *op. cit.*, t. Ier, p. 135). La loi des XII tables fixe, pour la première fois, ce taux à un pour cent par mois; les commentateurs l'évaluent ordinairement à 8 1/3 % par an; plus tard il fut réduit à 4 1/6 (Marquardt, *De l'organisation financière des Romains*, trad. par Vigié, in-8, 1888, p. 72 et suiv.).

4. *Dict. ant. grecq. et rom.*, t. Ier, p. 54, au mot *Actio*, et p. 66, à l'art. *Addictus* de G. Humbert.

5. Tabula tertia: « 5. Tertiis nundinis partis secanto; si plus minus ve secuerunt, se fraude esto ». « Je veux oublier cette loi! quelle barbarie, quel outrage pour l'humanité, » dit Aulu Gelle (*Noct. att.*, XX). « Il ne faut pas chercher deux sens à cette loi, mais ajoutons qu'il n'en faut pas non plus chercher l'exécution dans l'histoire. Le droit romain savait le secret de partager les choses indivises et une personne humaine a bien ce caractère: on les vendait et on en partageait le prix » (Wallon, *Hist. de l'escl.*, *op. cit.*, t. II, p. 21 à 22).

6. Le débiteur peut aussi s'abandonner au créancier qui le fait travailler à son profit pour éteindre sa dette: il est alors non plus « addictus » mais « nexus ».

rir aux emprunts [7], explique ces révoltes fréquentes, ces retraites du peuple sur le mont sacré et le mont Aventin, suivies de l'établissement des tribuns ou d'autres mesures dont nous aurons à examiner la portée et l'efficacité.

Mais au moins alors si le citoyen reste pauvre la République est-elle opulente?

> Privatus illis census erat brevis
> Commune magnum... [8]

Plus tard, la scène change; Carthage, une fois détruite [9], la Grèce et de nombreux royaumes étant soumis, les richesses surabondent chez certains citoyens ; les esclaves deviennent légions ; les mœurs se corrompent ; les désirs insatiables de ceux qui possèdent ne rencontrent plus d'entraves.

Le domaine public est envahi par les riches ; la question du partage des terres reste constamment à l'ordre du jour et suscite des troubles continuels. Le cultivateur attaché au sol, cette force des armées romaines, exproprié, spolié, en butte à mille vexations, disparaît. Les petites propriétés font place à des domaines immenses « latifundia », sillonnés par des troupeaux confiés à des mains serviles [10].

Le produit de ces terres négligées ne suffit plus à nour-

7. « A Rome, comme à Athènes, écrit M. Duruy, comme dans tous les États de l'antiquité, l'industrie ne nourrissait pas le pauvre de condition libre ; les dettes furent la première cause des révolutions démocratiques. Rome étant un État exclusivement agricole aurait eu besoin d'une longue paix ou d'un vaste territoire qui mit la plus grande partie des terres à l'abri des ravages de la guerre. Or, la guerre durait sans relâche... » (*Hist. des Rom.*, *op. cit.*, t. Ier, p. 145).

8. Horat., *Carmina*, II, *Carmen*, xv, v. 13 et 14.

9. C'est pour Salluste le commencement de la décadence des mœurs : « Ante Carthaginem deletam populus et senatus romanus placide, modeste que inter se rempublicam tractabant... Metus hostilis in bonis artibus civitatem retinebat » (Sall., *Jugurtha*, XLI) :

> Nam que ut opes nimias mundo fortuna subacto ;
> Intulit, et rebus mores cessare secundis,
> Prædaque et hostiles luxum suasere rapinæ.
> (Luc., *Phars.*, I, v. 160-163).

10. Senec., *de benef.*, VII, x ; Colum., *Præf.* ; Varro, *de re rust.*, *passim*. Bientôt, gémit Horace, nos immenses palais laisseront à peine quelques arpents à la charrue : « Jam pauca aratro jugera regiæ moles relinquent » (*Carmin.*, II ; *Carm.*, xv, v. 1 et 2). — Au commencement de l'Empire, c'est une opinion généralement accréditée qu'un métier aussi vil que l'agriculture n'a pas besoin d'apprentissage (Colum., *de re rust.*, I, Præfatio).

rir la population de l'Italie : « Nous adjugeons aux enchères, écrit Varron, l'importation du blé qui nous manque. C'est à l'Afrique, à la Sicile, que nous demandons notre pain ; c'est à Cos et à Chio que notre marine va faire la vendange » (Varro, *de re rust*, II, *Præf.*). Cette terre de Saturne, autrefois riche en moissons, en est réduite, Columelle le déplore, à tirer le froment de pays situés au delà des mers (*de re rust*, I, *Præf.*).

Les anciens propriétaires du sol affluent dans les villes, à Rome surtout. Y trouvent-ils au moins les moyens de subvenir à leurs besoins ?

Hélas non !

Sous les rois, nous voyons Numa réunir les artisans en corps (collegia) [11]. Les tribus urbaines, dont ils font partie, sont moins honorées que les tribus rustiques comprenant les citoyens possesseurs de la terre. C'est une déchéance que d'y être transféré : « Urbanæ vero in quos transferri ignominia esset [12] ».

Les nombreux métiers qu'exercent ensuite les esclaves au domicile de leurs maîtres réduisent le chiffre des ouvriers libres, qui ont de plus à lutter contre la concurrence des affranchis. D'un autre côté, cet envahissement de ces mêmes affranchis augmente le mépris attaché à ces professions : « Tous les artisans, déclare Cicéron (*de off.*, I, XLII), exercent un travail vil et la place d'un homme libre n'est pas dans une boutique. » (opifices omnes in sordida arte versantur ; nec enim quidquam ingenuum habere potest officina).

L'ouvrier, le petit commerçant d'origine ingénue, est mal vu, mal payé, douze as par jour [13], et puis « on veut vivre noblement, en citoyens romains, et on travaille le moins possible [14] ».

Les fabriques et ateliers regorgent d'esclaves, et dans les cités populeuses, à Rome principalement, affluent de toute part des individus, aux origines les plus diverses, ne trouvant pas toujours

11. Plut., *Numa*, XVII, p. 85 : Wallon, *Hist. de l'escl.*, *op. cit.*, t. II, p. 85 et suivantes, et note de la page 440.
12. C. Plin. secund., *Nat. hist.*, XVIII, III ; Naudet, *Des secours publics chez les Romains*, in-4 ; *Mém. de l'Inst. de France*, t. XIII, 1827, p. 6 et 7.
13. Cicér., *Or. pro Roscio*, X. (La valeur de l'as varie de 5 à 8 de nos centimes.)
14. *Dict. ant. grecq. et rom.*, t. Ier, p. 448, act. *Artifices* de E. Caillemer et G. Humbert.

à gagner honorablement leur vie, désireux parfois de s'éviter cette peine, et n'ayant en réalité « que des appétits [15] ».

Afin de venir en aide à ces prolétaires, trois remèdes sont employés : la protection des débiteurs ; les lois agraires ; les distributions gratuites. Ce dernier palliatif montre le degré d'avilissement dans lequel ne tardent pas à tomber les masses populaires.

A l'origine, les campagnes donnent à la République des générations entières de soldats incomparables ; au déclin, lorsque le monde conquis s'est vengé de Rome en lui inculpant ses vices, les villes ne fournissent plus que des paresseux, des débauchés qu'il faut nourrir.

§ 2. — *La défense des débiteurs contre les créanciers.*

Environ 500 ans avant notre ère, la guerre avec les Volsques est imminente, et la cité fondée par Romulus se voit en proie aux troubles les plus violents ; fruits des haines intestines allumées entre patriciens et plébéiens, surtout à cause des citoyens détenus pour dettes : « Maxime propter nexos ob æs alienum ». Un jour un vieillard se précipite dans le forum, maigre, exténué, revêtu de vêtements en lambeaux ; sa poitrine porte la trace de cicatrices témoignant de sa valeur.

Son histoire est touchante. Tandis qu'il combat l'ennemi, sa ferme et ses récoltes sont pillées, détruites ; l'emprunt devient ensuite sa seule ressource, ses dettes grossies par les intérêts dévorent le reste du patrimoine ; saisi par son créancier, il tombe entre les mains d'un maître, ou plutôt d'un bourreau.

A l'appui de ce récit, cet ancien centurion découvre ses épaules déchirées de coups. La foule s'ameute, le tumulte grandit ; pour obtenir les enrôlements nécessaires, paraît un édit défendant : « de retenir dans les fers ou en prison aucun citoyen romain, et de l'empêcher de se faire inscrire devant les consuls ; de saisir ou de vendre les biens d'un soldat tant qu'il reste à l'armée, et enfin d'arrêter ses enfants ou petits-enfants ».

15. Duruy, *Hist. Rom.*, *op. cit.*, t. III, p. 391.

Les détenus prennent aussitôt les armes, les envahisseurs sont repoussés. Tel est le récit de Tite-Live (*Hist.*, II, XXIII à XXV).

Après la victoire, les promesses du Sénat demeurent lettre morte, et le peuple encore armé obtient par force la nomination des tribuns, représentants et défenseurs inviolables des plébéiens. La cause des débiteurs n'est point gagnée pour cela ; les prescriptions de la loi des XII tables restent dures, les luttes s'éternisent. Victorieux presque partout, l'homme du peuple continue à demeurer la victime de ses créanciers [16]. Les riches parviennent à rendre suspects ceux-là même qui s'intéressent à ces misères. Manlius Capitolinus, le vainqueur des Gaulois, paie les dettes de quatre cents citoyens, assurant ainsi leur liberté ; accusé d'aspirer à la royauté, on le précipite de la roche Tarpéienne, si voisine du théâtre de ses exploits (Tite-Live, *Hist.*, VI, XIV-XX).

Les tribuns présentent une loi abaissant le taux de l'intérêt ; elle est adoptée. Cela ne suffit pas, les dettes vont en s'aggravant. A Valerius Publicola, on donne pour collègue le plébéien Marcus Rutilus ; les nouveaux consuls créent cinq magistrats appelés *mensarii*, chargés du soin de remédier à cette situation si grave. Ces *mensarii* réussissent, au moyen d'avances sur les fonds publics, à libérer un nombre immense de débiteurs (an. 352 avant J.-C.) (Tite-Live, *Hist.*, VII, XXI).

Le soulagement n'est que momentané ; sous les consulats de Manlius Torquatus et C. Plantius (année 347), on réduit de moitié *l'unciarium fenus* [17], et il est arrêté que les dettes doivent être acquittées en quatre paiements égaux dont le premier comptant, et le reste dans l'espace de trois ans.

Ici (année 342) se place une loi Genucia sur laquelle règne une certaine incertitude et qui, prétendent certains auteurs,

16. Tit.-Liv., *Hist.*, VII, XVI et XIX. « Ceux qui n'ont qu'un bien modique sont privés de tout leur avoir que dévorent les saisies et les ventes. Ceux qui n'ont absolument rien sont appréhendés au corps et jetés dans l'ergastulum, malgré les cicatrices des nombreuses blessures qu'ils ont reçues en combattant pour la patrie » (Plut., *Coriol.*, V, p. 257).

17. Tit.-Liv., *Hist.*, VII, XXVII. Les commentateurs ne sont pas d'accord sur la valeur de *l'unciarium fenus*. Voir : Marquardt. *De l'org. financ. des Romains*, *op. cit.*, p. 71 et suiv. ; Dureau de la Malle, *op. cit.*, t. II, p. 259 et suiv.

défend le prêt à intérêt [18]. Il est probable que cette prescription ne dure pas et un nouvel abus de pouvoir devient nécessaire pour émanciper les infortunés débiteurs.

Vers l'année 325, un usurier, L. Papirius, retient chez lui C. Publilius, jeune homme qui s'est livré pour acquitter les dettes de son père : « cui quum se ob œs alienum paternum nexum dedisset ». Cet usurier entraîné par une infâme passion veut corrompre son prisonnier; ne pouvant y parvenir, il le fait battre de verges. Le malheureux réussit à s'échapper et ameute le peuple.

Sous l'influence de la crainte, le Sénat promulgue aussitôt une loi dite Pætitia, en vertu de laquelle « un citoyen ne peut plus désormais, à moins d'une condamnation régulière, être retenu dans les chaînes. *Les biens et non le corps devant répondre de la dette* ». « Pecuniæ creditæ bona debitoris non corpus obnoxium esset » (Tit.-Liv., *Hist.*, VIII, XXVIII).

Les prêteurs d'argent ne se tiennent pas pour battus [19] ; espérant échapper au réseau des lois qui entravent leur commerce, ils passent les obligations au nom des alliés (des pérégrins) non soumis à la législation romaine. Il faut pour triompher de ces artifices un plébiscite portant que les latins doivent suivre, en ce qui concerne les prêts, la jurisprudence établie à Rome.

« Les débiteurs sont donc maintenant protégés contre leurs créanciers, et l'usure est détruite : la loi le dit du moins; mais la loi dit aussi que tous les citoyens sont égaux; mensonge légal! Les plébéiens pauvres ne se trouvent pas plus garantis contre l'usure qu'ils ne deviennent consuls et sénateurs. L'usurier chassé de la place publique, puni par les lois, se cache et n'en est que plus exigeant [20], car il faut lui payer maintenant, outre le prix

18. « Invenio apud quosdam, » écrit Tite-Live (*Hist.*, VII, XLII).

19. Plus tard Porcius Caton les bannira de la Sardaigne durant son gouvernement (Tit.-Liv., XXXII, XXXVII). Quelqu'un interrogeait ce même Caton : « et de prêter à usure qu'en pensez vous? Il répartit : « tuer un homme que vous en semble? » (Cicer., *de Off.*, II, XXV.)

20. Brutus prête aux Salaminiens, par intermédiaire, de l'argent à 48 % (Cicer., *Attico suo. litt.*, 255 (vel A. V. 21) ; *Litt.*, 257 (vel. A. VI. 1). « L'obligation portait 4 % par mois : on ne pouvait payer cet intérêt, et quand on l'aurait pu je ne l'aurais pas souffert » (Quaternas habebat in syngrapha. Fieri non poterat, nec, si posset, ego pati possem » (*Litt.*, 261 (vel. A. VI. 2).

de son argent, les risques qu'il court, et le déshonneur qui le frappe [21] ».

Néanmoins un certain apaisement suit ces dispositions; les luttes intestines ravivent cette querelle séculaire et on demande à César d'abolir les dettes; il ne cède pas aux clameurs impérieuses de la multitude et se contente de décider que les débiteurs satisferont leurs créanciers suivant l'estimation des propriétés et conformément aux prix de ces biens avant la guerre civile; déduction faite sur le capital de tout ce qui aura été payé à titre d'intérêts [22]. Sous l'Empire, le taux de l'argent devient de moins en moins élevé. Antonin le Pieux fait valoir ses capitaux à 3 °/₀ afin d'aider le plus de gens possible. « Idem fœnus trientarium, hoc est minimis usuris, exercuit, ut patrimonio suo plurimos adjuvaret (Capit., *Ant. Pii vita*, II). Alexandre Sévère, par égard pour les pauvres, maintient le taux officiel à 4 °/₀ par an, et défend aux sénateurs de tirer aucun intérêt de l'argent qu'ils prêtent, les autorisant à accepter quelques présents de peu de valeur; dans la suite, il leur accorde un intérêt de 6 °/₀ [23].

Mais durant le régime républicain la question des dettes n'est pas la seule qui passionne le peuple, il veut sa part des terres conquises sur l'ennemi, confisquées trop souvent au profit des Patriciens. De là naissent des agitations périodiques au sujet des lois agraires [24].

§ 3. — *Les lois agraires.*

Rome s'étend par la conquête brutale, violente, sans merci; villes détruites, territoires confisqués, telle est la suite ordinaire

21. Duruy, *Hist. des Rom.*, *op. cit.*, t. Ier, p. 233.

22. Ce règlement anéantissait environ le quart des dettes (Suet., *J. Cæs.*, XLII; *Cæsar de bel. civ.*, III, I). « Dans la suite, quand le trésor public se trouvait grossi par les confiscations des biens des condamnés, Octave-Auguste prêtait gratuitement et pour un temps déterminé à ceux qui pouvaient répondre pour le double (Suet., *Oct.-Aug.*, XLI). En ce qui concerne les mesures transitoires prises sous Tibère, voir Tacite (*Ann. Tib.*, VI, XVIII).

23. Lamprid., *Alex. Sev.*, XXVI. « Il prêtait à la plupart des pauvres citoyens de quoi acheter des champs, et cela sans intérêt, n'exigeant le paiement qu'en productions de la terre » (*Id.*, XXI).

24. Presque tout ce qui concerne les *leges agrariæ* est l'objet de controverses sans nombre entre les savants; nous avons adopté les opinions généralement

de ses guerres heureuses. Des terres ainsi ravies aux vaincus sont bien distribuées aux citoyens-soldats, mais la plus grande partie de ses domaines, accrue d'année en année, reste à l'universalité de la nation, à titre inaliénable ; c'est *l'ager publicus*. Ultérieurement viennent s'y joindre les confiscations, les successions sans héritiers, les biens des condamnés, les donations de rois étrangers.

Ce domaine devient immense; on le loue à des particuliers moyennant une dîme ou redevance annuelle (vectigal). Les patriciens, les chevaliers, les riches ont seuls les moyens de mettre en valeur des parties importantes de cet *ager*. Les plébéiens qui possèdent quelques jugères, circonvenus, entraînés par l'appât de l'argent ou les menaces de voisins puissants, vendent leur petit patrimoine. Des propriétés démesurées se constituent, comprenant souvent à la fois, des terres cédées légitimement par leurs possesseurs, et des parts plus ou moins importantes de *l'ager publicus* louées en principe sous certaines conditions déterminées.

Vu la difficulté de délimiter des espaces aussi étendus, les *concessionnaires* ne tardent pas à s'affranchir de toute dîme et à se comporter comme de véritables maîtres du sol qu'ils aliènent et transmettent au même titre que leur propre héritage.

Les lois agraires n'ont pour objet que de répartir, entre des plébéiens ne possédant plus rien, le *domaine de l'État* envahi frauduleusement. Ces lois ne menacent point la propriété légitime, *l'ager privatus* [25].

La première proposition entrant dans cette voie est celle due au consul (un peu légendaire) dénommé Spurius Cassius; elle s'applique au partage, entre les Romains et les Latins alliés, du territoire des Herniques et accessoirement des parties usurpées de *l'ager publicus*.

admises en France. A consulter: *Des lois agraires chez les Romains*, par A. Macé, in-8, 1846, et les deux articles de G. Humbert dans le *Dict. des ant. grecq. et rom.*, t. Ier: *Ager publicus* (p. 133 à 140); *Agrariæ leges* (p. 156 à 165).

25. « Quant à *l'ager privatus*, à la propriété privée elle ne fut jamais menacée et atteinte que par les lois de proscription et de colonisation de Sylla, de César, des Triumvirs, d'Octave enfin, qui dépouillèrent des provinces pour installer leurs vétérans à la place des anciens propriétaires » (G. Humbert, article cité, *Dict. ant.* t. Ier, p. 135 ; Duruy, *Hist. des Rom.*, *op. cit.*, t. Ier, p. 153).

Les plébéiens noyés de dettes [26] acclament Cassius. Le Sénat, les riches combattent ses projets hardis, et pour leurrer les masses proposent de nommer des décemvirs chargés de désigner parmi les terres publiques celles à distribuer et celles susceptibles d'être affermées; la redevance ainsi obtenue devant servir *à accorder* une solde aux citoyens enrôlés. En même temps, ils accusent le consul d'aspirer à la royauté.

A sa sortie de charge, Spurius Cassius est mis à mort, et le Sénat oublie ses engagements [27].

En 454, une loi Icilia partage entre les plébéiens des terres restées incultes sur le mont Aventin; on y construit rapidement des maisons, car, selon la remarque de Tite-Live, à propos d'un essai de colonisation à Antium (*Hist.*, III, I), « le plus grand nombre aime mieux solliciter des terres à Rome que d'en obtenir ailleurs ». « Ceterà multido poscere Romæ agrum malle, quam alibi accipere ».

Soixante-quatre ans plus tard (390), le Sénat accorde aux citoyens pauvres sept jugères à prendre dans le territoire enlevé aux Véiens. Pour cette distribution on ne tient pas compte seulement des pères de famille; en vue d'encourager la conservation des enfants, on compte les têtes libres de chaque maison : « Vellent que in eam spem liberos tollere » (Tit.-Liv., *Hist.*, V, XXX).

Nous arrivons aux lois présentées par le tribun Licinius Stolon, votées en 366, après dix années d'efforts persévérants et malgré l'opposition des patriciens. Ces lois, selon l'opinion la plus probable, portent sur divers points [28]:

Un des consuls doit à l'avenir être choisi parmi les plébéiens ; nul citoyen ne doit posséder plus de cinq cents jugères du domaine public (125 hectares), le reste étant destiné à être affermé à vil

26. Tit.-Liv., *Hist.*, II, XXIX.

27. Tit.-Liv., *Hist.*, II, XLI-XLII. D'après Valère Maxime, le consul novateur aurait été condamné par son propre père, en présence d'un tribunal domestique. Tous les auteurs émettent des opinions différentes au sujet de ce premier essai de loi agraire (Macé, *op. cit.*, 2e part., III, p. 139 à 147).

28. Dureau de la Malle, *Écon. pol. des Rom.*, *op. cit.*, t. II, p. 266-267 ; Macé, *op. cit.*, p. 204 à 251. Plusieurs auteurs prétendent que cette limitation de la propriété à 500 jugères doit s'entendre de l'ensemble des terres possédées par un même citoyen, qu'il s'agisse *d'ager publicus* ou *d'ager privatus*. Cette opinion a été réfutée par MM. Macé, Wallon, Duruy, G. Humbert.

prix aux citoyens pauvres; il n'est permis à personne d'envoyer sur les cinq cents jugères dont il peut devenir concessionnaire plus de cinq cents bêtes à corne et de cinq cents moutons. La surveillance de la culture de ces terres doit être confiée à un certain nombre d'hommes libres [29].

Le tout sous peine d'une amende de 1.000 as [30].

Ces lois Liciniennes assurent un juste équilibre entre les différentes parties du gouvernement, et contribuent à maintenir l'harmonie à Rome pendant au moins deux siècles. D'un autre côté, l'agriculture exercée par des hommes libres donne d'immenses produits [31].

En 221, la loi dite Flaminienne répartit entre un certain nombre de plébéiens les territoires de la Gaule Cisalpine et du Picenum [32].

Tibérius Gracchus reprend les lois Liciniennes en y ajoutant deux cent cinquantes jugères par enfant, ainsi que la défense de vendre les portions assignées; il ne s'attaque, lui aussi, qu'aux terres de *l'ager publicus* et ne touche pas aux propriétés privées [33]. A la suite du testament, vrai ou supposé, d'Attale III, il propose d'affecter les trésors du roi de Pergame à l'acquisition de bêtes de sommes et d'instruments aratoires, de manière à procurer les avances nécessaires aux citoyens bénéficiaires des terres à distribuer.

La question se complique des réclamations formulées par les Latins, et du rôle des chevaliers, en général fermiers des impôts.

29. Ce dernier point est contesté.

30. Tit.-Liv., VII, xvi, dit que Licinius Stolon fut, aux termes de sa propre loi, condamné à payer cette amende comme possédant mille jugères de terre avec son fils qu'il avait fait émanciper dans le but de tourner la prohibition.

31. Sans doute, écrit M. Macé, il ne faut pas exagérer les conséquences de ces faits, ni en attribuer tout l'honneur aux lois Liciniennes. Cette fécondité de l'Italie datait de plus loin. Mais il était à craindre que, par suite de la préférence donnée aux pâturages, cette fécondité ne vint à disparaître comme elle disparut plus tard. La grande gloire de Licinius Stolon est d'avoir empêché ce mal qui aurait été, à cette époque, bien autrement terrible qu'il ne le fut dans la suite, puisque Rome ne possédait pas encore les riches greniers de l'Egypte, de l'Afrique Cathaginoise et de la Sicile (*op. cit.*, p. 236). Voir aussi Dureau de la Malle, *op. cit.*, II, p. 273.

32. Macé, *op. cit.*, p. 253-260.

33. Macé, *op. cit.*, p. 260-345; Duruy, *Hist. des Rom.*, *op. cit.*, t. II, p. 99-100. Dans un sens opposé sur ce dernier point, Dureau de la Malle, t. II, p. 284.

En présence du veto de son collègue Octavius, Tibérius brise, à tort, l'inviolabilité tribunitienne en le faisant déposer, et succombe sous les coups de la jeunesse patricienne conduite par le grand Pontife Scipion Nasica. Le peuple n'ose défendre le courageux tribun, le Sénat ayant repris contre celui-ci la vieille calomnie d'aspiration à la royauté.

Son frère Caius Gracchus [34] préconise le système des colonies et veut relever Capoue, Tarente, Carthage même. Beaucoup de ses projets et de ses actes sont inspirés par le désir de venger son frère, et afin de reconquérir une popularité qui l'abandonne, il se voit amené à inaugurer, en quelque sorte, ce système déplorable des allocations périodiques de blé à un prix dérisoire [35]. Caius est assassiné à son tour, et ses tentatives coloniales ne lui survivent point.

L'œuvre des deux frères, empreinte de sentiments politiques élevés, est diversement appréciée. Les uns s'écrient avec Florus : « Le premier qui allume le flambeau des discordes est Tibérius Gracchus. Scipion Nasica soulève la multitude armée, et le fait périr avec quelque apparence de justice (quasi jure oppressus est [36]).

D'autres savent, avec Cicéron, leur rendre un légitime hommage : « J'aime à me rappeler, dit-il, que deux de nos plus illustres citoyens, de nos plus brillants génies, Tibérius et Caius Gracchus, si dévoués au peuple de Rome (amantissimos plebis romanæ), ont établi ce peuple sur des terres de la République, dont quelques particuliers se trouvaient possesseurs. Non, je ne suis pas de la façon de quelques-uns qui regardent comme un crime de louer les Gracques, ces magistrats dont les conseils, la sagesse et les lois ont apporté une réforme salutaire dans plusieurs branches de l'administration [37] ».

34. Macé, *op. cit.*, 2e partie, p. 346 à 353 ; Appien, *Guerres civiles*, I, IX-XVI, Plutarque, *Vies des hom. illustres* (*Tiberius et Caïus Gracchus*).

35. En 212, avant C. Gracchus, Scipion (l'Africain) et Cethegus, édiles curules; font distribuer des mesures d'huile dans les différents quartiers de Rome (Tit.-Liv., XXV, II).

36. Ann. Florus, epist. III, XIV.

37. Cicer., in *Ruello, de leg. agraria oratio*, II, V. A noter qu'entraîné par les nécessités du moment, Cicéron *avocat* ne se gêne pas parfois pour attaquer les Gracques et leurs projets. « En dépit des prohibitions officielles, écrit Mommsen

On mentionne, de l'année 120 à l'année 100, trois lois ayant trait à cette grave question. L'une détruit ce qui reste de la législation Licinienne et des amendements dus aux Gracques, notamment en ce qui touche à l'aliénabilité des terres concédées. Une seconde oblige les possesseurs précaires du domaine public à payer une redevance devant être répartie ensuite entre les citoyens [38]. A cette condition, défense d'effectuer de nouveaux partages. Une troisième loi supprime alors la redevance, laissant subsister le principe posé : les patriciens et les riches triomphent.

En l'an 59, César, consul, fait passer une loi qui divise le territoire si fertile de la Campanie entre les citoyens ayant au moins trois enfants. On doit suppléer à l'insuffisance du domaine libre par l'achat de propriétés particulières, avec l'argent que rapporte Pompée, et au prix fixé par le dernier cens ; vingt répartiteurs sont chargés de cette délicate opération [39].

C'est la dernière loi agraire dont nous ayons à nous occuper [40], car l'on ne peut donner ce nom aux distributions faites par Marius, Sylla et les Triumvirs : Antoine, Lépide et Octave, aux mercenaires sur lesquels ils s'appuient durant cette ère de proscriptions sanglantes. Là, les propriétaires sont spoliés de la manière la plus brutale en faveur des vétérans [41], qui, une fois pourvus, ont

(*Hist. des Rom., op. cit.*, t. V, p. 78), le dévouement passionné des masses envers les deux frères, et surtout envers Caius, se fit jour après leur mort ; elles entourèrent d'un culte touchant et religieux leur mémoire, ainsi que les lieux où ils étaient tombés ».

38. « Au fond, écrit Macé (p. 356), cette loi était désastreuse pour le peuple ; c'était, en effet, établir une véritable taxe des pauvres, *un congiarium* ; c'était un appât à la paresse de la populace, c'est-à-dire le contraire des véritables lois agraires, qui, au lieu d'abrutir le peuple par la paresse, le relevaient par la nécessité du travail ».

39. Suet., *J. Cæs.*, XX ; Vell. Pater., *Hist. Rom.*, II, XLIV. Plutarque critique cette loi (*Pompée*, XLVII ; *Caton le jeune*, XXXII-XXXIII).

40. En l'an 64, Cicéron avait fait repousser un projet présenté par Servilius Rullus. Les avis sont partagés sur les avantages et les dangers de ce projet (Macé, *op. cit.*, p. 373-412 ; Dureau de la Malle, *op. cit.*, p. 322 et suiv. ; Duruy, *Hist. des Rom.*, t. II, p. 332 et 333).

41. Cicer., *in Ruello*, III, 2 ; Suet., *Oct.* ; App., *Guer. civ.*, I ; Vell. Paterc., *Hist. Rom.*, II, LXI ; Virg., *Eglog.*, I et IX. Pour augmenter le zèle de l'armée, dit Appien (IV, 3), les triumvirs promirent aux soldats, indépendamment des autres résultats de la victoire et à titre de colonies, dix-huit villes de l'Italie, les plus importantes par leur richesse et la fertilité de leur territoire. » Caligula, Néron, d'autres empereurs établissent des colonies militaires défensives en divers points du territoire, mais ceci ne rentre point dans notre sujet (Suet., *Ner.*, IX ; Tacit., *Ann.*, XIV, 27).

une tendance naturelle à vendre leur part pour revenir à Rome augmenter les désordres de cette malheureuse époque.

Pour conclure : l'esprit des véritables lois agraires, tel qu'il apparaît dans les textes, n'est ni communiste, ni révolutionnaire. Ces lois sont le produit d'une réaction inévitable contre les empiètements incessants du domaine public, qui aboutissent à la constitution de vastes *latifundia*, au grand détriment de la population, composée de petits cultivateurs libres, véritable force d'un pays.

Ces revendications légitimes ne tiennent pas compte, il est vrai, et c'est un reproche que l'on est fondé à leur adresser, des améliorations apportées à certaines parties de l'*ager publicus* par les usurpateurs; cette lacune n'enlève point l'utilité de la plupart des propositions que formulent, au cours des siècles, les Magistrats investis de la puissance tribunitienne.

Loin de voir dans les Gracques, notamment, des perturbateurs de la société, on doit les considérer comme « des hommes d'État ayant sur la nature de la société et celle du gouvernement les vues les plus justes et les plus étendues » (Dureau de la Malle, *op. cit.*, t. II, p. 321).

Il convient d'ailleurs de remarquer que ces lois ne sont nullement dues à un sentiment de bienfaisance envers la classe pauvre; elles tirent leur origine de principes politiques ; la question d'humanité pure reste étrangère aux préoccupations des patriciens qui les attaquent et des tribuns qui les défendent.

§ 4. — *Les distributions au peuple.*

L'Italie, le monde entier, semblent créés pour la seule ville de Rome; c'est là qu'habite le Peuple-Roi; foule immense d'origine diverse : petits propriétaires expulsés de leurs champs; artisans peu propres au métier des armes [42]; Latins inscrits frauduleuse-

42. Devant la menace d'une invasion gauloise (en 338 et 320 av. J.-C.), « la foule des artisans, les ouvriers sédentaires, gens peu propres au métier des armes, furent, dit-on, enrôlés » (Minime militiæ idoneum genus)(Tit.-Liv., *Hist.*, VIII, xx).

ment sur les registres du cens [43]; affranchis, hier encore privés de liberté [44].

Cette foule inquiète, envieuse, inspire de tout temps de grandes craintes aux gouvernants, et la question des subsistances figure au premier rang des préoccupations du Sénat républicain, puis des Empereurs.

Dès l'expulsion des rois, les consuls sont chargés de tout ce qui concerne les vivres [45]. Le Sénat confie ensuite aux édiles le soin de veiller à l'approvisionnement de la ville (cura annonæ), indépendamment de la création d'un *Præfectus annonæ* dans les temps difficiles [46]. Cette dernière fonction devient permanente à la fin du règne d'Auguste.

Lors des famines si fréquentes, suite naturelle des guerres avec les nations voisines, on fait venir du blé de l'Etrurie, de la Sicile, et les sénateurs déploient une grande activité pour accélérer les transports [47]. En cas de nécessité, les édiles vendent le blé un *as* le *modius* [48]; le peuple reconnaissant leur élève des statues. Les particuliers qui veulent agir de même deviennent aussitôt suspects.

L'an 438 (avant J.-C.), Sp. Mélius, de l'ordre des chevaliers, homme fort riche, fait à l'occasion d'une disette de larges distributions. Accusé d'aspirer à la royauté, il est tué impunément par Servilius Ahala, maître de la cavalerie [49].

43. Les alliés latins se plaignaient qu'un grand nombre de leurs concitoyens étaient venus se fixer à Rome et avaient été compris dans le cens. L'enquête faite renvoya 12.000 latins dans leurs foyers et déchargea Rome d'une population d'étrangers devenue embarrassante (Tit.-Liv., *Hist.*, XXXIX, III). Cet abus ne cessa pas (Tit.-Liv., XLI, VIII, 12).

44. On connaît l'apostrophe de Scipion Emilien, le vainqueur de Numance à la foule qui l'interrompait par ses clameurs: « Ceux que j'ai amenés ici enchaînés ne m'effrayeront pas parce qu'aujourd'hui on leur a ôté leurs fers ».

45. Les deux consuls se disputaient l'honneur de faire la dédicace du temple de Mercure. Le Sénat renvoya au peuple la décision de cette affaire en ordonnant que celui que le peuple choisirait aurait la surintendance des vivres (eum præesse annonæ) (Tit.-Liv., *Hist.*, II, XXVII).

46. Tit.-Liv., *Hist.*, IV, XII; *Dict. ant. grecq. et rom.*, t. Ier, p. 95-100, art. *Ædiles* de G. Humbert.

47. Tit.-Liv., *Hist.*, II, XXXIV (ann. 505-460); IV, LII (ann. 410-408); X, XI (ann., 302-291).

48. Le modius vaut 8 lit. 671 (Tit.-Liv., *Hist.*, XXXI, L; XXXIII, XLII).

49. « On força les citoyens à déclarer le blé qu'ils avaient; à vendre le surplus de ce qui leur était nécessaire pour un mois; on diminua la ration des esclaves;

C'est surtout lorsqu'un péril pressant menace la cité que les patriciens recourent à toutes les séductions envers le peuple : affranchissements de droits d'entrée, d'impôts [50]. Les Empereurs agissent de même. Tibère fait baisser le prix du blé [51] et tient compte aux marchands de deux sesterces par boisseau; il n'épargne ni soins, ni dépenses pour remédier aux incertitudes des saisons et des flots [52].

Claude, gravement menacé lors d'un tumulte populaire amené par la rareté des subsistances (la Ville ne possédant plus de grains que pour quinze jours), s'occupe avec sollicitude, le reste de son règne, des approvisionnements et de la sûreté de Rome [53].

Sous Néron, la cherté des grains augmente la haine que lui attire ses rapines [54]. Toutefois, la populace craint pour ses provisions alimentaires, sa principale et constante préoccupation, si le prince parle de s'éloigner (et, quæ præcipua cura est, rei frumentariæ angustias, si abesset, metuendi [55]).

Vespasien, avisé d'une nouvelle disette, fait prendre les navires les plus légers, les charge de grains et les expédie, quoique la

on accusa et on livra à la fureur du peuple les marchands de grains et l'on n'obtint de ces rigoureuses mesures d'autres résultats que de constater le mal sans le soulager. Un grand nombre de plébéiens ayant perdu tout espoir, plutôt que de traîner leur vie dans ces tourments, se voilèrent la tête et se précipitèrent dans le Tibre (Tit.-Liv., *Hist.*, IV, XII-XIII).

50. Porsenna marche contre Rome à la tête des Toscans... « Aux riches seuls fut alors laissé le soin de contribuer aux besoins de l'État, puisqu'ils pouvaient supporter ce fardeau; tandis que les pauvres lui payaient un tribut assez fort en élevant leurs enfants » (Tit.-Liv., *Hist.*, II, IX).

51. Auguste après Actium « fit, dit Suétone (XVIII), de l'Égypte une province romaine, et, afin d'assurer la fécondité nécessaire aux approvisionnements de Rome, ses soldats nettoyèrent tous les canaux ouverts aux débordements du Nil ».

52. Tacit., *Ann.*, II, LXXXVII; VI, XIII. Tibère avait été chargé des vivres sous Auguste, à un moment où les approvisionnements manquaient (Suet., *Tib.*, VIII). Sous son règne, ce service était confié à des compagnies de chevaliers romains, ainsi que la perception des impôts (Tacit., *Ann.*, IV, VI).

53. Suet. (*Tib. Claud.*, XVIII); Tacit., *Ann.*, XII, XLIII, fait à ce sujet de mélancoliques réflexions : « Il n'y eut qu'une faveur particulière des dieux et la douceur de la saison qui nous garantirent des plus déplorables extrémités. L'Italie jadis fournissait elle-même des blés aux provinces éloignées, et son sol n'est pas plus stérile aujourd'hui, mais on préfère labourer l'Afrique et l'Égypte, et abandonner aux hasards de la mer la vie du peuple romain. »

54. Suet., *Nero*, XLV.

55. Tacit., *Ann.*; *Nero*, XV, XXXVI.

saison soit encore orageuse. Lorsque le convoi arrive [56] dans le Tibre, les greniers ne contiennent guère que pour dix jours de blé (Tacit., *Ann.*, IV, LII).

Marc-Aurèle prend toujours de sages mesures à ce sujet, et alloue des vivres à certaines villes d'Italie [57]. Quant à Septime Sévère, il trouve les approvisionnements en fort mauvais état et pourvoit à tout avec une telle vigilance, qu'à sa mort il existe une réserve de sept années en froment, et de cinq années en huile [58]. Ces ressources précieuses sont dilapidées par Elagabal et reconstituées sous Alexandre Sévère (Lamp., *Ant. Heliog.*, XXVI; *Alex. Sev.*, XXI).

Durant la période impériale, le Préfet de la Ville, qui a sous ses ordres le *Præfectus annonæ*, veille à ce que les viandes soient vendues à un prix raisonnable. Les marchés sont confiés à ses soins [59].

Toutes ces dispositions paraissent sages, légitimes, et l'on ne peut que les approuver. Malheureusement, ainsi que nous venons de le dire, en dehors des cas de famine ou au moins de disette, Caius Gracchus accorde au peuple des distributions mensuelles de blé à vil prix [60]. Cette prodigalité funeste ne tarde pas à être dépassée.

Marius empêche bien, il est vrai, un moment les distributions gratuites; c'est pour les approuver ensuite [61], et, en l'an 75, après la mort de Sylla, le consul Cotta fait allouer aux frais du trésor cinq *modii* de blé par mois à chaque citoyen.

Lorsque César usurpe définitivement le pouvoir, 320.000 personnes reçoivent des allocations de cette sorte [62]; il réduit ce nombre à 150.000, en établissant que le prêteur pourvoira chaque année, par voie de tirage au sort, au remplacement des particuliers

56. *Horrea publica* établis à Ostie et à Rome, on en comptait 291 dans les différents quartiers (*Dict. ant. grecq. et rom.*, t. Ier, p. 273-278, art. *Annona* de G. Humbert).
57. Capit., *Marc. Ant.*, XI.
58. Spart., XXIII.
59. *Digest.*, I, XII, *de off. Præf., Urbi*, II.
60. Un demi-as ou un tiers d'as le modius (Cicer., *Orat. pro Sextio*, XXV).
61. Plut., *Marius*, IV et XXIX.
62. On voyait à cette époque des citoyens donner la liberté à leurs esclaves et partager ensuite avec leurs affranchis les vivres distribués (Dion Cassius, XXXIX, XXIV; Dureau de la Malle, *op. cit.*, t. II, p. 310).

rayés des listes [63]. Pour compléter cette mesure, 80.000 colons sont répartis entre les possessions d'outre-mer.

Auguste songe à supprimer ces prodigalités; il recule, impuissant à effectuer une pareille œuvre, et ne tarde pas, d'ailleurs, dans des vues intéressées, à accroître encore le chiffre des distributions; ce chiffre est ramené depuis à 200.000, et reste à peu près stationnaire jusqu'au temps de Dioclétien [64].

Néron fonde des allocations analogues pour les cohortes prétoriennes et gratifie le peuple d'argent, de vivres, et surtout de représentations théâtrales (Suet., *Claud. Nero*, X). Trajan veille à ce que personne, y ayant droit, ne soit écarté de ses largesses [65]. Adrien augmente la part assignée par son prédécesseur aux jeunes enfants (Spart., *Hadrian.*, VII) [66]. Marc-Aurèle réglemente avec soin cette lourde charge du trésor public (Capit., *Marc-Aur.*, XI) et Septime Sévère assure au peuple de l'huile indépendamment du froment (Spart., *Sep. Sév.*, XVIII).

Alexandre Sévère rétablit cette allocation supprimée par Élagabal (Lamp., *Alex. Sév.*, XXI).

Quant à Aurélien, il habitue la *plebs urbana* à recevoir, chaque jour, deux livres de pain de première qualité, en forme de couronne [67]; il fait distribuer aussi de la chair de porc, mesure qui se perpétue après sa mort [68].

63. Suet., *J. Cæs.*, XLI-XLII.

64. Le monument d'Ancyre constate que durant son XIe consulat, Auguste donna douze frumentations de son argent et que le nombre des prenants dépassa 250.000 (Wallon, *Hist. de l'escl.*, *op. cit.*, t. II, note de la page 496). En ce qui touche les évaluations si problématiques de la population de Rome, voir : Dureau de la Malle, t. Ier, p. 340 et suiv. : Marquardt (trad. Vigié), *De l'org. financ.*, *op. cit.*, p. 151 et suiv., et l'art. *Annona*, déjà cité, de G. Humbert, *Dict. ant. grecq. et rom.*, t. Ier, p. 273 et suiv.

65. Plin. cæc. secund., *Paneg.*, XXV-XXVII.

66. Avant Auguste, les enfants au-dessous de douze ans n'étaient point admis aux distributions de vivres. Ce prince dérogea le premier à cet usage; mais Trajan alla plus loin, il établit pour eux le droit permanent de prendre part comme les autres à ces largesses (Bib. lat. de Panckoucke, *Hist. Aug.*, t. Ier, note 59 de la page 219).

67. Pour recevoir ces couronnes, il fallait monter par des gradins sur une espèce d'estrade ; de là le nom de *panis gradilis*. On voit sous la République des édiles distribuant déjà du pain aux pauvres, près du temple de Cérès (*Dict. ant. grecq. et rom.*, t. Ier, p. 275, art. *Annona*. Flav. Vopisc., XLVII).

68. Flav. Vopisc., *Ann.*, XXXV. Cet auteur, qui vivait au commencement du IVe siècle, déclare que cette distribution de chair de porc existe de son temps.

Quels sont les bénéficiaires de ces largesses séculaires ? La question présente beaucoup d'obscurité. Tout le monde est d'accord qu'il faut être citoyen pour figurer sur les listes, ce point est acquis ; la majorité des auteurs pense ensuite que les pauvres seuls sont admis à se faire inscrire, ou du moins, qu'ils demandent seuls leur inscription.

Le blé des greniers publics, dit Sénèque (*de Benef.*, IV, XXVIII), tombe aux mains du voleur, du parjure, de l'adultère, enfin de tous ceux qui sont inscrits sur les tablettes, sans distinction de moralité. Tout est donné à titre de citoyen et non à titre d'homme de bien ; les bons et les méchants reçoivent également.

L'ensemble des participants porte le nom de *plebs urbana*, on les nomme aussi *œneatores*, parce que leurs noms se trouvent gravés sur des tables de bronze. On s'inscrit par tribus [69], et il est remis à chacun une tablette ou jeton, en bois, en plomb, etc.. : *tessera frumentaria*, qu'il doit représenter à chaque distribution [70]. Ces distributions ont lieu en général à Rome, au *Porticus minucia*, construction comprenant quarante-cinq entrées (ostia). Les tessères indiquent le jour auquel on doit se présenter ainsi qu'un numéro de porte [71].

Auguste essaye d'établir un système de trois allocations par an, « pour ne pas trop souvent détourner les plébéiens de leurs travaux » ; en présence des réclamations qui surgissent, il rétablit les mensualités (Suét., *Oct.-Aug.*, XL).

Ces subsides réglementaires sont distincts des congiaires (congiaria), ou largesses accordées par les gouvernants à la fin de la République et sous l'Empire, en vue de capter les suffrages [72].

69. *Tribulis et pauper* deviennent synonymes. Exemple : *Mart.*, ep. VIII, XV ; Duruy, *Hist. des Rom.*, *op. cit.*, t. V, p. 255.

70.

Libertate opus est : non hac, quam ut quisque Velina
Publius emeruit, scabiosum tesserula far
Possidet...

(Pers., *Sat.*, V, v. 73-75.)

71. Marquard, *De l'organisation financière*, *op. cit.*, p. 160 et suiv. Cet auteur ajoute (p. 163) que « la *tessera frumentaria* pouvait, suivant les temps, être cédée ou vendue par le titulaire ; les patrons avaient coutume soit d'acheter une tessère à leur affranchi, soit, ce qui était la même chose, de le faire inscrire dans une tribu. » Nous avons déjà parlé de cet abus.

72. Il faut, sons l'Empire, distinguer : les *donativa*, libéralités en argent faites

Cicéron reproche à César d'avoir séduit la multitude par ses prodigalités, ses monuments, *ses distributions de vivres*, ses banquets publics. « Muneribus, monumentis, congiariis, epulis, multitudinem imperitam lenierat » (*In Philip.*, II, XLV).

Les Empereurs accordent de l'argent, de l'huile, du vin, du sel, des vêtements, etc. Tout est une occasion pour justifier ces dilapidations intéressées : l'avènement au pouvoir ; une victoire ; un mariage ; une adoption. On croit généralement que les citoyens participant aux *congiaires* [73] sont ceux qui se trouvent inscrits sur les tables de *l'annone* [74]. Cependant le nombre des bénéficiaires est parfois plus considérable. Pline le jeune loue Trajan d'avoir étendu ainsi ses libéralités (*Panég.*, XXVI). Ces congiaires constituent une lourde charge pour le trésor et, au point de vue de l'effet corrupteur produit sur les masses, on peut les assimiler aux distributions régulières d'aliments.

Afin de bien comprendre la pensée qui préside à de pareilles prodigalités, rappelons-nous qu'en principe les citoyens seuls y prennent part ; les enfants (habituellement), les femmes, les étrangers (toujours), en un mot, ceux qui ne votent pas, se trouvent exclus [75].

Ces largesses ruineuses encouragent la plèbe à compter sur l'État et non sur elle-même, à se préoccuper de jeux plutôt que de travaux. A Rome c'est toujours fête, s'écrie Varron (*de re rust.*, III, 2), et la foule s'habitue si bien à ces aumônes que Néron, espérant atténuer l'horreur causé par le meurtre d'Agrippine, l'accuse de s'être, de son vivant, opposée à la distribution d'un congiaire (Tacit., *Ann. Ner.*, XIV, XI).

aux soldats, des *congiaria* distribuées aux citoyens : « *Congiarum* populo ter dedit, *donativum* militibus ter », Lamp., *Alex. Sév.*, XXVI. Voir dans le *Dict. antiq. grecq. et rom.*, t. Ier, p. 1442-1444, l'art. *Congiaria* de E. Pottier. Sur les monnaies, le mot *liberalitas* est souvent synonyme de *Congiarium.*

73. Il faut encore distinguer les *congiaria* des *missilia :* bons, billets de loterie, monnaies, etc., jetés parmi la foule, souvent aux jeux du cirque (Die proxima omme genus rerum missilia sparsit) Suet., *Domit.*, IV ; Lamp., *Heliog.*, XXI.

74. Auguste montre souvent une certaine raideur à ce sujet (Suet., *Oct.-Aug.*, XLIII).

75. Marquardt, *De l'ad. fin.. op. cit.*, 2e part., ch. V, p. 151, écrit : « *Les distributions furent toujours une mesure politique* » , et il ajoute en note : « Sur ce point, j'avais autrefois pensé différemment ; je suis actuellement les explications données et développées par Hirschfeld (*Getreideverw*, p. 8 et 9).

Si Rome, écrit Edmond Labatut (*La question des subsistances chez les Romains*, in-8, 1861, p. 11), est le rendez-vous d'un peuple immense, elle est, en compensation, le réceptacle de toutes les richesses; elle peut nourrir le peuple de fêtes, le corrompre en l'entretenant dans ses goûts d'oisiveté et de plaisirs faciles: il devient bientôt un peuple d'esclaves; on n'est pas libre quand on ne sait vivre qu'aux dépens du Gouvernement.

« Le Peuple-Roi, ne craint pas de dire Naudet (*op. cit.*, p. 6), n'est toujours qu'une populace fainéante ».

Cette protection tardive de débiteurs opprimés par d'avides créanciers; ces lois agraires destinées à faire rendre aux plébéiens les terres de l'*ager publicus* qu'envahissent les riches; ces dilapidations du trésor, sous la forme d'*annonæ*, de *congiaria*, de *donativa*, de *missilia*, sont des mesures procédant toujours d'une idée politique; on ne saurait y découvrir une intention charitable; il faut y voir seulement « la rançon payée par le pouvoir pour n'être pas inquiété » (Naudet, *op. cit.*, p. 91).

CHAPITRE VIII

LE MONDE ROMAIN AVANT CONSTANTIN

TROISIÈME PARTIE

LES MÉDECINS A ROME — LA BIENFAISANCE ROMAINE

I

LES MÉDECINS A ROME

§ 1er. — *Esculape et son culte.*

L'homme cherche de tout temps les moyens de guérir le corps, de prévenir les maladies, et cette science si utile lui paraît d'origine divine : « Ejusque utilitas deorum immortalium inventioni consecrata » (Cic., *Tus.*, III, I). Le soleil reste le purificateur par excellence, en Italie aussi bien qu'en Grèce, et les vierges vestales l'invoquent sous un double titre : « Apollo medice. Apollo pæan [1]. »

La magie, dans laquelle nombre d'adeptes saluent un art

1. Macrob., *Saturn.*, I, cap. XVII. Lors d'une grave épidémie (184-178 av. J.-C.), les consuls sont chargés d'offrir des présents et de consacrer des statues dorées à Apollon, à Esculape et à la déesse Salus — un temple est élevé sur les bords du Tibre à Apollon médecin (Tit.-Liv., *Hist.*, XL, XXXVII). Sous le règne de Titus il y eut une peste dont les ravages furent effroyables : on recourut pour guérir les malades et fléchir les dieux à toutes sortes de remèdes et de sacrifices (Suet., *Tit.*, VIII). A Marseille, au dire de Pétrone (*Satyr.*, CXLI), chaque fois qu'on était affligé de la peste, un pauvre se dévouait, à condition que la ville le nourrît une année entière des mets les plus délicats. L'année révolue, couronné de verveine et revêtu d'habits consacrés, on le promenait dans toute l'enceinte de la cité, on le chargeait d'imprécations, pour faire retomber sur sa tête les fléaux publics, et on le précipitait du haut d'un rocher.

médical « plus profond et plus saint [2] », règne également sur les bords du Tibre ; Cicéron combat la divination, la prétendue autorité des songes, ses paroles demeurent stériles [3]. Tout le monde croit aux amulettes : pierres de diverses natures, plantes, animaux, formules mystérieuses gravées sur des anneaux, des plaques de métal [4].

En Italie, ainsi que cela se pratique partout, les divinités ne sont pas invoquées seulement à cause des bienfaits que l'on doit en attendre, on les prie pour conjurer les maux qu'elles peuvent envoyer. La fièvre a trois temples à Rome, les médicaments appliqués aux malades y sont déposés ; usage destiné à calmer les agitations de l'esprit humain, écrit Valère Maxime [5].

Les déesses d'un rang secondaire, chargées de présider à la consolidation des os, à la formation de la chair, ont également des adorateurs [6]. Les femmes enceintes invoquent Lucine et les divinités qui président aux naissances [7].

Primitivement, l'Asclépios grec (*Æsclepius*) n'a qu'un petit temple situé en dehors du *pomerium* [8] comme ceux de tous les dieux étrangers [9]. En l'année 291 (av. J.-C.), un sanctuaire lui est consacré dans l'île du Tibre. Écoutons le résumé de la gracieuse légende d'Ovide [10].

Un horrible fléau dévaste le Latium ; le sang se corrompt dans

2. C. Plin. secund., *Nat. hist.*, XXX, I.
3. Cic., *de divin.*, II, LIX.
4. « Magicæ artis conscios summo supplici affici placuit, id est, bestiis objici aut cruci suffigi. Ipsi autem magi viri exuruntur. » Défense de garder des livres de magie (Paul, *Sent.*, V, XXXIII, 17-18). Caracalla condamne à mort ceux qui portent à leur cou des amulettes contre les fièvres tierces et quartes ; « qui remedia quartanis, tertianis que collo annexa gestarent » (Spart., V).
5. Cicer., *de Nat. deorum*, III, 25 ; Valère Max., V, VI ; C. Plin. Secund., *Nat. hist.*, II, V (VII).
6. Var., *de Ling. lat.*, V ; Sanct., August., *de civ. dei*, IV, 21.
7. Septem ego per noctes, totidem cruciata diebus,
Fessa malis tendens que ad cœlum brachia, magno,
Lucinam, nexos que pares, clamore vocabam.
(Ovid., *Metam.*, IX, v. 292-295 ; *Fast.*, III, v. 255-258).
8. Enceinte sacrée entourant la ville et dans laquelle il n'était pas permis de bâtir (Tit.-Liv., *Hist.*, I, XLIV).
9. Marquardt, *Le culte des Rom.*, (trad. par Brissaud), 2 vol. in-8, 1896, t. II, III, p. 77).
10. Ovid., *Metam.*, XV, VII ; Valère Max., I, VIII.

les veines; les hommes se traînent avec peine; la mort frappe sans relâche. Les ressources de l'art restent impuissantes. Des députés se rendent au temple de Delphes (situé au centre du monde), pour consulter l'oracle : « Ce n'est pas Apollon, leur répond-il, qui doit mettre fin à vos souffrances, c'est son fils; allez, sous d'heureux auspices, faites-le venir dans vos murs ». Les ambassadeurs font voile vers Épidaure, ils supplient le peuple et le Sénat de leur céder le dieu dont la présence seule est capable de sauver la population romaine. Les avis se partagent; mais au milieu de la nuit, le dieu apparaît en songe aux envoyés, tel qu'il se voit sur son autel. Sa main gauche tient un bâton noueux, de la droite il caresse sa longue barbe : « Ne craignez rien, dit-il, voyez ce serpent enroulé autour de mon bâton, je prendrai sa forme, tout en étant plus grand ainsi qu'il convient à un immortel. » Il dit et s'évanouit à leurs yeux.

Le jour arrive, les magistrats d'Épidaure se réunissent de nouveau, demandant au dieu de faire connaître sa volonté. A cette prière, Esculape, sous l'apparence d'un serpent à crête d'or, annonce sa présence par des sifflements. Il s'arrête dans le sanctuaire, la foule recule épouvantée, le pontife élève la voix, avec lui chacun adore et prie. Les Romains implorent la protection de leur sauveur. Il exauce ces vœux, son corps immense déroule ses anneaux sur la terre jonchée de fleurs, il traverse la ville, arrive au port, monte sur le vaisseau.

Après une heureuse traversée le navire atteint la ville de Romulus; le serpent divin s'élève jusqu'à la pointe du mât, agite sa tête, cherchant le lieu où il doit établir sa demeure. Le Tibre dans son cours se partage en deux bras d'une égale largeur qui environnent de leurs eaux une île à laquelle le fleuve donne son nom [11]. C'est là qu'en sortant du bâtiment le serpent se retire; il reprend sa figure, met fin aux ravages de la peste. Sa présence sauve Rome.

Sur la terre latine, le culte d'Esculape diffère peu de celui qui lui est rendu à Épidaure et dans les nombreux temples de l'Asie ou de la Grèce; ce culte jette cependant moins d'éclat [12].

11. La légende attribue la formation de cette île aux moissons des Tarquins que le peuple, après l'expulsion des rois, jeta dans le Tibre par un scrupule religieux (Tit.-Liv., II, v).

12. C'est à Pergame que Caracalla va chercher la santé et se soumet en vain à

Les malades vont coucher sous les portiques du sanctuaire romain, espérant recevoir en songe communication des remèdes nécessaires à leur guérison [13], la statue du dieu est entourée de son cortège habituel, et là aussi Télesphore cache ses mains sous sa *casula* [14].

Des ex-voto, des inscriptions couvrent les murs [15].

Les prescriptions des prêtres interprètes des songes se rattachent surtout à l'hygiène : monter à cheval, prendre des bains froids, marcher nu-pieds [16]. Cicéron, guéri d'une légère indisposition, charge sa femme, *Terentia*, d'offrir des sacrifices à Apollon et à Esculape, comme elle en a l'habitude en pareil cas (quemadmodum soles [17].)

Les charlatans ne manquent point naturellement d'exploiter les superstitions populaires ; sous Antonin le Pieux, un devin proclame qu'Esculape s'est révélé à lui en prenant la forme d'un dragon à tête humaine. Glykon est le nom de cette nouvelle incarnation du dieu [18].

§ 2. — *Les médecins privés* [19].

Durant toute la période républicaine, l'exercice de la médecine est tenu en médiocre estime à Rome [20]. Les chefs de famille vivant

toutes les prescriptions exigées ; il peut dire avec un personnage de Plaute (*Curc.*, act. III, sc. I) : « ut qui me nihili faciat, nec salvom fecit. »

13. « Ægrotus incubat in Æsculapii fano » (Plaut., *Curc.*, act. I, sc. I, v. 62).

14. Manteau avec capuchon porté par les paysans.

15. Jacobi Philippi Tomasini. *De donariis ac tabellis votivis*, in-4°, Utini, MDCXXXIX ; Duruy, *Hist. des Rom.*, *op. cit.*, t. V, p. 449.

16. Marc-Aurèle, *Pensées*, V, VIII.

17. « J'ai dans la nuit vomi de la bile toute pure, et à l'instant je me suis senti soulagé comme si un dieu m'eût lui-même apporté le remède » (Tullius, *Terentiæ suæ*, *lit.*, 391 ; *vel F.*, XIV, 7).

18. *Dict. ant. grecq. et rom.*, t. Ier, p. 411, art. *Draco* de E. Pottier.

19. Consulter :

Dr Réné Briau : 1° *L'assistance médicale chez les Romains*, in-8, 1869 ;

2° *L'archiatrie romaine, ou les médecins officiels dans l'empire romain*, in-8, 1877.

Dr Victor Révillout, *De la profession médicale sous l'empire romain*, *Compt.*, *rendus de l'Académie des sciences mor. et polit.*, année 1866, n[os] d'avril-mai et d'oct.-nov. ; année 1867, n° de septembre.

Dr Dechambre, *L'Assistance médicale chez les Romains et l'archiatrie romaine*, *analyse des mémoires du Dr Réné Briau*, in-8, 16 p. (ext. *Gaz. heb. de méd. et de chirurg.*, octobre 1879).

20. « Le médecin : esclave, affranchi ou étranger (*Archiatrie romaine*, p. 1) et à

à la campagne, Caton par exemple, se croient parfaitement capables de soigner leurs serviteurs au même titre que leurs animaux domestiques [21].

Les particuliers riches ont auprès d'eux, au nombre de leurs esclaves ou de leurs affranchis, des individus plus ou moins habiles en médecine, achetés souvent fort cher en Grèce [22], ou qu'ils obligent, croyant leur découvrir des dispositions naturelles, à suivre les enseignements d'un praticien [23]. Il n'existe pas en effet dans l'Italie de grandes écoles médicales analogues à celles dont s'honore le monde grec. Alexandre Sévère organise le premier des cours; on permet aux pauvres de condition libre d'y assister moyennant une rétribution en nature [24].

Il ne faut pas s'étonner de l'usage fréquent des médecins domestiques; beaucoup de gens aisés préfèrent, au lieu de recourir à des praticiens de la ville, sentir constamment à leur disposition une personne moins savante peut-être, mais susceptible de connaître à fond leur tempérament, et, ajoute Galien, mieux disposée à la complaisance [25]; pouvant, de plus, les accompagner en

peu près toujours Grec de naissance, se trouve placé sous l'empire du droit rigoureux et oppressif qui régit ces trois conditions ».

21. Plut., *Cato*, XXIII (Didot), p. 418. Voir, dans Caton (*de re rust.*), la description des nombreuses vertus curatives des choux. Varron (*de re rust.*, II, x) désire que l'on n'ait pas besoin de recourir aux médecins, le métayer ayant par écrit tout ce qui concerne les maladies auxquelles les hommes et les bêtes sont sujets.

22. Il est constant que la science médicale fut bien plus cultivée chez les Grecs que chez les autres peuples (Celsi, *De medicina*, I, I).

23. Un certain Thessalus ayant, au dire de Galien (*Méth. méd.*, I), annoncé qu'en six mois il pouvait enseigner tout ce qu'un médecin doit savoir, eut en peu de temps une foule de disciples. Martial se plaint, dans une de ses épigrammes du nombre des disciples qui accompagnent les médecins, et dont la curiosité indiscrète et intempestive augmente les souffrances des malades (*Ep.*, V, IX).

24. Rhetoricis, grammaticis, *medicis*, haruspicibus, mathematicis, mechanicis, architectis, salaria instituit et auditoria decrevit, et discipulos *cum annonis* pauperum filios, modo ingenuos, dari jussit » (Lamp., XLIV). « Dans le second siècle, ce n'était pas généralement les médecins le plus en vogue qui donnaient ainsi des leçons. Galien lui-même, qui nous l'indique, après avoir, avec un grand succès, démontré l'anatomie et les autres sciences médicales lors de son arrivée à Rome, y renonça définitivement et ferma son amphithéâtre vers l'âge de trente-quatre ans, aussitôt qu'il eut, comme praticien, une réputation établie, des malades riches et nombreux (Dr Révillout, *Comp. rendus cités*, 2e sem. 1866, p. 11).

25. « Ceux-ci n'auraient garde de leur refuser de l'eau froide s'ils en demandent; des bains s'ils en témoignent le désir; de la neige, même du vin s'ils l'exigent. Contrairement aux traditions antiques de ces descendants d'Esculape qui voulurent commander aux malades, comme des généraux à leurs soldats, comme des rois à leurs sujets » (Galien, *Méth. méd.*, I, I).

voyage ou aux eaux thermales. C'est dans cette catégorie que se recrutent les exécuteurs de tant de crimes. Cicéron, en son *Plaidoyer pour Cluentius*, retrace l'émouvant tableau de quelques-unes de ces tragédies domestiques alors trop fréquentes [26].

Les grands propriétaires ont dans leurs maisons de ville des infirmeries (valetudinaria) auxquelles, si besoin est, sont attachés des esclaves spéciaux [27], sous les ordres de l'esclave ou de l'affranchi médecin. C'est ainsi qu'après la chute de l'amphithéâtre de Fidènes (règne de Tibère), de nombreux blessés se trouvent recueillis et traités : « Patuere procerum domus, fomenta et medici passim præbiti » (Tacit., *Ann.*, IV, LXII-LXIII).

Les expertises et constatations concernant les questions de grossesses et d'enfantement paraissent, durant de longs siècles, appartenir aux sages-femmes qui peuvent aussi faire de la médecine et portent le nom d'*obstetrices* ou de *medicæ* [28].

Ces sages-femmes reçoivent des cadeaux [29] et touchent des honoraires au sujet du règlement desquels le Président de la province est fondé à intervenir.

Un rescrit de Jules César accorde aux médecins, exerçant à Rome, le droit de cité, ainsi qu'à ceux qui professent les arts libéraux ; « une telle faveur devant leur faire aimer davantage le séjour dans cette ville et en attirer encore d'autres [30] ». Auguste ajoute à ce privilège l'exemption d'impôts.

L'espoir de César n'est pas trompé ; à partir de ce moment, les étrangers viennent en foule, et à la défiance de Caton l'Ancien contre ces médecins exotiques, succède un tel engouement qu'un praticien ne vaut rien s'il n'écrit pas ses ordonnances en langue grecque. Pline ajoute (*Nat. hist.*, XXIX, VIII), « peu de

26. Cicéron (*or. pro Cluentio, passim*) nous montre un de ces misérables empoisonneurs, pourvu par sa maîtresse d'*une officine* et exerçant la médecine jusqu'au jour où il est exécuté pour vol.

27. « L'esclave auquel échoit, dans un nombreux domestique, le soin de traiter les malades et les fous (Senec., *de const. sapient.*, XIII ; Senec., *de Irâ*. I, XVI).

28. *Digest.*, L, XIII, *de extraord. cognit.*, I. § 2 ; *Digest.*, XXV. IV, *de inspiciendo ventre, custodiendo que partu*.

29. Plaut., *Mil. glor.*, act. III, sc. I, v. 695 : « Tum obstetrix expostulavit mecum, parum missum sibi. »

30. Suet., *J. Cæs.*. XLII.

romains s'en mêlent, et pour réussir se font Grecs aussitôt : « Paucissimi Quiritium attigere, et ipsi statim ad Græcos transfugæ ».

Ces médecins, dont quelques-uns sont célèbres [31], ne s'épargnent pas entre eux : compétitions éhontées auprès des malades riches, querelles d'écoles, sont affaires courantes. Galien raconte avec prolixité les bons tours qu'il joue aux confrères qui ne partagent point sa manière de voir. Il y a aussi les prétendus spécialistes, vulgaires charlatans que stigmatise Martial [32].

Les médecins ont une officine [33], souvent rendez-vous des oisifs [34], bien pourvue d'instruments [35] ; là se préparent les médicaments [36] ; le public peut même s'y procurer des poisons [37]. On y donne comme en Grèce des consultations, ce qui n'empêche nullement les praticiens de se rendre à domicile.

Les petites opérations se font dans l'officine qui peut, à titre exceptionnel, abriter les malades pour quelques jours [38].

Les médecins ayant un peu de clientèle sont entourés d'aides chargés, selon l'énumération de Galien [39], de recueillir les herbes,

31. Maurice-Albert, *Les Médecins grecs à Rome* (in-18, Paris, 1894).

32. *Epig.*, X, LVI.

33. C. Plin. secund., *Hist. nat.*, XXIX, 6 : Le Sénat (en 219 av. J.-C.) achète des deniers publics une officine (*taberna*) à Archagathus du Péloponèse.

34. Plaut., *Amph.*, act. IV, sc. I.

35. « De même que les médecins ont toujours prêts, sous la main, les instruments, les ferrements propres à la cure des maladies imprévues » (Marc-Aurèle, *Pensées*, III, XIII (Didot), p. 13).

36. Dans l'attirail d'un médecin, on comprend, suivant Cassius : les drogues, les emplâtres et autres choses semblables (*Digest.*, XXXIII, VII, *de Inst. vel instrum. legato.*, 18, § 10.

37. Plaut., *Mercator*, act. II, sc. IV ; v. 463.

38. Plaut., *Menœchim*, act. V, sc, IV et V ; Spart., *Adrian.*, XII. — Dans la comédie de Plaute, il est question d'un fou, et il ne s'agit pas d'un usage habituel, car, en règle générale, ces infortunés doivent être soignés au domicile de leurs parents. Le curateur, s'il y en a un, a pour mission de gérer le patrimoine de l'aliéné tout en s'occupant avec sollicitude de sa personne. Un testateur institue pour héritiers, selon un exemple du Digeste, ses trois enfants, dont un fils imbécile, il laisse à l'une de ses filles la disposition d'une partie de la succession de son frère, en la chargeant de le nourrir et de l'entretenir jusqu'à sa guérison : « uti fratrem tuum alas, tuearis, dependas pro eo... donec mentis compos fiat et convalescat » XXXIII, II, *de usu etc.*, 32, § 6). Le Président de la province n'intervient que lorsque l'aliéné devenu furieux ne peut plus être gardé par les siens, il le fait alors renfermer, on lui donne des gardiens non seulement pour l'empêcher d'attenter à sa vie, mais encore pour le mettre hors d'état de nuire aux autres » (*Digest.*, I, XVIII, *de off. Præsidis*, 13 et 14).

39. Galien, *Comm.*, V, § 1, sur le liv. VI *des Epid.* d'Hipp., édition de Gottlob, Kühn, vol. XVII, 2e part., p. 229.

préparer les onguents, faire chauffer les remèdes, poser les cataplasmes, administrer les bains, les infusions et les clystères, scarifier, saigner, ventouser.

Ces aides, souvent esclaves, peuvent, s'ils sont affranchis ensuite, faire de la concurrence à leur maître et esquiver les devoirs dus à un patron [40]. Aussi le médecin, en leur accordant la liberté, a-t-il le droit de se réserver la location de leurs soins médicaux, et de leur enjoindre de le suivre dans ses visites [41]. Il est loisible également à un maître, non médecin, de stipuler que son affranchi, exercé à l'art de guérir, lui doit ses services gratuits pour lui et ses amis [42].

Tous ces praticiens, bons ou mauvais, fort peu préoccupés de soigner les pauvres [43], s'efforcent d'obtenir des honoraires élevés; Pline l'Ancien nous fournit sur ce sujet des renseignements montrant l'énormité des prétentions de certains d'entre eux [44]. La jurisprudence leur vient en aide pour se faire payer [45].

Quant à leur responsabilité et à celle des sages-femmes, elle rentre dans le droit commun ; les peines édictées frappent quiconque faisant acte de praticien se rend coupable d'impéritie ou de négligence [46], car il suffit de se dire médecin pour être cru sur parole [47].

40. *Digest.*, XL, v, *de fideic.*, 41, § 6.
41. *Digest.*, XXXVIII, I, *de op. lib.*, 26.
42. *Digest.*, XXXVIII, I, *de op. lib.*, 27. Le pauvre affranchi-médecin est ici assimilé à l'affranchi exerçant la profession de pantomime (artem pantomimi) qui, lui aussi, est tenu de réserver son talent pour les spectacles donnés par son patron ou par les amis de celui-ci.
43. « Il ne pouvait pas non plus y être question de médecine gratuite, c'est-à-dire de soins donnés gratuitement par les médecins, comme cela a lieu universellement aujourd'hui, tout médecin regardant comme un devoir professionnel de venir, sans rétribution aucune, traiter les pauvres dans leurs maladies » (Dr Briau, *Ass. méd.*, *op. cit.*, p. 4).
44. C. Plin. secund., *Nat. hist.*, XXIX, v-ix.
45. Le Gouverneur de la province dit Ulpien (*Digest.*, L, XIII, *de extraord. cognit.*, I, § 1 et 3) connaît même et prononce relativement au salaire qui doit être accordé aux médecins qui possèdent le talent de guérir certaines parties du corps, par exemple un mal d'oreilles, une fistule, une douleur de dents, pourvu cependant que ce ne soit pas par des magies naturelles ou noires qu'ils opèrent les guérisons: « non tamen si incantavit, si imprecatus est, si (ut vulgari verbo impostorum utam) exorcizavit ».
46. Paul, *Sent.*, V, XXIII, 19 ; *Digest.*, I, XVIII (*de offi. præsid.*,), 6 § 7 ; IX, II, *ad leg. aquil.*, § 6, 7-8-9 ; L, XIII *de extraord. cognit.*, 3.
47. Dr Briau, *Archiatrie*, *op. cit.*, p. 7. « Il suffisait de se poser en médecin pour l'être... et le hasard aidant on pouvait devenir en vogue. « Dr Révillout, *Comp. rend. cités*, 1er sem. 1866, p. 174 et 191).

Les sociétés qui se constituent pour fournir les éléments nécessaires aux jeux du cirque : courses de chars, combats de gladiateurs, etc., ont des médecins attitrés, chargés de soigner leur nombreux personnel, si exposé aux blessures et aux accidents [48].

La maison de l'empereur possède aussi des médecins, hiérarchisés à certaines époques [49]. Quant au Prince lui-même et aux membres de sa famille, ils ont des *medici* attachés à leur service particulier. Les noms de quelques-uns de ces *medici* sont connus soit en raison de leur mérite, soit à cause des faveurs impériales dont ils se voient l'objet. Il suffit de citer, sous Auguste : Musa et Asclépiade ; Stertimus Xénophon, médecin de Claude ; Scribonus Largus, Andromaque, etc.

En cas de besoin, les vestales reçoivent d'abord dans l'atrium du temple les soins d'un archiâtre [50] ; si le mal s'aggrave, le Pontife les confie à des matrones d'une vertu éprouvée [51].

§ 3. — *Les médecins municipaux et les médecins militaires* [52].

Les Romains trouvent en Grèce, à Marseille et dans d'autres colonies d'origine hellénique, cette institution de médecins publics payés par les villes pour le soulagement des citoyens pauvres, et dont nous venons de parler longuement (ch. V, p. 93). Ils favorisent le développement de cette organisation si utile, et confèrent aux praticiens choisis le droit de cité et des immunités diverses.

Les empereurs entendent toujours laisser les cités maîtresses du choix et de la fixation du salaire de ces fonctionnaires. Ce sont les conseillers et les propriétaires qui doivent élire ceux auxquels

48. Le Dr Briau donne tous les détails que peut fournir à ce sujet la science de l'épigraphie (*Ass. méd.*, *op. cit.*, ch. II et ch. III).

49. « Il n'y eut sous le règne d'Alexandre Sévère qu'un seul médecin du palais qui fût aux appointements, les autres, au nombre de six, recevaient chacun deux ou trois pains, dont un de première qualité (Lamp., *Alex. Sévère*, XLII).

50. Pour tout ce qui concerne la qualification d'archiâtre et le rang occupé par les médecins jouissant de ce titre, nous ne pouvons que renvoyer au mémoire cité plus haut du Dr René Briau.

51. Plin. cœc. secund., VII, epist. XIX.

52. Consulter : Simpson, *Des médecins attachés aux armées romaines* (trad. par le Dr Buttura), in-8 (ext. *Gaz. méd. de Paris*, 1857), et surtout Dr René Briau, *Du service de santé militaire chez les Romains*, in-8, 1866.

ils entendent se confier en état de maladie. C'est aux mêmes autorités qu'appartient le droit de révoquer ces médecins pour cause de négligence (*Digest.*, L, IX, *de decretis*, 1-5 ; XXVII, I, *de excusationibus*, 6, § 6).

Cette position est recherchée, aussi, afin de prévenir les abus, une décision d'Antonin, étendue à tout l'Empire, fixe-t-elle le nombre maximun de ces archiâtres devant jouir des faveurs accordées par le Prince [53] : exemption de tutelle, etc. Chaque agglomération d'habitants est naturellement libre de rester au-dessous du chiffre déterminé ou de ne constituer aucun service de cette nature ; elle doit avant tout consulter ses besoins et ses ressources [54].

On ne rencontre pas à Rome, sous les empereurs païens, d'archiâtres municipaux ; néanmoins, les médecins exerçant dans cette ville jouissent des immunités précitées [55].

Quant au personnel médical attaché aux troupes il n'apparaît qu'après l'organisation de corps d'armée permanents. Au début, les citoyens prenant part à de courtes expéditions, rentrent dans leurs foyers où ils peuvent être soignés. En cas de désastres, ou lorsque quelque famille puissante recherche la faveur populaire, les plébéiens blessés voient s'ouvrir pour eux les valetudinaria des maisons patriciennes [56]. Les officiers et personnages considérables se font du reste suivre à la guerre de leurs esclaves ou affranchis exerçant la médecine [57].

La constitution à Rome, sous Auguste, de corps sédentaires, chargés de la garde du Prince et de la ville, amène la nomination de médecins de ces cohortes (vigiles, prétoriens, garde urbaine). Les inscriptions renseignent utilement sur ce point [58].

53. Petites villes (minores civitates), cinq médecins au plus ; villes plus importantes (majores autem civitates), sept médecins ; très grandes villes, métropoles des peuples (maximæ civitates, metropolis gentium), dix médecins. Des immunités sont accordées aussi à un certain nombre de personnes professant les belles lettres (grammatici, sophistæ, rhetores).

54. *Digest.*, XXVII, I, *de excusation.*, 6, § 2-4.

55. Dr Briau, *L'archiatrie*, *op. cit.*, ch. III et IV.

56. Tit.-Liv., II, XLVII « Fabius saucios milites curandos dividit Patribus. Fabiis plurimi dati, nec alibi majore cura habiti ».

57. Plut., *Cat. utiq*, LXX (Didot, p. 946), « Vers minuit, il appelle deux de ses affranchis, Cléantre, le médecin... »

58. Voir tous les détails et les textes dans l'ouvrage du Dr Briau. Quatre méde-

Différents auteurs (Végèce, Hygin) parlent des médecins suivant les armées et les troupes auxiliaires ; ils sont aidés par des esclaves infirmiers. Des fonctionnaires, appelés *optiones valetudinarii*, jouent le rôle d'intendants, d'organisateurs de tout ce qui touche à ce service : transports de médicaments, etc., [59].

Hygin indique la situation et les dimensions des *valetudinaria* dans les camps permanents. Préfets, officiers des légions, tribuns, sont chargés par les règlements de veiller à l'hygiène des soldats et à l'organisation des soins médicaux [60].

Les empereurs marchant à la tête des armées ne manquent pas aussi de témoigner une sollicitude toute particulière aux militaires malades ou blessés. Pline le Jeune (*Paneg.*, XIII) fait honneur à Trajan des visites qu'il rend à ces malheureux (quid quum solatium fessis, œgris opem ferres ; non tibi moris tua inire tentoria, nisi commilitonum ante lustrares). Adrien agit de même (Spart., X), et Alexandre Sévère (Lamp., XLVII) va sous les tentes encourager les plus humbles soldats (etiam ultimos) ; les fait placer dans des chariots suspendus leur fournissant toutes les choses nécessaires. A l'imitation de Xénophon et des généraux grecs, il confie ceux de ses compagnons d'armes plus gravement atteints à des familles honorables et paye la dépense occasionnée, soit qu'ils se rétablissent, soit qu'ils meurent.

Mentionnons enfin, d'après quelques rares monuments épigraphiques, la présence de médecins sur les navires composant les flottes impériales (Dr Briau, *op. cit.*, ch. IX).

Pour résumer ce chapitre, on voit que les Romains, à l'imitation des cités grecques, ont dans nombre de villes des médecins publics, payés sur les fonds municipaux, mais donnant leurs soins

cins sont attachés à chaque cohorte des vigiles ; ils occupent un rang honorable dans la hiérarchie militaire.

59. Dr Briau, *op. cit.*, p. 18 et suiv.

60. Veget., *de re mil.*, II, x ; III, II : « qu'on ne laisse pas boire aux soldats d'eaux corrompues ou bourbeuses, elles sont semblables au poison (nam malæ aquæ potus veneno similis, pestilentiam bibentibus generat). Si le mal est fait, il faut avoir recours aux aliments propres à rétablir les soldats et à l'aide des médecins. « Iam vero, ut hoc casu *œgri contubernales* opportunis cibis reficiantur ac medicorum arte curentur. » Les mots *œgri contubernales* ont fait couler des flots d'encre. Le Dr Briau veut y voir les malades *hospitalisés*, couchés dans un même valetudinarium du camp ; le Dr Dechambre traduit au contraire : « hommes groupés sous la même tente ; camarades de chambrée ».

aux seuls citoyens et ne se préoccupant point des pauvres qui ne jouissent pas de ce titre. Cette constatation n'a rien qui doive surprendre, et nous pouvons dire avec le Dr Briau (*Assis. méd.*, *op. cit.*, p. 4) : « Il est évident que le peuple qui fait périr, pour son plaisir, des milliers de créatures humaines dans d'atroces spectacles ne peut avoir le sentiment de la vraie philanthropie bien développé ».

II

LA BIENFAISANCE ROMAINE

§ 1er. — *Les particuliers et les pauvres.*

Les devoirs réciproques des patrons, affranchis et clients se comprennent et se justifient parfaitement : ils sont un élément de force pour la société, et plus d'une fois c'est à la tête des hommes placés sous sa tutelle et son patronage que le patricien romain repousse les ennemis de la cité. Cette institution dégénère ; sous les empereurs elle devient une sorte de mendicité organisée : « Est-on pauvre ou seulement gêné et paresseux, on se fait admettre dans une troupe de clients, chose facile, car une des vanités des riches est de paraître en public précédés et suivis de citoyens en toge [1] ».

On va donc quêter des invitations à dîner : une place à ces tables immenses servies maigrement, tandis que le maître du logis se gorge de mets exquis [2] ; agglomérations de convives dont le nombre excite les inquiétudes de Néron [3] ; il veut que chacun emporte sa part dans une petite corbeille (*sportula*) [4]. Beaucoup de patrons se contentent de faire faire une distribution en argent, cent quadrans, soit vingt-cinq as [5].

1. Duruy, *Hist. des Rom.*, *op. cit.*, t. V, p. 143 ; Naudet, *Des secours pub.*, *op. cit.*, p. 26.
2. Juv., *Sat.*, V, *parasiti*, v. 67 et seqq. : Mart., *Epig.*, II, XVIII ; IV, LXVIII.
3. Suet., *Néro.*, XVI.
4. Juv., *Sat.*, III, v. 249.
5. Domitien à son tour veut rétablir les repas, *cœna recta*. (Suet., *Domit.*, VII). Dans la pratique les deux modes de libéralités sont suivis. (Duruy, *op. cit.*,

Ces libéralités ont lieu soit chaque jour, soit à des époques indéterminées, à l'occasion d'une naissance, d'une fête, etc. Martial et Juvénal dirigent leurs traits les plus acérés contre ces foules de citoyens oisifs, besoigneux, qui se pressent dès l'aube aux portes des grands pour saluer le patron à son réveil [6], adresser humblement leurs vœux à celui qu'ils appellent : roi et seigneur, essuyer parfois ses dédains [7], le suivre ensuite dans ses courses à travers la ville et, au moment du vote, lui prouver leur reconnaissance par des suffrages vendus d'avance [8].

Pour cette populace romaine : « misera ac jejuna plebecula » dont parle Cicéron [9], il n'y a pas que la *sportule* ; en Italie comme en Grèce, les cérémonies religieuses se terminent par des festins [10], et s'il est défendu et honteux de toucher aux vivres consacrés aux morts [11], les familles riches offrent fréquemment des sacrifices en l'honneur de leurs défunts et distribuent la chair des victimes [12].

Les inscriptions nous fournissent en outre une ample moisson de fondations consistant en festins annuels [13] ; générosités d'habi-

t. V, p. 144-145) évalue la valeur des allocations de 450 à 500 francs par an. Il ajoute : « Dans les cités provinciales, la sportule rapportait moins, mais je suis assuré qu'elle était toujours donnée là où se trouvaient un peu de fortune et beaucoup de vanité : deux choses qui vont souvent ensemble et qui dans l'Empire ne manquent pas ».

6. «... Nunc sportula primo
Limine parva sedet, turbæ rapienda togatæ ».
(Juv., *Sat.*, I, v. 95 et seqq.).

7. « Voyez-vous les maisons des grands et leurs portes où l'on se bat pour être le premier à leur lever. Il faut souffrir beaucoup d'indignités pour y entrer et plus encore quand on y est admis : « Multum habent contumeliarum, ut intres ; plus quum intraveris « (Senec., *Ep.* LXXXV).

8. Naudet, *Des secours pub.*, *op. cit.*, p. 26 : « Des suffrages certains ».

9. Cicero, *Attico suo*, epist. 21 (vel A-., 16).

10. *Dict. ant. grecq. et rom.*, t. II, p. 736-738, art. *Epula* de Fustel de Coulanges.

11. Térence : « Celui qui se résout à être le complaisant d'un Trasćon est bien capable d'aller chercher sa pitance sur le bûcher ; » E flamma petere te cibum posse arbitror » (*Eunuch.*, act. III, sc. II, v. 491) ; Cat., *Carm.*, LIX ; J. Kirchmann, *De funeribus Romanorum*, lib. IV, in-12, 1672, ch. V.

12. « Populo visceratio data a M. Flavio in funere matris » (Tit.-Liv., VIII, XXII).

13. Pline (VII, epist, XVIII) indique les moyens pratiques de perpétuer ces fondations, il les a employés quoi qu'ils fussent onéreux parce qu'il est trop juste « de donner la préférence à l'utilité publique sur l'utilité particulière ; à l'éternité sur le temps et qu'il faut prendre plus de soins de son bienfait que de son bien » (Multo que diligentius muneri suo consulere, quam facultatibus).

tants d'une cité envers laquelle ils ressentent, selon l'expression de Pline le Jeune parlant de sa chère ville de Côme : « Un cœur de fils ou de père » « Respublica nostra pro filia vel parente » (IV, *Ep.*, XIII).

Sous les Antonins, ces donations confinent souvent à la bienfaisance. Tel le même Pline fondant non des spectacles ou des jeux de gladiateurs, mais bien des pensions destinées à élever des jeunes gens ingénus de familles pauvres (I, *epist.*, VIII).

Les citoyens d'Amise, ville libre et alliée de Rome, sont engagés par Trajan à employer l'excédant de leurs contributions, non à former des cabales et des assemblées illicites, mais à soulager les pauvres; « non ad turbas et illicitos cœtus sed ad sustinendam tenuiorum inopiam utuntur » Plin.cœc. secund., X, *epist.*, XCIV [14]).

Une inscription, à la vérité isolée, montre un marchand de simples (aromatarius) laissant 300 pots de drogues et 60.000 sesterces pour fournir gratuitement des remèdes aux pauvres de sa cité natale [15] (*Orelli inscrip.*, n° 114).

Il existe aussi des *collegia* [16] autorisés par les sénatus-consultes et les constitutions des Princes : « Les privilèges, dit Gaius, de ceux auxquels il est permis de s'établir en corps de communauté, c'est d'avoir, à l'exemple de la République, des biens communs

14. Marcien, au livre des *Sentences*, dit de même : « si quid relictum sit civitatibus : omne valet : sive in distributionem relinquatur, sive in opus, sive in alimenta vel in eruditionem puerorum, sive quid aliud » (*Digest.*, XXX, I, *de legat.*, 117).

15. On peut citer aussi une inscription, du temps d'Auguste, relative à un legs de 300.000 sesterces, pour le revenu être employé à l'alimentation d'enfants pauvres. Une dame riche donne à Terracine, en mémoire de son fils, un million de sesterces, applicable à l'alimentation de cent enfants : les filles, jusqu'à quatorze ans, les garçons, jusqu'à seize. Voir Duruy, *Hist. des Rom.*, *op. cit.*, t. V, p. 136-142, et Marquardt, *De l'adm. financ.*, *op. cit.*, note des pages 180-182.

16. César et Auguste avaient dispersé ces sociétés, excepté celles se rattachant aux origines mêmes de Rome. Trajan tient en suspicion tout ce qui touche à l'association (*Corresp. de Pline le jeune*, *passim*.)

Les membres des *collegia* illicites sont sévèrement punis (*Digest.*, I, XII, *de off. Præfect.*, I, § 14). Il est interdit aux soldats de former des sociétés de cette nature (*Digest.*, XLVII, XXII, *de Colleg.*, I) ; toutefois, des inscriptions recueillies en Afrique montrent que sous ce rapport la coutume était plus forte que les lois (G. Boissier, *La relig. rom.*, *op. cit.*, t. II, liv. III, ch. VI, p. 297-300). Quant aux esclaves, ils pouvaient, avec l'agrément de leur maître, s'affilier aux collèges composés de personnes peu aisées « in collegia tenuiorum » (*Digest.*, XLVII, XXII, *de colleg.*, 3, § 2).

(arcam communem) et de faire administrer les affaires de la communauté par un agent ou syndic (*Digest.*, III, IV, quod cujuscumque universit., I, § 1).

L'argent provenant des cotisations, dons et legs [17], est habituellement employé en sacrifices religieux, suivis de repas, et à l'acquittement des frais funéraires des associés [18].

Certains *collegia*, écrit Émile Levasseur, peuvent aussi, en vertu de fondations, être chargés de distribuer des vivres ou de l'argent à tous leurs sociétaires ou aux membres présents à telle ou telle cérémonie, mais on n'en trouve aucun qui se donne mission d'accorder, en cas de maladie ou d'infirmité, des secours réguliers à ceux qui en font partie : « Le sentiment de ce genre de mutualité ne semble pas exister dans ces corporations [19] ».

Nous sommes donc fondés à assimiler, sous ce rapport, les *collegia* romains aux Thiases, Eranes et Orgéons de la Grèce [20].

S'ensuit-il que tout citoyen romain demeure personnellement insensible au spectacle de la misère ? Non ; il reste toujours au fond du cœur de l'homme un sentiment de commisération qui y est déposé par le Créateur et dont les manifestations, étouffées

17. Les legs faits aux associations illicites sont nuls ; « il faut alors léguer à chaque membre en particulier : car, dans ce cas, ces membres seront admis au legs, non comme faisant corps, mais à titre de personnes distinctes et séparées » (Paul, lib. 12, *ad Plautium* ; *Digest.*, XXXIV, v, *de rebus dubiis*, 20).

18. Duruy, *Hist. des Rom.*, *op. cit.*, t. V, p. 152-153.

19. *Hist. des classes ouvrières*, 2e édit., *op. cit.*, t. Ier, p. 63. Consulter, à ce sujet, Waltzing (*Études hist. sur les corporations profes., chez les Romains*, 2 vol., in-8, Bruxelles, 1895-1896). Cet auteur (t. Ier, 2e partie, ch. Ier, § 5, p. 302 et suiv.) est tout à fait affirmatif : « Jamais, dit-il, les collèges d'artisans ne réunissent de fonds pour assister un membre malheureux ou malade ».

20. Au sujet de l'action limitée des *collegia*, nous pouvons citer le passage suivant de G. Boissier dont on connait la haute compétence (*op. cit.*, t. II, p. 299-300) : « Nous ne pouvons pas nous flatter de connaître toutes les formes que la bienfaisance avait revêtues dans les associations antiques ; mais en admettant qu'il s'en rencontre qui avaient tout à fait devancé nos sociétés charitables, nous pouvons être sûrs qu'elles n'ont jamais formé qu'une très rare exception. Il en resterait plus de traces si elles avaient été nombreuses. Sur le fronton des *scholæ*, dans les lois des collèges, sur les tombes de leurs protecteurs, au bas des statues qu'on leur élève, quelque part, enfin, il serait question de malades secourus, de pauvres assistés ; parmi tant de gens qui énumèrent le bien qu'ils leur ont fait et qui s'en glorifient, il s'en trouverait qui ne manqueraient pas de nous dire qu'ils ont laissé des fonds pour faire vivre des indigents, pour subvenir aux besoins des veuves et des orphelins. Puisque cette mention n'existe nulle part, on peut en conclure que les libéralités de ce genre n'étaient pas ordinaires dans les associations romaines ».

peut-être sous l'amas des préjugés, des coutumes, des passions, se font néanmoins jour de temps à autre [21].

Laissant de côté les subsides, tirant leurs origine des superstitions populaires et que recueillent les prêtres éhontés de la déesse syrienne, stigmatisés dans Apulée (*Métam.*, VIII), on donne l'aumône manuelle en Italie, à Rome, puisqu'il s'y trouve des individus habitués à solliciter la générosité publique, et qu'un métier improductif lasserait rapidement.

Voyons défiler à travers les villes et les campagnes ces gens portant sur leurs épaules le tableau d'un naufrage (vrai ou supposé) : la peinture grossière représente un navire brisé ; un malheureux s'échappant à la nage. Ils chantent et demandent leur nourriture :

Ceteri tabulam suam
Portant, rogantes victum [22]

D'autres sont assis aux portes, toussant, râlant, épuisés de vieillesse, comme le dit Lucilius ; ils vont ensuite mendier de rue en rue, couverts d'un vieux manteau, « solentin viis erogare [23] ». Du vivant de Plaute, leur rendez-vous ordinaire est près de la porte Trégémine [24]. Plus tard, Sénèque les rencontre sur le pont de bois placé entre le quartier du Janicule et la Cité. Ils y tendent la main aux passants, « qui manum ad stipitem porrigant [25] ». Ceux-ci cèdent à l'importunité et jettent avec dédain une légère aumône aux malheureux dont ils redoutent le contact, « Abjicit et fastidit quos adjuvat, contingi que ab hos timet [26] ».

Juvénal nous dépeint à son tour ces misérables retirés la nuit

21. Un tombeau de l'époque de César (?) porte cette inscription : «... continentur. ossa. hominis. boni. misericordis. amantis pauperis... » Il s'agit d'un joaillier (margaritarius) Orelli, *Inscrip.*, n° 7244.

22. Phæd., IV ; *fab.*, XXI, v. 24-25 ; Persic. Flac., *Sat.*, I, v. 88-90 ; *Sat.*, VI, v. 45-53 ; Horat., *de art. pœt.*, v. 20-21 : Mart., *Epig.*, XII, LVII.

23. Apul., *Métam.*, I. Les rhéteurs, nous l'avons dit plus haut, s'exercent souvent sur ce sujet qui peut être l'image trop fidèle de certains actes odieux : un misérable ramasse des enfants abandonnés et les mutile pour en faire des mendiants. Senec. Rhet.. (lib. V, controv. XXXIII). Martial représente le jeune juif instruit par sa mère à demander l'aumône (Mart., *Epig.*, XII, LVII, v. 13).

24. *Capt.*, I, I, v. 22.

25. Senec., *de vita beata*, XXV ; Juv., parle aussi des habitués des ponts, « aliquis de ponte », *Sat.*, XIV, v. 134 ; Mart., *Epigr.*, XII, XXXII, v. 25.

26. Senec., *de clem.*, II, VI.

dans le bois d'Aricie, aux lieux où jadis Numa reçut les avis de la nymphe Egérie, poursuivant le jour de baisers suppliants les chars qui descendent de la colline, « Blanda que devexæ jactaret basia rhedæ [27] ».

Que leur faut-il? Une méchante paillasse, un surtout brun (sagum), du pain bis et dur, « panis durus et sordidus », le tout représente deux oboles et, ajoute Sénèque, c'est la condition habituelle d'une foule de pauvres et d'esclaves [28]. Une peinture, trouvée à Herculanum, représente un de ces infortunés, en guenilles, aveugle, conduit par un chien et appuyé sur un long bâton ; un autre personnage lui tend une main secourable [29].

En dehors de ses distributions à la plèbe citoyenne, l'État ne prend aucun souci de ces mendiants si nombreux ; dans une circonstance déterminée, Alexandre Sévère, occupé à purifier les sentines de honte et de vice d'Élagabal, abandonne au peuple les nains, les naines, les bouffons, les vieux chanteurs, les joueurs d'instrument, et répartit dans les villes ceux qui ne sont plus bons à rien, afin que, nourris aux frais de ces municipalités, ils ne donnent pas le spectacle hideux de leur mendicité : « Qui autem usui non erant, singulis civitatibus deputavit alendos singulos, ne gravarentur specie mendicorum » (Lamp., XXXIV). Cet exemple isolé ne prouve rien.

Quant à la vertu d'hospitalité, si honorée dans toute l'antiquité, elle fleurit également sur les bords du Tibre. L'éloignement pour les devoirs qu'elle entraîne est considéré, par Cicéron, comme une maladie de l'âme (*Tusc.*, IV, XI). On garde de génération en génération la moitié du signe de reconnaissance (*tessera*) rompu au moment de quitter un hôte, afin de le confronter avec l'autre moitié qui peut vous être présentée un jour par cet hôte ou par ses descendants. L'on désire pouvoir alors, en pleine certitude, rendre les soins que l'on a reçus [30].

Les libéralités dont nous venons de parler précèdent ou suivent

27. Juv., *Sat.*, III, v. 15 ; *Sat.*, IV, v. 116-119.
28. Senec., *Epist.*, XVIII, *ad Lucilium.*
29. *Dict. ant. greq. et rom.*, t. Ier, p. 642, art. *Baculum* de E. Saglio : comme référence, Pitt., d'Ercolano, III, 43-227.
30. Conférer Plaute, *Pœnulus*, act. V, sc. I, vers 1055 et seqq.

les institutions alimentaires dues aux empereurs, du second siècle, inspirées par le désir fort légitime, d'ailleurs, de repeupler l'Italie et de former de futurs soldats : « ex his castra ; ex his tribus replebuntur », dit Pline le Jeune. On peut considérer ces fondations comme ayant le même but que les lois d'Auguste, *de prole augenda* [31].

§ 2. — « *Tabulæ alimentariæ* » des empereurs [32].

Nerva paraît être le premier à se préoccuper, en raison de la diminution du nombre des citoyens ingénus, de l'application aux cités italiennes des *annonæ frumentariae*, dont ses prédécesseurs se montrent si prodigues pour la ville de Rome (Aur. Vict., XII, épist. xii, 4). Il n'a pas le temps de mettre en pratique cette idée féconde, reprise par son fils adoptif Trajan [33]. Celui-ci fait inscrire, nous l'avons vu, cinq mille enfants au nombre des personnes recevant les distributions de céréales [34] ; et il leur alloue, en conséquence, des *tesseræ alimentariæ*.

Cette disposition lui semble applicable aux provinces, et les mesures qu'il adopte à cet effet, passées à peu près sous silence pàr les historiens, nous sont révélées par deux longues inscriptions découvertes en 1747 et 1832 : la première (de l'an 104), non loin de Plaisance, à Véléia ; la seconde (de l'an 101), à Campo lattaro, près Bénévent [35].

31. Duruy, *Hist. des Rom.*, *op. cit.*, t. IV, p. 274.

32. Consulter : E. Desjardins, *De Tabulis alimentariis*, in-4, Parisis, 1854 ; article du même auteur, dans le *Dict. ant. grecq. et rom.*, t. Ier, *Alimentarii puelli et puellæ*, p. 184 ; Duruy, *Hist. des Rom.*, t. IV, p. 271 et suiv. ; G. Boissier, *Relig. rom.*, *op. cit.*, t. II, p. 187-190 ; Marquardt, *De l'org. fin.*, *op. cit.*, p. 179-187.

33. Plin. cæc. secund., *Paneg.*, XXVI, XXVII ; Marquardt, *De l'org. financ.*, *op. cit.*, p. 180 ; Duruy, *Hist. des Rom.*, t. IV, p. 272.

34. « Les autres villes de l'Italie et les provinces ne semblent avoir eu aucune part (avant Trajan) à la munificence de l'État, laquelle ne s'étendait qu'à la ville de Rome, dont l'opinion et la faveur étaient surtout considérables aux yeux de ceux qui disposaient des deniers de la République » (Ernest Desjardins, article cité).

35. Ce second document est relatif à la colonie des Ligures-Cornéliens-Bébéiens, transportés de leur pays par les deux consuls, L. Cornélius et M. Bæbius, l'an 183 (av. J.-C.).

Voici en quoi consistent ces institutions des *pueri puellæ que alimentarii* (on pueri puellæ que Ulpiani), embrassant nombre de villes. L'empereur prête à un faible intérêt [36], sur son trésor impérial ou sa cassette, un capital considérable à des propriétaires de telle ou telle cité. Ceux-ci, en retour, hypothèquent leur domaine pour une valeur égale à la somme prêtée, après avoir déclaré les hypothèques ou charges antérieures, de telle sorte que la valeur de l'ensemble de ce domaine reste de beaucoup supérieure à la portion hypothéquée. Cela fait, ces propriétaires versent le revenu de la somme empruntée dans la caisse municipale; il est employé à l'entretien d'enfants pauvres, ingénus, des deux sexes. A Véléia, on assiste ainsi 263 garçons légitimes et un naturel; 36 filles, dont 35 sont légitimes, soit un total de 300 *pueri et puellæ*.

La limite des secours est de 16 ans pour les garçons, 14 ans pour les filles [37].

Tout ce qui touche à l'administration, au placement des capitaux, au paiement des intérêts, relève d'un magistrat municipal appelé : « quæstor alimentorum » ou « quæstor pecuniæ alimentariæ ». Cette fonction se trouve rattachée à celle du questeur de la cité, ou forme une dignité particulière. Au-dessus, nous voyons un *procurator alimentarii* dont la surveillance embrasse une région entière.

Il convient de remarquer ici, avec Victor Duruy (*Hist. des Rom.*, t. IV, p. 275), que si l'État ou le Prince perd l'intérêt de son argent, il conserve le capital, qui, « passant d'un propriétaire à l'autre, porte la fécondité dans les campagnes. L'agriculture défaillante de l'Italie est secourue en même temps que les familles pauvres, et le gouvernement est en droit d'espérer que celles-ci soutenues à propos, n'auront plus besoin d'assistance à la seconde génération ».

36. A Véléia, 5 %; dans la colonie des Ligures-Bébéiens, 2 1/2 (Marquart dit 3 1/2).

37. Montant des allocations par mois, à Véléia :

Garçons	légitimes,	16 sesterces.
	illégitimes,	12 sesterces.
Filles	légitimes,	12 sesterces.
	illégitimes,	10 sesterces.

Après Trajan, cette ingénieuse combinaison du crédit foncier et de la bienfaisance se perpétue. Adrien augmente en faveur des enfants de l'un et l'autre sexe les distributions de vivres (Spart., *Hadrian.*, VII). Antonin et Marc-Aurèle fondent en l'honneur de leurs épouses, nommées toutes deux Faustine, de nouvelles compagnies de Faustiniennes : « Puellas alimentarias in honore Faustiniæ, Faustinianas (Antoninus) constituit » (Capit., *Ant.*, VIII, *M. Ant.*, XXVI). A Alexandre Sévère se rattachent les Mammæani et les Mammæanæ (Lamp., *Alex Sev.*, LVII). Pertinax, vu la pénurie du trésor, est forcé, « en dépit de son respect pour la mémoire de Trajan », de supprimer les pensions restées impayées depuis neuf années [38].

Ces allocations, malgré l'ingéniosité de leur fonctionnement et bien que différant, sur plusieurs points, des distributions alimentaires, des *congiaria*, des *donativa*, empruntent cependant les caractères essentiels de l'assistance d'État. Elles ne peuvent donc se perpétuer qu'à une époque de paix et de sécurité. « Outre que dans les temps de guerre civile et d'incertitudes, la préoccupation des gouvernants est absorbée par d'autres soins que le soulagement des misères, le fisc ne fournit plus les ressources nécessaires [39] ». Aussi ne doit-on pas s'étonner que la décadence de l'institution alimentaire de Trajan coïncide avec l'anarchie militaire et politique qui précède l'avènement de Dioclétien ; après avoir toutefois donné naissance à quelques œuvres similaires, dues à des particuliers, en Italie, en Afrique et jusqu'en Espagne [40].

La jurisprudence encourage ces subsides aux enfants et aux citoyens âgés. Les donations, dit Paul, peuvent être faits à la cité, soit pour l'embellir, *ad ornatum*, soit pour l'honorer, *ad honorem*, et au nombre des choses qui honorent le plus une ville est l'usage de donner des aliments aux vieillards infirmes, aux jeunes garçons et aux jeunes filles : « Hoc amplius, quod in alimenta

38. Il est vraisemblable, dit Naudet, que les officiers des municipalités et les agents du fisc qui devaient s'entendre avec eux pour exiger le payement de cette rente, n'avaient pas fait les diligences nécessaires à l'égard des débiteurs (Naudet, *Sec. pub.*, *op. cit.*, ch. IV, p. 78).

39. E. Desjardins, *Les Antonins, d'après l'Epigraphie*, *Revue des Deux-Mondes*, 1er décembre 1874, p. 652.

40. Marquardt, *De l'org. financière*, *op. cit.*, p. 182.

infirmæ ætatis (puta senioribus, vel pueris, puellisque), relictum fuerit, ad honorem civitatis pertinere respondetur » *Digest.*, XXX, I, *de legatis*, 122).

Tel est l'ensemble des actes que l'on peut attribuer aux particuliers en ce qui concerne les nécessiteux : les fondations alimentaires des empereurs ayant trouvé place dans ce chapitre, en raison de la forme spéciale qu'elles affectent ce qui les rapproche de certaines œuvres privées, bien « qu'en réalité ce soit dans un intérêt politique qu'elles sont établies [41] ».

Ces actes de bienfaisance émanent, comme la *sportule*, d'une pensée de vanité doublée de calculs électoraux ; d'autres découlent trop souvent d'un sentiment de gloriole pour la ville dont les habitants veulent rehausser l'éclat et le prestige ; elles s'appliquent presque exclusivement aux seuls citoyens. L'idée de l'État prime en effet tout, et c'est au point de vue des avantages qui doivent en résulter pour la République que Cicéron recommande le rachat des captifs et les secours aux déshérités de la fortune « at que hæc benignitas etiam reipublicæ est utilis, redimi e servitute captos, locupletari tenuiores... » (*de off.*, II, XVIII).

Ceci ne doit nullement surprendre : le Romain est par nature un utilitaire et un égoïste ; dans les *Géorgiques*, l'indifférence pour le malheureux est érigée en vertu :

...; ne que ille.
Aut doluit miserans inopem, aut invidit habenti.
(*Géorg.*, II, v. 498, 499).

Et puis la vie est courte, amusez-vous tandis que vous vivez, dit un personnage de Plaute (*Bacchides*, act. V, sc. II, v. 1146-1147) ; si vous laissez échapper le plaisir aujourd'hui, vous ne le goûterez pas quand vous serez mort. On doit cependant, selon le même auteur (*Amphit.*, act. II, sc. II, v. 685 et seqq.), être bienfaisant envers les bons, serviables envers les gens de bien. C'est la morale courante, elle ne saurait enfanter la charité.

41. On peut citer, à titre exceptionnel, une riche fondation faite à Sicca en faveur de 300 garçons et de 200 filles de trois à quinze ans, à choisir dans les familles des *municipes* et des *incolæ* habitant la cité (Duruy, *Hist. des Rom.*, *op. cit.*, t. IV, p. 276, en note).

Néanmoins, l'étendue du mal, l'excès du luxe, la disproportion toujours croissante des fortunes, amènent une réaction, surtout dans les écrits. « Le paganisme s'attendrit, dit Martha (*Les moralistes de l'empire romain*, in-8, 1864, p. 401), et réclame en faveur des misérables par la bouche de ses philosophes, de ses poètes et même de ses rhéteurs, qui font de la pitié le thème de leurs déclamations ».

CHAPITRE IX

LA GAULE ET LA GERMANIE AVANT LA CONQUÊTE ROMAINE

Au moment où César commence la guerre des Gaules (59 av. J.-C.), ces vastes contrées sont occupées par des races belliqueuses auxquelles on attribue généralement une origine Aryenne [1]. Les Belges entre la Seine, la Marne et le Rhin ; les Celtes ou Gaulois de la Seine à la Garonne ; les Aquitains au sud-ouest. Les Bretons habitent les Iles du nord ; quant aux Germains, qui commencent à déborder au delà de leurs frontières, ils possèdent, à l'est, des régions immenses, sauvages, presque inconnues des Romains [2].

La renommée des Gaulois remplit le monde ancien ; leurs guerriers pénètrent en Grèce, en Asie, ils viennent assiéger le Capitole, et le souvenir de ce désastre demeure si vivant chez les Quirites, qu'à Rome les prêtres et les vieillards, exemptés habituellement du service militaire, doivent prendre les armes en cas d'invasion gauloise [3].

C'est contre ces peuples divisés en un nombre considérable de *nations* [4] indépendantes, déchirées par des rivalités séculaires, que

1. *Cæsar, de bello gallico*, I, I; *Histoire de Jules César* (par Napoléon III), édition in-8, t. II, p. 19 à 29; E. Glasson, *Hist. du droit et des inst. de la France*, in-8, 1887, t. Ier, p. 30.
2. Strabon, liv. VII (Cougny, *Extraits des auteurs grecs concernant la géog. et l'hist., des Gaules*, t. Ier, p. 209).
3. Plutarque, *Camille*, XLI; Appien, *Hist. rom.*, II, CL (Cougny, *op. cit.*, t. III, p. 98, 99; t. IV, p. 107).
4. « Ces trois grandes régions se subdivisaient en beaucoup d'états appelés *civitates*, expression qui, dans les *Commentaires*, est synonyme de *nation*, c'est-à-dire que chacun de ces états avait son organisation et son propre gouvernement »

César conduit ses légions; la lutte dure dix années, et ce grand homme de guerre n'est vainqueur qu'en attisant, pour les exploiter, les divisions intestines des tribus [5].

D'un autre côté, c'est moins une guerre qu'un massacre après la victoire. Plutarque (*J. César*, XV) évalue à un million le nombre des Gaulois tués, et à un chiffre égal celui des captifs. « Qu'on se représente, dit Paul Orose, un malade pâle, décharné, défiguré par une longue fièvre brûlante, qui a tari son sang et abattu ses forces, pour ne lui laisser qu'une soif importune, sans le pouvoir de la satisfaire ; voilà l'image de la Gaule épuisée et domptée [6] ».

Le continuateur des commentaires ose parler de « la clémence si connue de César [7] ». Il s'agit ici de cette *clémence romaine* subordonnée en tout à la politique, et par conséquent fort aléatoire. N'est-ce pas Jules César qui fait égorger les premiers d'entre les Vénètes et vendre les autres prisonniers à l'encan? « Itaque omni senatu necato reliquos sub coronâ vendidit » (*Comm.*, III, XVI).

N'est-ce pas Jules César qui, après la prise d'Uxellodunum, voulant terroriser les populations, fait trancher les mains aux Gaulois coupables de prendre la défense de leur pays, et leur laisse la vie, afin de mieux attester le châtiment réservé aux pervers? « Itaque omnibus qui arma tulerant, manus præcedit, vitam concessit qui testatior esset pœna improborum » (*Comm.*, VIII, XLIV).

N'est-ce pas Jules César qui met les Éburons « hors la loi de

(*La Cité gauloise*, par Bulliot et Roidot, in-8, ch. III, p. 49). — « Le mot latin de *pagus* traduirait non pas un canton territorial, mais un groupe d'hommes; il équivaut à peu près à notre mot de *tribu*. Le *pagus* serait donc, à l'origine, un ensemble de familles liées par des liens de sang, de tradition ou de voisinage. Cette tribu, rattachée à d'autres, constitue une « cité » ou un « peuple », mais elle n'en jouit pas moins d'une réelle indépendance, d'une vie autonome » (C. Jullian, *Revue des études anciennes*, t. III, n° 1: *Notes gallo-romaines*, n° IX, p. 78).

5. Plus tard, Tacite écrira : « Il suffit de favoriser chez les Germains la passion des liqueurs fortes pour les réduire par la débauche, plus facilement que par les armes ». « Adversus sitim non eadem temperantia. Si indulseris ebrietati suggerendo quantum concupiscunt, haud minus facile vitiis quam armis vincentur (*Germ.*, XXIII) ».

6. Amédée Thierry, *Histoire des Gaulois*, in-8, t. II, p. 344-345.

7. « Cæsar, quum suam lenitatem cognitam omnibus sciret » (*Comm.*, VIII, XLIV, œuvre d'Hirtius).

l'humanité [8] », en invitant les peuplades étrangères à achever une extermination qu'il trouve trop longue à son gré? (*Comm.*, III, XXXIV-XXXV).

Enfin, pour venir à bout de ces héroïques combattants, César n'est-il pas obligé de soudoyer des cavaliers germains dont le concours empêche, avant Alésia, les légions romaines de subir d'irrémédiables défaites [9]?

Le vainqueur a raison de dire d'une manière générale (*Comm.*, I, I) que ces nations de la Gaule diffèrent par la langue, les mœurs et les lois. Cependant on trouve entre elles de remarquables analogies. Les historiens de l'antiquité signalent aussi les points de ressemblance existant entre les Celtes et les Bretons [10]. Pour les Germains, Strabon observe qu'ils se rapprochent de leurs voisins d'outre-Rhin par la figure, la manière de vivre. C'est même à cause de cela, écrit-il, que les Romains les nomment *Germains*, voulant exprimer que les Galates sont leurs frères, car, dans la langue latine, *germani* a le sens du grec γνήσιοι (frères de père et de mère [11].)

Nous allons donc placer dans un seul tableau d'ensemble le résumé de l'organisation sociale de ces divers peuples.

§ 1er. — *La famille.*

Les femmes gauloises et germaines unissent le plus souvent à une rare beauté, un courage remarquable et une grande force

8. « César imagina un moyen dont l'idée seule eût révolté le conquérant le plus sauvage. Il mit les Éburons hors la loi de l'humanité ; il fit proclamer qu'il les livrait corps et biens au premier occupant. Il convia à cette proie les peuples voisins, déclarant que quiconque l'aiderait à exterminer cette race scélérate serait compté au nombre des amis du peuple romain » (Am. Thierry, *op. cit.*, t. II, p. 227-228).

9. Camille Jullian, *Vercingétorix*, in-12, 1901, ch. XVI. Savant ouvrage, palpitant d'intérêt et dont nous ne saurions trop recommander la lecture.

10. « Strabon, après avoir constaté, comme César, la similitude qui existe entre les usages des Gaulois et ceux des Bretons, ajoute que les mœurs de ces derniers étaient plus sauvages, leur intelligence moins développée » (De Courson, *Hist. des origines et des inst. des peuples de la Gaule armoricaine*, in-8, 1843, p. 267-268).

11. *Strabon*, liv. IV, II ; liv. VII, II ; *Morceaux choisis*, liv. VII (Cougny, *op. cit.*, t. Ier, p. 133, 209, 402 à 405).

physique [12], on cite leur fécondité, ce sont de bonnes nourrices prenant soin de leurs enfants [13]; Tacite les donne en exemple aux matrones romaines [14].

La fiancée germaine, selon le même historien, prend un seul époux comme elle a un seul corps et une seule vie [15].

Partout la femme et les enfants sont sous la dépendance du mari; il a sur eux, en Gaule, droit de vie et de mort [16]; le *mundium* germain implique cependant une certaine idée de protection et de tutelle au profit d'un être faible, il se distingue de la *patria potestas* du jus romanum [17].

Chez les Gaulois, si la femme ne joue pas dans la vie publique ou privée un rôle aussi important que celui assigné à la femme germaine [18], on l'entoure d'une véritable considération [19], bien

12. Cæsar, *Comm.*, VII, XLVII-XLVIII; Diodore de Sicile, V, XXXII (Cougny, *op. cit.*, t. II, p. 395); Ammien Marcellin, XV, XII.

13. Strabon, IV; *La Narbonitine*, II; *Mœurs des Gaulois* (Cougny, *op. cit.*, t. Ier, p. 69 et 135).

14. « Sua quemque mater uberibus alit, nec ancillis aut nutricibus delegantur » (*German.*, XX).

15. « Sic unum accipiunt maritum quomodo unum corpus, unam que vitam » (*German.*, XIX); Geffroy, *Rome et les barbares*, in-8, 1874, p. 63. Par contre, César (V, XIV) nous montre les femmes bretonnes, de l'intérieur de l'île, appartenant à plusieurs hommes de la même famille.

16. Cæsar, *Comment.*, VI, XIX. « Il n'y a aucune réserve à faire sur ce droit » (D'Arbois de Jubainville, *Cours de littérature celtique*, t. VII, ch. V, § 26). Toutefois, en Irlande, la famille de la femme légitime peut tirer vengeance du meurtre de celle-ci (D'Arbois de Jubainville, même ouvrage, p. 253). En Germanie, la femme adultère est condamnée par le mari siégeant au milieu de la famille comme dans un tribunal. La coupable, les cheveux rasés, sans vêtements, est alors poursuivie à coups de verges à travers le village par l'époux outragé. Mais ce fait est rare : *Paucissima in tam numerosa gente adulteria* (Tacit., *German.*, XIX; Fustel de Coulanges, *Sur quelques problèmes d'histoire*, in-8, 1885, p. 221).

17. E. Glasson, *Observations sur la famille et la propriété chez les Germains*, 1885; G. Humbert, *Du régime nuptial en Germanie*, in-8, 1860. — Dans un sens opposé, Fustel de Coulanges, *Problèmes, etc.*, *op. cit.*, p. 224-225.

18. A propos de ces femmes germaines, Geffroy écrit (*Rome et les barbares*, *op. cit.*, p. 191) : « Sans doute il ne faut pas s'attendre à rencontrer chez les Germains du premier siècle, habitués à la rudesse des mœurs, aux violences et à la colère, une délicatesse de sentiments chrétienne et moderne; toutefois, ce que dit Tacite de leurs hommages presque superstitieux envers les femmes est confirmé par trop de témoignages pour pouvoir être mis sérieusement en doute ».

19. E. Glasson (*Hist. du droit et des inst. de la France*, *op. cit.*, p. 114) : « Le Gaulois en se mariant prend dans sa fortune une part égale à la dot de sa femme, ces biens mis en commun, augmentés de leurs intérêts, reviennent au dernier survivant » (*Comm.*, VI, XIX). Ce passage de Jules César donne lieu à nombre de difficultés, résumées par J. Lefort, p. 20 à 22 de son opuscule sur : *Les institutions*

qu'elle reste assujettie aux occupations les plus pénibles [20]. L'épouse Ligurienne, les auteurs anciens insistent sur ce point, est la véritable compagne de l'homme, et on la voit prendre part, dans certaines régions, aux assemblées ayant à statuer sur les questions de paix ou de guerre [21].

Vercingétorix, au moment des luttes suprêmes, convoque les chefs de la cavalerie, il les harangue en essayant de leur faire partager l'ardeur qui l'anime : Tous, dit César (VII, LXVI), s'écrient qu'il faut que chacun s'engage par le plus saint des serments à ne pas entrer dans sa maison, à ne plus revoir ses enfants, sa famille, *sa femme*, s'il n'a traversé deux fois les rangs de l'ennemi, « Conclamant equites, sanctissimo jurejurando confirmari oportere, ne tecto recipiatur, ne ad liberos, ne ad parentes, ne ad UXOREM aditum habeat, qui non bis per hostium agmen perequitarit ».

« UXOREM », ce *singulier*, remarque de Belloguet, qui est le cri du cœur, n'éclaire-t-il pas d'un rayon de lumière toute la législation matrimoniale de nos pères [22].

Tacite loue les Germaines de ne pas limiter le nombre de leurs enfants et il se sert du mot *agnati* pour indiquer que l'on ne met pas à mort les petits être venus au monde, alors que la famille étant déjà constituée par la naissance d'un fils héritier, leur conservation importe moins aux parents [23].

Le père a le droit, nous venons de le dire, de les exposer, de les vendre, de les châtier jusqu'à la mort [24]. Les tribus voisines du Rhin lui vouent un culte superstitieux et rendent ses ondes arbitres de la foi conjugale. Le nouveau-né, placé sur une planchette ou un bouclier d'osier, est livré au cours de l'eau ; si le léger esquif surnage, l'épreuve est favorable ; dans le cas contraire,

et la législation des Gaulois, in-8, 1881. — Voir également Roger de Belloguet, *Ethnogénie gauloise*. 3e partie, in-8, 1868, section V, A-XIII, p. 395.

20. De Courson, *op. cit.*, p. 97. C'est ce qui fait dire à Am. Thierry (*op. cit.*, t. Ier, p. 434) : « La femme gauloise livrée aux caprices du despotisme le plus illimité pouvait envier le sort de ses esclaves ». Ce passage est empreint d'exagération.

21. Plutarque, *De la vertu des femmes*, V (Cougny, *op. cit.*, t. III, p. 317).

22. Roger de Belloguet, *op. cit.*, 3e partie, section V, A-XIII, p. 396.

23. *German.*, XIX ; Geffroy, *op. cit.*, p. 63.

24. Geffroy, *op. cit.*, p. 195.

le père abandonne à son malheureux sort un enfant qu'il répudie [25]. Galien fournit une autre explication de cette coutume : selon lui, ce bain froid a pour but d'opérer une sélection profitable à la race ; il fortifie les rejetons vigoureux et fait périr les débiles [26].

A l'origine, ces peuples égorgent les prisonniers ; dès le second siècle, avant l'ère chrétienne, ils les réservent pour les sacrifices ou pour la servitude. L'esclave, en Germanie, est employé assez fréquemment aux travaux de la culture, dédaignés par ces populations guerrières ; il lui est défendu de porter les cheveux longs [27]. Suivant Tacite (*German.*, XXV), on ne voit pas chez les Germains, aussi souvent qu'à Rome, le maître frapper son serviteur ou le charger de fers, « verberare ac vinculis cœrcere rarum ». L'observation même de l'historien, conclut Fustel de Coulanges, implique que le maître a le droit de frapper et d'enchaîner, et qu'il use quelquefois de ce droit. Car Tacite ne dit pas que la condition de l'esclave soit légalement plus douce, il dit que le maître est plus clément [28].

Les hommes libres peuvent aliéner leur liberté ; les dettes de jeu produisent trop fréquemment cet effet (Tacit., *German.*, XXIV). Les affranchissements sont nombreux [29].

Chez les Gaulois, la condition de l'esclave paraît peu différente de celle des colons. Là, tout le monde, à l'exception des grands, est appelé à remplir les plus rudes fonctions manuelles [30].

On rencontre des deux côtés du Rhin un véritable sentiment d'hospitalité envers l'étranger [31]. La demeure des riches habitants de la Gaule semble inviter le voyageur à entrer (*La Cité gauloise*, *op. cit.*, p. 163). Des jeunes filles servent l'hôte comme

25. Anonyme (Cougny, *op. cit.*, t. VI, p. 127) : Tzetzès, *Chiliades* (Cougny, même volume, p. 151) : Am. Thierry, *op. cit.*, t. Ier, p. 473 ; Roger de Belloguet, *op. cit.*, section III, n-XLIV, p. 197.

26. *Conservation de la santé* : discours I (Cougny, *op. cit.*, t. VI, p. 43).

27. A. Thierry, *op. cit.*, t. Ier, p. 463 ; Geffroy, *op. cit.*, p. 224-225.

28. Fustel de Coulanges, *Recherches, etc.*, *op. cit.*, p. 207 : dans le même sens, Geffroy, p. 197.

29. Geffroy, *op. cit.*, p. 225.

30. *La Cité gauloise*, *op. cit.*, p. 68.

31. Aucun peuple, dit Tacite, parlant des Germains (*German.*, XXI), ne donne avec plus d'effusion des festins et l'hospitalité, « convictibus et hospitiis non alia gens effusius indulget ». Repousser du foyer un homme quel qu'il soit est regardé comme un crime ; chacun offre des repas selon sa fortune, et quand les provisions sont épuisées il conduit son hôte chez un voisin et s'y installe avec lui.

aux temps homériques ; c'est seulement après que cet hôte s'est reposé et rassasié que le maître du logis s'informe de son nom et du but de son voyage [32].

Les Celtes frappent d'une peine plus rigoureuse le meurtre d'un étranger, qui a obtenu l'hospitalité, que celui d'un citoyen : dans le premier cas, c'est la mort ; dans le second, c'est l'exil [33]. Les populations de certaines parties de la Bretagne se signalent par leur accueil hospitalier, et les chants populaires se font l'écho de ces mœurs.

§ 2. — *La clientèle des grands.*

La population gauloise vivant de lait et de la chair des animaux sauvages ou domestiques, principalement de celle du porc, fraîche ou salée, n'est pas agglomérée en cités importantes. On compte dans les Gaules un petit nombre de centres peuplés de quelques milliers d'ouvriers habitant des quartiers distincts, selon leur état : forgerons, fondeurs, émailleurs, foulons [34]. De plus, certaines localités présentant de fortes défenses naturelles, sont choisies comme lieux de refuge [35].

Ces peuplades mènent un genre de vie modeste, sans luxe [36], et les plus faibles deviennent les *clientes* de groupes plus puissants qui se chargent de les défendre.

Le même besoin de protection pousse les individus à se *recom-*

32. Caesar, *Comm.*, XXIII ; Diodore de Sicile, V, XXVIII ; V, XXXIV (Cougny, *op. cit.*, t. II, p. 383 et 401) ; Am. Thierry, *op. cit.*, t. Ier, p. 469 ; Roger de Belloguet, *op. cit.*, sect. I, A-XII, p. 27 et suiv. ; II, A-VIII, p. 70-71.

33. Nicolas de Damas, *Recueil des coutumes extraordinaires* (Cougny, *op. cit.*, t. II, p. 499) ; Diodore de Sicile, V, XXII (Cougny, même volume, p. 365).

34. *Vercingétorix*, *op. cit.*, p. 99 et 100 : « Dans quelques contrées, ils fabriquaient des soies renommées et des étoffes de drap ou de feutre ; dans d'autres, ils exploitaient les mines avec habileté et s'adonnaient à la fabrication des métaux. Les Bituriges travaillaient le fer et connaissaient l'art de l'étamage. Les ouvriers d'Alésia plaquaient le cuivre avec des feuilles d'argent pour en orner les mors et les harnais des chevaux » (*Hist. Jules César*, *op. cit.*, t. II, p. 30-31). Conférer Bulliot, *Fouilles du Mont Beuvray* (*ancienne Bibracte*), in-8, 1899 ; tome second, *L'Art de l'émaillerie chez les Éduens*, p. 1 à 44.

35. Roger de Belloguet, *op. cit.*, 3e partie, sect. II, A-III, p. 62.

36. Passage de *Diodore de Sicile* (V, XXI), applicable à la Bretagne, mais qui peut être généralisé (Cougny, *op. cit.*, t. II, p. 367).

mander à des nobles, à des hommes riches capables de sauvegarder leur vie et leurs biens [37]; on doit entendre en ce sens le passage de Jules César si souvent cité : « Dans toute la Gaule il n'y a que deux classes d'hommes qui soient comptées pour quelque chose et considérées : les druides et les nobles (equites), car pour le bas peuple (plebs), il n'a guère que le rang d'esclave, n'ayant rien par lui-même, et n'étant admis à aucun conseil. La plupart, accablés de dettes, écrasés d'impôts ou en butte aux violences des grands, se mettent au service des nobles, qui exercent sur eux les mêmes droits que les maîtres sur leurs esclaves ».

Ces expressions ne doivent pas être prises à la lettre [38]; elles se trouvent en opposition formelle avec d'autres chapitres des commentaires [39]. Les mots : « pene servorum habetur loco », indiquent que la dépendance des classes inférieures ne peut être confondue avec l'esclavage romain [40]. Ces hommes qui ont recours à la protection d'un chef restent libres; ils accompagnent leur *patron* à la guerre [41], combattent avec lui, l'entourent, même en temps de paix, s'il est provoqué. On est fondé à appeler « *clan* » faute d'un mot meilleur, l'ensemble des choses et des personnes qui dépendent d'un chef gaulois [42].

Ce chef fournit aux besoins de ses *clients* dont le nombre est

37. Pour les compagnons des chefs germains, voir Fustel de Coulanges, *Les origines du droit féodal*, in-8, 1890, ch. II, p. 12 à 29; pour les clients gaulois, même ouvrage, ch. VIII, p. 194-199.

38. Moreau de Jonnès se demande si ce passage n'a pas été interpolé (*La France avant ses premiers habitants*, p. 220-221).

39. Voir notamment le chap. VI, XI : « Dans la Gaule, chaque cité, chaque tribu, chaque canton et presque chaque famille se partage en fédérations; à la tête de ces fédérations sont les citoyens qui jouissent du plus grand crédit... Aucun ne souffre que l'on opprime ou que l'on tourmente ses clients; s'il agissait autrement, son crédit serait perdu ».

40. De Courson, *op. cit.*, p. 73 et suiv. « Dans les Gaules (J. Lefort, *op. cit.*, p. 18), il existait bien des individus d'une condition inférieure semblable en bien des points au servage de la glèbe, mais on ne rencontrait pas de *servi*, à proprement parler. Les fonctions pouvaient être serviles, la dépendance fort étroite, mais la dignité propre et la condition humaine n'étaient ni diminuées ni atteintes ».

41. « L'*ambactus* était un guerrier... de plus, il avait probablement comme le doêr-céle d'Irlande, le droit de quitter un maître avare et dur pour un maître plus libéral et plus doux qui le mettait à même de rembourser sa dette envers le premier... » (D'Arbois de Jubainville, *Cours de littérature celtique*, t. VII, p. 129-130).

42. *Vercingétorix*, *op. cit.*, p. 98.

parfois immense; il les protège dans toutes les circonstances; de leur côté, les *clients* se donnent à lui et le suivent dans la bonne comme dans la mauvaise fortune [43]; à la guerre, les uns forment son escorte, les autres constituent son infanterie [44].

Ces liens varient, car Jules César se sert pour les énumérer d'expressions différentes : *familiares*, *comites*, *ambacti*, *clientes*, *obœrati*. Ce dernier terme, écrit E. Glasson, semble convenir aux plébéiens pauvres, soit qu'on le prenne dans son sens naturel : débiteurs écrasés par les dettes et qui se mettent dans la clientèle de leurs créanciers pour échapper aux rigueurs des poursuites, soit qu'on entende parler des clients qui ayant reçu d'un noble des pécules et troupeaux, deviennent par là ses tenanciers et ses vassaux [45] (E. Glasson, *Hist. du droit de la France*, *op. cit.*, t. Ier, p. 109).

§ 3. — *Les druides et la médecine magique.*

« Chez tous ces peuples, lit-on dans Strabon (IV, IV; Cougny, *op. cit.*, t. 1er, p. 139), il y a trois castes à qui l'on rend des honneurs extraordinaires : les *bardes*, les *vates* et les *druides*; les *bardes* sont chantres d'hymnes et de poètes; les *vates*, sacrificateurs et interprètes de la nature; les *druides* étudient aussi la philosophie morale. On a la plus haute opinion de leur justice ».

« Il est permis de penser que les (nobles) pères de plusieurs garçons consacrent l'un d'eux à la vie sacerdotale, et l'y consacrent

43. J. Cæsar, *Comm.*, I, IV; VI, XV; VII. XXXII; XL : « Les funérailles, eu égard à la civilisation des Gaulois, sont magnifiques et somptueuses. Tout ce que le défunt a chéri pendant sa vie, on le brûle après sa mort, même les animaux ; il y a peu de temps encore, pour lui rendre des honneurs complets, on brûlait ensemble les esclaves et les clients, « servi et clientes » qu'il avait aimés » (*Comm.*, VI, XIX).

44. E. Glasson, *Hist. du droit de la France*, *op. cit.*, t. Ier, p. 105 ; Fustel de Coulanges, *La Gaule romaine, publiée par C. Jullian, en 1891*, ch. IV, p. 35 à 39; Roger de Belloguet, *op. cit.*, 3e partie, section V, A-I à VIII.

45. « Ce sont les vassaux-serfs des textes irlandais. La convention qui les met dans cette position infime est le contrat de cheptel servile » (D'Arbois de Jubainville, *Etudes sur le droit celtique*, t. Ier, 1re partie, ch. V, p. 117).

de très bonne heure, ce qui explique la longueur du noviciat chez les druides. Il n'existe pas entre les deux classes aristocratiques, la chevalerie et le sacerdoce, d'opposition d'origine, de race ou de sang. Ce sont deux aspects divers de la même noblesse [46] ».

En dehors de ces données générales, on ne saurait connaître, faute de documents précis, les attributions propres à chacun de ces trois degrés de la hiérarchie druidique ; il existe également des druidesses ou prophétesses, vouées à la virginité, prédisant l'avenir et douées du prestige d'une puissance jugée par tous de nature divine.

En Gaule, en Germanie, règne d'ailleurs la magie, « c'est-à-dire l'emploi de moyens prétendus surnaturels ou exerçant, en dehors des croyances et des prescriptions religieuses, une action secrète sur la vie, la santé ou l'accomplissement des désirs [47] ». On interroge les entrailles des victimes, le vol des oiseaux, on interprète les songes [48].

La religion des druides exige des sacrifices humains, car elle professe que la vie d'un homme peut être rachetée par la vie d'un autre homme, et c'est par superstition religieuse que se dressent ces immenses mannequins d'osier, remplis de victimes humaines qui disparaissent bientôt au milieu de tourbillons de fumée et de flammes [49].

Ces coutumes résistent aux efforts de César, d'Auguste, de Tibère et de Claude [50] ; ils réussissent seulement à les refouler

46. *Revue des études anciennes*, t. III, n° 3, juillet-septemb. 1901, p. 206 (C. Jullian, *Notes gallo-romaines*, XI). « Un autre fait de grande importance, attesté par Jules César, est la date, relativement récente, de l'introduction des druides en Gaule » (A. Bertrand, *Les druides et le druidisme*, 1896, p. 1).

47. Roger de Belloguet, *op. cit.*, 3e partie, section IV, A-XIV, p. 327-328. « La religion des Gaulois (A. Bertrand, *op. cit.*, p. 1) était un mélange confus d'ancien chamanisme, de traditions et de pratiques magiques, de cérémonies particulières, les unes aux tribus pastorales d'origine danubienne, quelques autres aux tribus guerrières du groupe Kimro-belge ».

48. Strabon, IV (Cougny, *op. cit.*, t. Ier, p. 441). « Un homme avait-il été voué aux dieux, on le frappait par derrière avec une épée de combat, et l'on devinait l'avenir d'après les convulsions du mourant... » (A. Thierry, *op. cit.*, t. Ier, p. 196).

49. Roger de Belloguet, *op. cit.*, 3e partie, section III, D-XLII, et F-LXXX, p. 190 et suiv. ; 278 et suiv.

50. « Tibère défend la magie, Claude les sacrifices humains » (Fustel de Coulanges, *La Gaule romaine*, *op. cit.*, ch. X, § 3, p. 113).

en Bretagne, « jusqu'où cesse la nature », selon l'expression de Pline (*Nat. hist.*, XXX, IV).

Les druides sont médecins, parce qu'étant prêtres et devins on leur attribue le pouvoir de guérir au moyen d'incantations; ils pratiquent ainsi une médecine à laquelle le culte des dieux et la magie sont clairement associés [51].

Dans les plus anciens cycles héroïques de l'Irlande, les druides de cette île ont la même réputation médicale que ceux du continent; lorsque les rois, les guerriers sont blessés ou *victimes d'enchantements*, c'est aux druides que l'on s'adresse [52].

Le GUI joue un rôle important dans ce culte ; aux yeux des Gaulois, rien n'est plus sacré que cette plante, et l'arbre qui le porte, surtout si c'est un chêne, « Nihil habent Druides — ita suos appellant magos — visco et arbore in quo gignatur, si modo sit robur, sacratius [53] ».

Le gui sur le *rouvre*, continue Pline, est extrêmement rare, et quand on en trouve on le cueille avec un très grand appareil religieux. Avant tout il faut que ce soit le sixième jour de la lune. Ils lui donnent un nom qui signifie remède universel, « omnia sanantem appellantes sub vocabulo », et, après avoir préparé sous l'arbre, selon les rites, des sacrifices et un repas, un prêtre vêtu de blanc le coupe avec une faucille d'or ; ce *gui* est reçu sur une saie blanche [54], « sacerdos candida veste cultus arborem scandit, falce aurea demetit, candido id excepitur sago ».

Le *gui* pris en boisson passe pour rendre la fécondité à tout animal stérile ; on le considère comme un remède souverain contre tous les poisons. De plus, selon la croyance druidique, il

51. D'Arbois de Jubainville, *Introduc. à la littérature celtique*, *op. cit.*, p. 149. César, qui assimile aux dieux de Rome les divinités gauloises, prétend (VI, XVII) qu'ils invoquent Apollon médecin : « Habent opinionem Apollinem morbos depellere. » En Irlande, le dieu de la médecine s'appelle Dian-Cecht, ou le dieu au rapide pouvoir (D'Arbois de Jubainville, *Cours de droit celtique*, *Le Cycle myth. irlandais*, in-8, 1884, ch. XIII, § 8, p. 307).

52. D'Arbois de Jubainville, *Introd. à la littér. celtique*, *op. cit.*, p. 140 et 142.

53. Roger de Belloguet, *op. cit.*, 3e partie, section III, D-XLVI, p. 201 à 203.

54. A rapprocher la cueillette du *selago* et du *samolus* (C. Plinii secund., *Nat. hist.*, XXIV, LXII-LXIII). Les druides prétendent qu'il faut toujours avoir sur soi le *selago* contre les accidents, et que la fumée en est utile pour toutes les maladies des yeux.

guérit l'épilepsie, s'il n'a pas touché la terre ; mâché et appliqué sur les ulcères, il en amène la guérison (*Nat. hist.*, XXIV, VII).

Telles sont les croyances dont le crédule Pline se moque le premier (*Nat. hist.*, XVI, XCV), « tant d'ordinaire, dit-il, les peuples révèrent religieusement des objets frivoles ». « Tanta gentium in rebus frivolis plerumque religio est ». Plus tard, lors de la domination des vainqueurs, les familles opulentes, les cités, font venir à grand frais, de *Massilie* ou de Rome, des médecins, en même temps que des philosophes et des professeurs d'éloquence (A. Thierry, *op. cit.*, II, p. 385).

En dehors de ces superstitions grossières, communes à toutes les nations de l'antiquité, il convient de faire ressortir la partie élevée de la doctrine des druides, c'est-à-dire le dogme d'un Dieu tout-puissant, rémunérateur, infini ; dogme véritablement national, impliquant une ferme et constante croyance à l'immortalité de l'âme ; « le trait le plus distinctif du génie et des mœurs de nos pères » (Roger de Belloguet, *op. cit.*, 3e partie, section III, B, XV, p. 134-135).

En ce qui concerne les Germains, ils partagent ces croyances tutélaires, et le tableau tracé par Tacite, en opposition avec les coutumes romaines de son temps, suffit à faire l'éloge de ces peuples encore barbares : « Là, écrit le grand historien (*Germ.*, XIX), personne ne rit des vices ; corrompre et se laisser corrompre ne s'appelle pas suivre le siècle. Les bonnes mœurs ont là plus d'empire que n'en ont ailleurs les bonnes lois ». « Nemo illic vitia ridet, nec corrumpere et corrumpi sæculum vocatur... plus que ibi boni mores valent quam alibi bonæ leges ».

CHAPITRE X

CONCLUSIONS DE LA PREMIÈRE PARTIE DE L'OUVRAGE

Faut-il admettre que le progrès moral s'accomplit, de siècles en siècles, par les seuls efforts de la raison humaine?

Si cette théorie est fondée, ce progrès continu doit apparaître de la manière la plus frappante en ce qui touche au soulagement et à la défense des petits, des déshérités de ce monde.

Cette constatation ressort-elle des chapitres qui précèdent?

Il suffit pour répondre de comparer les documents si anciens relatifs à l'Égypte pharaonique et les données que nous possédons sur la cité de Romulus, parvenue au faîte de la puissance sous Auguste et les premiers Césars. Des années sans nombre se sont écoulées entre ces deux périodes de l'histoire ; le travail du temps, les rapprochements entre les peuples, les échanges d'idées qui en forment le corollaire ont évidemment secondé et accéléré ce progrès ; on doit donc trouver aux temps des Pharaons les preuves de l'abandon, de l'écrasement de tout ce qui est faible ; l'oubli complet des devoirs envers les malheureux ; alors que la *raison pure* fait éclore chez le Peuple-Roi des sentiments absolument opposés. Sans cela que devient la thèse?

Or la femme est plus libre, plus égale juridiquement à l'homme en Égypte que dans la société romaine. L'infanticide, l'abandon, rares sur les bords du Nil, deviennent hélas! habituels aux époques brillantes de la civilisation des Hellènes et des Latins.

« JE N'AI PAS ÉLOIGNÉ LE LAIT DE LA BOUCHE DU NOURRISSON. » Telle est la déclaration que les plus antiques rituels prêtent au défunt comparaissant devant l'Osiris céleste et les quarante-deux juges.

Est-ce un tableau analogue que trace la plume de Philon au début de l'ère chrétienne? Écoutons-le.

« Des parents se chargent eux-mêmes du meurtre et étouffent de leurs propres mains le premier souffle des nouveau-nés, avec une dureté et une insensibilité effroyables. Ceux-là les jettent dans une rivière ou dans la mer après avoir attaché au corps un poids destiné à le faire descendre plus promptement au fond de l'eau. D'autres les exposent dans un endroit solitaire, avec l'espoir, disent-ils, qu'ils pourront être sauvés, alors qu'en réalité ils sont livrés à une destinée encore plus affreuse ; car les bêtes qui mangent la chair humaine se jettent sur ces petits êtres et les trouvant sans défense s'en repaissent. Beau festin que leur ont préparé un père et une mère ».

Ce qui est plus grave, la loi, la coutume autorisent par leur silence de pareilles atrocités !

S'agit-il des esclaves, leur sort, tous les textes le prouvent, reste relativement doux à l'origine des temps ; leur personnalité est sauvegardée. Cette condition devient au contraire fort dure si nous descendons le cours des âges. La Rome républicaine les confond avec les animaux, les êtres inanimés ; ils ne sont plus des *hommes*, mais des *choses*.

Si les défenseurs des progrès incessants de la raison sont dans le vrai, nous devons découvrir, parmi les débris des tombes fastueuses du Latium, de multiples inscriptions relatant le dévouement des citoyens romains envers les pauvres. Il n'en est rien.

Les auteurs nous citent comme digne d'attention, *à cause de sa rareté*, une épitaphe où un modeste joaillier, vivant, croit-on, sous César, tient à rappeler qu'il a aimé les pauvres : « ossa. hominis. boni. misericordis. amantis. pauperis. »

Par contre, les centaines de Stèles égyptiennes arrachées aux sables qui les recouvrent, proclament que les riches, les puissants, les chefs, sont tenus d'avoir soin des travailleurs, des veuves, des orphelins. Le *livre des morts*, déposé dans chaque cercueil, pose en principe que le défunt a eu l'obligation durant sa vie :

de donner « du pain à celui qui avait faim ; à boire à celui qui avait soif ; des vêtements à celui qui était nu ».

Sous le rapport de la bienfaisance, la terre des Quirites l'emporte-t-elle sur la terre des Pharaons ?

On trouve, il est certain, à Rome des dispositions destinées à soulager la *plèbe* ; il s'agit, nous ne saurions trop le répéter, de mesures politiques, et Naudet n'hésite pas à écrire : « En récapitulant les faits concernant les secours publics chez les Romains, pendant les sept premiers siècles, on voit le Sénat, dans toutes les mesures qu'il prend, ne se déterminer que par les calculs de son intérêt, ou par les mouvements de la peur, jamais par un sentiment de compassion et de générosité ».

C'est à ces calculs qu'obéissent à leur tour les empereurs, avec leurs distributions de vivres, leurs congiaires, leurs *donativa*. Largesses dont le danger n'échappe pas à Tibère quand il dit : « Si tous les indigents veulent être assistés par l'État, le trésor n'y pourra suffire, et, encouragée par de tels subsides, la paresse ne mettra plus de bornes à ses exigences. » D'ailleurs cette sorte de charité légale, ces prodigalités qui détournent le peuple du travail, épuisent les finances, ruinent l'agriculture, ne s'appliquent qu'aux citoyens : le malheur de celui qui n'a pas ce titre ne saurait éveiller la sollicitude des gouvernants.

« Il se fait, ajoute Naudet, une transaction entre le peuple et le despotisme : le peuple vend sa liberté, ses droits, sa dignité, à condition qu'on le nourrisse et qu'on l'amuse ».

Des esprits supérieurs essayent de réagir, par leurs écrits, si ce n'est par leur conduite, contre les tendances de leurs contemporains. On aime à lire ces éloquentes professions de foi d'un Sénèque :

« C'est une erreur de croire que la servitude descend dans l'homme tout entier ; la plus noble partie de lui-même en est exempte. Le corps seul est l'esclave et la propriété du maître. L'âme s'appartient à elle-même... C'est donc le corps que la fortune livre au maître ; c'est le corps qu'il achète, c'est le corps qu'il vend. L'âme ne peut être traînée au marché, tout ce qui vient d'elle est libre » « Errat qui existimat servitutem in totum hominem descendere : pars melior ejus excepta est. » *De benef.*, III, xx).

« Commander aux esclaves avec modération est un mérite ; il te faut songer non combien tu peux les faire souffrir avec impunité, mais ce que te permet sur eux la loi du bien et de l'équité. » « Non quantum illud impune pati possit, sed quantum tibi permittat æqui boni que naturae » (*De clem.*, I, XVIII.)

Ce sont là de nobles paroles ; on en rencontre de semblables chez Cicéron. Mais, ainsi que le remarque Troplong, « la philosophie antique... renfermée dans le domaine de la spéculation au profit de quelques hommes d'élite, est une occupation et un amusement de l'intelligence et non une tentative énergique et courageuse pour réformer en grand la société et l'arracher à ses habitudes de corruption et d'inhumanité ».

On voit, en effet, ces philosophes ramener tout aux principes de justice et d'utilité. Cicéron veut que l'on donne seulement à ceux qui le méritent, en ayant égard aux rapports mutuels et aux services que l'on peut avoir reçus (*De beneficiis*, I, XIV ; II, XVIII).

L'influence de ces rhéteurs sur les masses est nulle, et c'est en vain que Sénèque blâme les jeux sanglants du cirque ; la foule en se ruant à ces spectacles odieux et barbares se moque de cette platonique protestation. En outre, le désordre des mœurs domine tout, et ce même Sénèque avoue que de son temps la chasteté n'est qu'une preuve de laideur, « argumentum est deformitatis pudicitia ».

Nous sommes ainsi fondés à considérer la doctrine du progrès continu de la morale dû à la raison pure comme une chimère. L'amour envers ceux qui souffrent est déposé dans le cœur de l'homme par une révélation primitive. Les passions combattent ensuite, étouffent ce sentiment, il s'atténue, plus ou moins vite, chez les peuples à mesure qu'ils s'éloignent de la source divine où ils l'ont puisé. Sans parler des Hébreux, placés au milieu de conditions particulières, ce sentiment nous apparaît moins vif sous Auguste qu'à l'époque si lointaine des premières dynasties égyptiennes.

N'oublions pas qu'à Rome, au temps des Antonins, il est possible de constater un certain adoucissement du sort de l'enfant, de l'esclave, du pauvre; cet adoucissement provient, en partie, des efforts tentés par les Empereurs pour substituer leur autorité et celle de leurs agents directs à la toute-puissance du « *Pater familias* » antérieurement le chef, incontesté et irresponsable, de tous les êtres placés en sa puissance. Les Empereurs veulent aussi, en présence d'esclaves devenus légions, éviter le retour des formidables insurrections du passé. Pour eux ces mesures d'humanité sont utiles à l'État; c'est ce qui les justifie et les fait adopter.

Et puis, est-ce qu'à ce moment, selon l'expression si connue de Villemain, « l'empreinte du christianisme n'est pas sur le monde? » Est-ce que Princes et sujets ne bénéficient point des doctrines sublimes qui, à l'insu de beaucoup d'esprits, s'échappent, pour parler avec saint Paul, de ces vases de terre renfermant les trésors de Jésus-Christ?

Est-il possible de méconnaître l'influence de ces idées, répandues un peu partout, et pour lesquelles on sait mourir?

Nombre de personnes, sans partager encore les croyances nouvelles, sont entraînées vers le bien grâce à la contagion de l'exemple.

Du reste, cette bienfaisance, qu'enseignent quelques philosophes, qu'un petit nombre sait pratiquer, reste incomplète. Il y a une lacune à combler, ainsi qu'Octave Gréard le constate dans une page magistrale de son beau livre sur *la Morale de Plutarque*. Voici cette page, qui formera la conclusion du présent volume tout en servant d'introduction naturelle au tome second de notre ouvrage :

« Cinquante ans avant l'avènement du Christianisme, le sentiment de la charité avait, avec Cicéron, trouvé sa place dans le code de la sagesse, et son expression dans le langage de la philosophie. Enfin, au premier siècle de l'ère chrétienne, le principe de la fraternité universelle, dérivé de ce sentiment de charité, était accepté par la morale du paganisme. « Le sage, dit Sénèque, essuiera les larmes de l'affligé, tendra la main au naufragé, ouvrira sa maison à l'exilé, sa bourse au nécessiteux, en homme qui partage son bien avec un homme. » Il est vrai qu'il ajoutait aussitôt : « Mais en secourant le malheureux, le sage se gardera de s'affliger sur son sort ; son âme doit rester insensible aux maux qu'il soulage : la pitié est une faiblesse, une maladie. » Et là, était l'abîme. Cette émotion, interdite au sage païen, c'est le baume que la charité chrétienne devait répandre sur les blessures de l'humanité ; ces larmes de compassion, dont la source était fermée au stoïcien, c'est la rosée céleste dont le Christianisme devait rafraîchir les âmes souffrantes. Tandis que le sage ne se refuse point à partager tout ce qu'il possède, tout, excepté lui-même, le chrétien donne tout avec effusion et surtout lui-même ».

TABLE DES MATIÈRES

Pages

Troisième Partie

CHAPITRE VI

Première Partie

CHAPITRE VII

Deuxième Partie

CHAPITRE VIII

Troisième Partie

CHAPITRE IX

La Gaule et la Germanie avant la domination romaine.

CHAPITRE X

PRINCIPAUX OUVRAGES

DE

M. LÉON LALLEMAND

Correspondant de l'Institut de France ;
Associé de l'Académie Royale de Belgique ;
Membre-correspondant de l'Académie Royale des sciences morales et politiques d'Espagne,
de l'Académie Royale des sciences de Portugal, de l'Institut Grand-Ducal de Luxembourg.

I. *Une visite à l'hôpital maritime de Berck-sur-Mer* (Pas-de-Calais) (extrait du *Messager de la semaine*, 15-22 novembre 1873), in-8, 10 p. Paris, Jules Le Clère, 1873.

II. *Des quêtes à domicile* (extrait de la *Revue du Monde catholique*, 15 novembre 1873), in-8, 16 p. Paris, Bureau du Comité catholique, 1873.

III. *Étude sur la nomination des commissions administratives des établissements de bienfaisance*, in-8, 61 p. Paris, aux Bureaux du Contemporain, avril 1877.

IV. *Histoire de la charité à Rome*, in-8, VIII-584 p. Paris, Poussielgue, 1878.

V. *La question des enfants abandonnés et délaissés au XIXe siècle* (extrait d'un Mémoire couronné par l'Académie des sciences morales et politiques); in-8, VI-236 p. A. Picard, Guillaumin, 1885.

VI. *Histoire des enfants abandonnés et délaissés.* Études sur la protection de l'enfance aux diverses époques de la civilisation (ouvrage couronné par l'Académie des sciences morales et politiques), in-8, VII-791 p. Paris, A. Picard, Guillaumin, 1885.

VII. *Un chapitre de l'histoire des enfants trouvés.* La maison de la Couche à Paris (XVIIe et XVIIIe siècles), in-8, 148 p. Paris, Champion, 1885 (extrait de l'ouvrage précédent).

VIII. *De l'organisation du travail dans les prisons cellulaires belges.* Lecture faite à l'Académie des sciences morales et politiques (Institut de France) le 25 août 1888, in-8, 18 p. Paris, A. Picard, 1889 (extrait des *Comptes rendus de l'Académie*).

IX. *De l'assistance des classes rurales au XIXe siècle*, in-8, II-162 p. Paris, A. Picard, Guillaumin, 1889 (conclusion d'un Mémoire couronné par l'Académie des sciences morales et politiques).

X. *Les grands problèmes sociaux à l'Académie Royale des sciences morales et politiques d'Espagne.* Lecture faite à l'Académie des sciences morales et politiques (Institut de France), le 22 juin 1889, in-8, 32 p. Paris, A. Picard, 1889 (extrait des *Comptes rendus de l'Académie*).

XI. *Loi du 24 juillet 1889 sur la protection des enfants maltraités et moralement abandonnés.* Notice et note, in-8, 20 p. Paris, 1890 (extrait de l'*Annuaire français de la Société de législation comparée*).

XII. *Un péril social. L'introduction de la charité légale en France* (Communication faite, le 10 novembre 1890, à la Société d'Économie sociale), in-8, 30 p. Paris, 1891 (extrait de *la Réforme sociale*).

XIII. *L'office central des institutions charitables* (Communication faite le 14 mars 1891 au groupe bordelais des Unions de la paix sociale), in-8, 20 p. Paris, Bureau de l'office central des œuvres charitables, 1891 (extrait de la *Revue catholique de Bordeaux*).

XIV. *La liberté de la charité.* Rapport présenté au Congrès catholique de 1892, in-18, 14 p. Besançon, Jacquin, 1892 (extrait des *Comptes rendus du Congrès*).

XV. *De l'organisation de la bienfaisance publique et privée dans les campagnes au XVIIIe siècle*, in-8, 52 p. Châlons-sur-Marne, Thouille, 1895 (extrait des *Mémoires de l'Académie agriculture, commerce, sciences et arts de la Marne*, année 1894).

XVI. *Les Congrès nationaux d'assistance aux États-Unis.* Lecture faite à l'Académie des sciences morales et politiques (Institut de France), le 23 février 1895, in-8, 22 p. Paris, Picard, 1895 (extrait des *Comptes rendus de l'Académie*).

XVII. *L'assistance médicale au XVIIIe siècle*, in-8, 22 p. Paris, Imprimerie nationale, 1895 (extrait du *Bulletin des sciences économiques et sociales du Comité des travaux historiques et scientifiques*).

XVIII. *Les associations charitables dans la province de Québec* (Canada). Lecture faite à l'Académie des sciences morales et politiques (Institut de France), le 7 mars 1896, in-8, 13 p. Paris, A. Picard, 1896 (extrait des *Comptes rendus de l'Académie*).

XIX. *Études sur la législation charitable en Hollande.* Lecture faite à l'Académie des sciences morales et politiques (Institut de France), le 27 juin 1896, in-8, 32 p. Paris, A. Picard, 1896 (extrait des *Comptes rendus de l'Académie*).

XX. *Le développement de la charité légale en France* (discours prononcé à la séance de clôture du Congrès national catholique de Reims, le 25 octobre 1896 (p. 24 à 45 du fascicule VI, *Comptes rendus du Congrès*, Lille, 1897).

XXI. *La Révolution de 1789 et les pauvres*, in-8, 398, p. Paris, A. Picard et fils, 1898 (tiré à 500 exemplaires numérotés).

XXII. *Le prétendu monopole des Bureaux de bienfaisance devant la loi et devant l'histoire.* Étude critique, in-8, 55 p. Paris, Maison de la bonne presse, 1899.

XXIII. *Les visiteurs des pauvres dans l'ancienne France.* Rapport lu à l'assemblée des conférences de Saint-Vincent-de-Paul de Paris, le 21 avril 1901 ; *Bulletin de la Société*, n° 6, 31 juillet 1901, p. 169 à 179).

XXIV. *Histoire de la charité*, t. Ier. L'Antiquité. — Les civilisations disparues, in-8, X, 191 p. Paris, A. Picard et fils, 1902.

POUR PARAITRE SUCCESSIVEMENT

Chaque volume formant un tout complet.

Histoire de la charité.

Tome II. *Les Neuf premiers siècles de l'ère chrétienne.*
Tome III. *De la dissolution de l'empire de Charlemagne jusqu'au XVIe siècle.*
Tome IV. *Du XVIe au XIXe siècle.*
Tome V. *Le mouvement charitable durant le XIXe siècle.*

MACON, PROTAT FRÈRES, IMPRIMEURS.

MACON, PROTAT FRÈRES, IMPRIMEURS.

www.ingramcontent.com/pod-product-compliance
Ingram Content Group UK Ltd.
Pitfield, Milton Keynes, MK11 3LW, UK
UKHW031842260826
14628UKWH00002B/538

9 782013 597869